시인의 거울 : 시의성들

김효숙
평론집

시인의 거울 : 시의성들

초판 1쇄 인쇄 · 2025년 10월 20일
초판 1쇄 발행 · 2025년 10월 25일

지은이 · 김효숙
펴낸이 · 한봉숙
펴낸곳 · 푸른사상사

주간 · 맹문재 | 편집 · 지순이 | 교정 · 김수란
등록 · 1999년 7월 8일 제2-2876호
주소 · 경기도 파주시 회동길 337-16 푸른사상사
대표전화 · 031) 955-9111(2) | 팩시밀리 · 031) 955-9114
이메일 · prun21c@hanmail.net
홈페이지 · http://www.prun21c.com

ⓒ 김효숙, 2025

ISBN 979-11-308-2330-0 03800
값 29,000원

- 저자와 합의하여 인지는 생략합니다.
- 이 도서의 전부 또는 일부 내용을 재사용하려면 사전에 저작권자와 푸른사상사의 서면에 의한 동의를 받아야 합니다.
- 이 도서의 표지와 본문 레이아웃 디자인에 대한 권리는 푸른사상사에 있습니다.

평론선
46

시인의 거울 : 시의성들

김효숙 지음

The Poet's Mirror: Timeliness

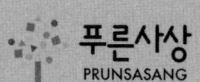

책머리에

'현재'를 씀으로써 말한다

현재는 누군가 말해야만 현재가 된다. 폴 리쾨르가 적은 것처럼, 사건과 담론이 동시에 발생할 때만 우리는 현재라는 것을 가질 수 있다. 어떤 사건과 담론을 모두 흘려보내 버린다면 그 현재성은 기약 없이 유보되거나 소실되고 만다. 그가 담론과 관련한 언어적 시간의 필요불가결성을 말한 이유도 '발언'한 날의 중요성을 강조하기 위해서다. 사건을 체험한 시간과 발언한 날짜가 만나 현재가 될 때 비로소 과거나 미래를 말할 수 있는 근거도 마련된다. 그만큼 현재성을 규명하는 데 필요한 것이 사건과 담론이어서, 체험한 사건에 대하여 말을 하는 과정을 거쳐야만 우리는 사후적일지언정 현재성이라는 것을 가질 수가 있다.

이 책은 이러한 사유에 공감하면서, 시인들의 '현재'에 대한 감각을 다양한 관점으로 살펴본다. 이 시대 시인들의 현재 말하기가 어떠한 이슈들과 연계되고, 그 언어가 상상적 조합에 의한 것만은 아니기에, 이토록 혼란스러운 시대를 살아가면서 비켜갈 수 없는 앎이라는 점을 실감할 수 있다. 책 제목에 '시의성'이라는 말이 달린 것은 그런 이유다. 일정한 타임라인을 벗어난 사건을 '현재' 안으로 그러모을 수는 없는 노릇이기에 현재성을 지닌 갖가지 의제들에 주목한다. 그리고 이 점이 이 시대의 시인들이 기울인 관심거리이자 이 글을 쓰는 나의 그것이기도 하다는 점에서 공통감각을 지닌다.

2024년 12월 3일 이후 여섯 달 정도의 시간을 지나오면서 현실로부터 해방 감각을 누린 이가 많지는 않을 것이다. 앞뒤가 정연하지 않은 말이 부유하는 시대였기에 나는 이 현상에 주목했다. 다양한 감정이 교차하는 시기였으므로, 책상 앞으로 돌아와 자판을 두드리면 시대극 관람 평을 쓰는 것처럼 이중 감각에 사로잡혔다. 글을 쓰지 않고서는 그 무지막지한 시간을 견딜 재간이 없었으므로 그저 썼고, 그럼으로써 숨을 틔울 수 있었다. 그래서 이 책에는 내란 정국을 지나오면서 기록해둔 것을 포함하여, 비교적 근년에 쓴 글들이 모였다.

상처투성이 과거사 하나를 추가하는 데 그쳐선 안 된다고 생각하는 시인들이 현실의 곤경을 씀으로써 말하고 있었다. 시인의 시 쓰기가 나에게 또 다른 글쓰기를 추동케 하는 요인이 되었다. 이러한 연쇄 안에서 이 시대의 글들은 현실을 받아쓴 '발언'으로 정립된다. 시인들의 의식과 감각이 가닿은 곳이라면 거기가 어디든 따라가 보았다. 거리, 광장, 아스팔트, 산정, 강의실, 기도하는 모임, 가상 공간……. 이렇게 몇 군데로 압축한 공간만으로도 이 시대의 위험성을 충분히 읽을 수 있었다. '시의성'이라는 이 어휘 하나만으로 그 모든 현재성들을 압축할 수 있다면, 하고 바랐다.

1부에서는 시국의 혼란을 뚫고 나가고자 하는 시민 활동에 주목했다. 불행한 시대임에도 문학 언어의 체력은 결코 허약하지가 않았다. 문학이 괴물이라 부르는 왕을 들어 계몽의 의미를 비판적으로 사유해보았다. 종교 행위와 자본의 관계를 사유한 것도 계몽의 말이 난립하는 상황이었기에 가능했다. 시대의 불행을 양식 삼아 발언할 힘을 얻게 되는 시 세계를 다양한 국면으로 조망했다.

2부에서는 사람 사는 세상의 어떠함을 말하는 시를 주로 읽었다. 현시대를 사는 우리가 당면한 의제들을 다룬 시들을 모셔왔다. 어머니-시인의 자의식이 가족 공동체에서 어떻게 발현하는지, 이 시대인이 '집'에 거는 기대들, 진보 중인 포스트휴머니즘 사유와 시적 실행들, 자기화한 슬픔의 경향들을 현실 사회에 투영해보았다. 오늘의 사회에는 자족적인 삶에 심취한 계층이 있는가 하면, 시인들의 관심은 그 아래의 계층에 머물러 있다. 시인의 윤리가 바로 그곳에서 작동하지만, 그럼에도 풀리지 않는 문제를 껴안은 채 이에 대하여 발언하고 있어서 동시대인으로서 채무감이 더 크게 다가왔다.

3부에서는 작은 단위의 가족 공동체에서부터 사회라는 거대 집단에 이르기까지 외상 공동체일 수 있다는 감각으로 시를 읽었다. 사랑하기의 윤리가 번번이 좌초하는 현실을 살고 있기에 '시'도 달콤한 가상일 수만은 없다는 점을 다양한 정념과 감정의 주체인 인간 상징으로 이야기한다.

이 모든 발언들은, 허락도 없이 이 책에 모셔온 시를 쓴 시인들이 이 시대에 공존하기에 가능한 것이다. 시인들의 감각에 잇대어 쓴 글들은, '좋은 시', '격월평'이라는 이름으로 근년에 발표했거나, 미발표로 갖고 있던 것들이다. 어떤 시인은 좋은 시의 기준이 무엇인지 질문해 오기도 한다. 그럴 때 삶의 구체성과 미학적 구성물 사이에서 고민하면서도 나는 '내가 쓰는 글의 맥락에서 같은 문제의식이나 미적 감각을 지닌 시'라고 답한다. 어떤 현안에 대하여 문제를 자각하는 시가 주종을 이룰 때, 진정 좋은 시를 배제할 가능성이 크다는 점을 모르지 않는다. 그런데도 고민을 오래 하지 않는 것을 보면 나도 어쩔 수 없이 사회적 인간으로서 이 세계에 몸담은 것 같다. 살아가는 일의 불편에 대한 발언이 한낱 꿈지럭거리는 몸짓처럼 보일지라도 나는 이후에도 여전히 이런 자세를 갖게 되지 않을까.

언어가 모두 소진된 것처럼 언어 잔존감이 없는 상태일 때라도 낯선 시가 나에게 오면 나의 언어도 어디선가 낯선 소리를 내며 부스럭댄다. 비평가도 새로운 경험을 반영하여 지금까지 명명되지 않은 불안이나 위험 등의 정체를 탐구한다. 그러므로 내가 글을 쓸 수 있는 인식의 출처는 온전히 나의 소속인 것만은 아니다. 시인이 현실의 궁지를 포착하거나 개인사를 당대인의 공통 경험으로 확장하고 있으므로 나도 그 궤적을 밟을 수 있다. 이 점에서 나는 모든 말은 번역되어야만 의미가 성립한다는 설을 믿는다. 모든 것을 말할 수 없으므로 그 많은 의미를 감당할 만한 언어를 은밀히 구사하면서 시인은 시를 쓴다. 그렇지만 시는 독자가 시인에게 그 의미를 직접 질문할 수 없는 언어여서 해석의 가능성은 독자에게 맡겨진다. 독자의 영역으로 넘어온 시는 해석의 자유를 얻으면서 시인에게서 해방된다. 독자로서 시인들께 머리 숙여 고마움을 전한다.

지난여름에는 가을보다도 태풍을 더 기다렸다. 마술 같은 태풍이 아니고선 무더위의 기류를 바닥부터 뒤집어낼 방도란 것이 없어 보였다. 끈질긴 무더위에도 노고를 아끼지 않으신 푸른사상사 편집팀에 감사드린다. 소설론을 묶어 지난해에 출간했고, 이번에 1년 만에 시론을 묶었다. 서두름이란, 변화가 빠른 시대의 한 증상이기도 하고, 묵혀두면 체증이 되는 것이기도 하다고 이 책의 출간을 자기 변호해본다.

2025년 10월

김효숙

차례

■ 책머리에

제1부 계몽의 반복 또는 전복

시대가 불행하면 문학이 행복하다는 가설 • 14

시민-시인이 할 수 있는 것 • 26

현기증 나는 말 • 40

아스팔트에서 무등까지의 현실회로 • 54

제2부 괜찮지 않은 세계의 지형도

미적 현대성과 난해성 • 68

어머니-시인에게 어떤 위안이 있나 • 80
— 코로나 팬데믹 이후의 가족 시

비릿한 생활이 있는 집이거나, 금산(錦山/金山)이거나 • 92
— 봉주연 · 이대흠 · 성욱현

시인의 거울은 어디를 향하는가 • 106
— 이승하 · 송찬호 · 정우신

그러니까 그 모두를 인간처럼 • 118
— 김바다 · 이영은 · 신용목 · 남현지

생각을 낳는 다족류 • 134
— 유계영

슬픔을 맡아놓은 사람 • 148
— 신용목

일인칭의 슬픔 • 160
— 김경미

소진을 모르는 트릭스터들 • 172
— 김근, 『당신이 어두운 세수를 할 때』

괜찮지 않은 세계에서 살아가야 할 때 • 185
— 권혁웅, 『세계문학전집』, 박세미, 『오늘 사회 발코니』

'밝음'의 생명정치 • 200
— 나정욱, 『얼룩진 유전자』

제3부 외상 공동체에서 우리-되기

형상과 소리 • 216
— 송승환 · 오정국 · 김이섬

사람 냄새의 안과 밖 • 228
— 장석원 · 김성규 · 최현우

우리(cage) 속에 있을지라도 우리는 • 242
— 이혜미

차가운 시대의 금욕 • 257
— 조동범, 『금욕적인 사창가』

인간 상징과 표현 • 269
— 이현호 · 박춘석 · 임유영

외상 공동체에서의 하루 • 280
— 조혜은 · 신정민 · 남현지

아디아포라의 시: 사랑과 이별의 윤리 • 292
— 여성민

어떤 변항에 대한 질문 • 301
— 송승언 · 손택수 · 양선주

열림과 트임 • 314
— 이소연 · 김행숙 · 김종미

■ **찾아보기** • 327

제1부

계몽의 반복 또는 전복

시대가 불행하면 문학이 행복하다는 가설

1. 부드러운 문화적 저항

시민은 왜 시위 현장에 참여하는가. 이는 저항하는 인간의 사회운동사에서 언제나 가장 먼저 등장하는 질문이다. 혼자만의 세계에서 즐거움을 구하는 오타쿠도, 사회생활의 긴장감은 삶의 이유가 될 수 없다는 듯 집안에 틀어박힌 히키코모리도, 반려동물이나 인형과 교감하며 안온한 일상을 추구하는 일인 가구의 단독자도, 저항운동을 타자의 이벤트로 보아 넘기는 낙관주의자도 집을 나와 시위에 참여했다면 여기에는 분명 보이지 않는 어떤 내적인 동력이 있을 것이다. 이 글은 이 시대 젊은 층의 사회 참여가 문화적으로 이뤄지는 현상을 살피면서, 동시대인과의 연합으로 공(共)현존하는 개인의 기대가 무엇인지를 이야기한다.

혼자서도 잘살 수 있는 사회는 안정되었다고 보아야 한다. 그런데 조용히 살고 있던 단독자들이 시위 현장으로 달려나갔다면 그들을 움직이게 한 어떤 불편함이 있었을 테다. 사회가 매우 불안전하다는 지각에서 오는, 너도 나도 익히 잘 아는 사안에 대한 공통의식이 있는 곳에 그들이 들고나온 깃발·피켓·응원봉들이 배치되어 있다. 각자 다른 방식의 발언 도구인 이 상징물들로 이 시대의 개인들은 다채로운 개성과 존재감을 표명한다. 다양한 맥락을 지니면서도 하나의 집합 단위인 시민의 목소리에서 우리가 듣는 것은 과거의 비상계엄을 기억하는 시민의 트라우마가 되살아난 상황에서의 공포와 분노다.

저항하는 시민사에서 명구가 된 시 구절 "껍데기는 가라"(신동엽)를 쓴 피켓을 들고 시위 현장에 나온 시민이 보건대 지금 이곳은 "다시" 껍데기의 사회다. 촛불은 연소 뒤에 꺼지기 마련이어서 '꺼지지 않는' K-팝 LED 응원봉을 들고나온 시민에게 지금 이곳은 괴물이 시민의 주권을 포식한 리바이어던의 시대와 다름없다. K-뮤직 팬덤의 유대감으로 뭉친 10대부터 20대까지 K-문화의 주체는 그 뿌리가 K-민주주의와 맞닿아 있는 것처럼 보인다. 설령 홀로 나왔을지라도 "K-승질머리 연맹"이라는 깃발을 치켜든 시민의 내면에는 거센 분노가 흐르고 있을 것이다. 어린 자녀의 손을 맞잡고 나온 가족·중고생·대학생·여성들은 팬덤 응원봉을 흔들며 방방 뛰었다. 이렇게 즐거워 보이는 시위가 사안의 중대성을 망실한 듯한 아이러니를 유발하기도 하면서 문화 대중으로서 팬덤의 감각만을 우세한 것으로 가치 판단하는 것은 아닌지 우려를 자아내기도 했다. 하지만 부드러운 문화적 저항을 선도한 주체들은 즐거워야 시위도 한다면서 흥을 돋우고, 한겨울의 시위 현장에서 가장 아래로부터 주권을 행사한다. 종결 시한이 정해지지 않았기에 고통스럽지만 그럴수록 시민 주권을 행사하는 데 시간과 열정을 지불하며 헌신한다.

어느 기사에서 썼듯이 "터무니없는 단체명이 주를 이루는 깃발들은 처음에 시위 참여자들이 시위에 배후 세력이 있다는 일부 정치인들의 의심에 맞서 나의 배후는 나 자신임을 선언하기 위한 수단으로 등장했지만, 유행어나 패러디 요소 등을 적극 활용하는 센스 경쟁의 장이 되면서 많은 이들에게 큰 웃음을 안겨주었"[1]다. 이때 웃음은, 참신한 유머와 패러디 효과가 유발하

---

[1] 권채령, 「외신도 놀란 '탄핵 집회 이색 깃발'…센스 경쟁이 불러온 뜻밖의 효과」, 『뉴스

는 재미를 누리는 시위자들이 내일은 오늘보다 나을 거라는 희망을 가져보는 이유를 설명해준다. 그러니까 지금 이곳은 불행한 시대를 살아가는 사람들이 그 불행의 근원을 흔들어놓으려는 부드러운 K-시위의 현장이다.

> 사람이란 사람이 모두 고민하고 있는
> 어두운 대지를 차고 이륙하는 것이
> 이다지도 힘이 들지 않는다는 것을 처음 깨달은 것은
> 우매한 나라의 어린 시인들이었다
>
> ─ 김수영, 「헬리콥터」 부분[2]

김수영 시인은 젊은 꿈과 기대를 싣고 가볍게 수직 상승하는 헬리콥터를 유심히 관찰한 듯하다. 반면에 지금 이곳의 사회에는 명령권자의 강압에 의해 하강하는 헬리콥터가 있다. 김수영 시대의 "우매한 나라"를 재현하는 듯하지만, 결코 과거의 우매를 답습하지 않는다. 한층 젊어진 지금의 시민사회가 이를 가능케 한다. 이전 시대에는 "자기의 말을 잊고/ 남의 말을" 했으나, 이 시대에는 각자 개성 있는 말로, 행위 언어로, 감정으로 시위에 참여하여 집합 행위를 한다. 절대권력을 사유화하여 불행해진 시대를 살면서도 퇴보하는 시대 정신의 주체일 수는 없었던 개인이 집합 행위의 당사자로 나선 시위 현장에서 깃발들은 나부끼고 응원봉은 율동한다. 엄중한 문제 앞에서 오히려 부드러운 문화적 비폭력 연대를 활성화하여 아래로부터의 참여를 실현한 것이다.

한편에서는 이전의 집합 행위에 비해 눈에 띄게 늘어난 1020·2030 세대 여성의 연대에 불편과 불쾌감을 표명하기도 했다. 특히 어느 보수 도시의 중심부에서 부드러운 문화적 항거를 하는 젊은 층의 심리 기저에는 "시인과

페퍼민트, 2024.12.24. https://v.daum.net/v/20241224090305123
[2] 이영준 편, 『김수영전집 1 : 시』, ㈜민음사, 2023(3판 12쇄).

래퍼를 많이 배출한 도시"³가 역으로 가장 견고한 비문화적 도시라는 인식이 자리한다. 견고한 '보수 콘크리트'를 대중 콘서트로 해체하려는 문화적 실행이 노래하고 춤추는 시민을 출현시킨 셈이다.

정성훈의 진술에 따르면, 에밀 뒤르켐이 개인의 무의식에 자리잡힌 사회적 사실을 말할 때 여기에는 개인 표상이 아닌 사회적 표상이 있다. 집단 심성, 집합 표상, 경향 등은 정신적인 성격을 띠지만 막상 개인의식이 아니라 집합 표상이라는 것이다. 뒤르켐은 이를 두고 '문화'라 부르며 커뮤니케이션의 의미론과 연계한다. 소통을 위한 사회적 집합과 종교를 동일선상의 행위로 보는 그에게 사회적 결집은 종교 행위나 다름없다.⁴ 여기서 읽히는 것은, 지금보다 나은 미래에 대한 희망과 기대를 종교처럼 행사하는 사회적 인간의 심리다.

귀스타브 르봉도 사회적 존재의 종교 성향을 부인하지 않지만 뒤르켐과 달리 철저히 이성에 복무한다. 신을 숭배할 때만 인간이 종교적 존재가 되지는 않는다면서, 정신적 자원이나 의지를 다하여 모든 열정을 자신의 행동 목표와 명분에 쏟아부을 때도 종교적 행태를 보인다는 것이다.⁵ 자기 의지와 기대가 곧장 집단 심성으로 이어지는 사회적 실행의 형태가 종교 성향을 보인다는 것인데, 이 경우는 근대 이성이 종교적 이성과 결합하여 감정을 천한 것으로 배제시키는 차원이다. 그러면서 근대의 폐쇄적 군중을 감정 집단으로 보고, 군중 속에서 보이는 개인의 특성을 매우 부정적으로 진단한다. 익명성·무책임·폭력성·잔인성·자동인형, 그리고 본능에 따라 행동하는 야만성 등을 보이면서 이성을 잃은 존재, 온갖 감정의 재료들이 의식을 압도하는 존재라는 것이다. 감정의 열등성과 천박성을 강조하면

---

3 최백규, 「나는 왜 시를 쓰기 시작했는가」, 『현대시』, 2024.8, 195쪽.
4 정성훈, 『괴물과 함께 살기』, 미지북스, 2016(초판 2쇄), 92쪽.
5 귀스타브 르봉, 『군중심리학』, 민문홍 역, 책세상, 2014, 91쪽.

서 심지어 군중을 범죄의 관점으로 바라보는 그에게 어린이·여성·농민 같은 유약한 존재들은 열등 시민이나 야만인, 그리고 광기 어린 자일 수밖에 없다. 지금 이곳에서 연대하는 10대부터 30대까지의 여성을 르봉의 견해대로 바라본다면 근대의식을 강화하기에 맞춤인 저열하고 비이성적인 자들일 테다.

2. 가장 작은 단위의 배치

하지만 이 시대의 젊은 시위자들을 르봉식의 군중인 무지하면서도 광적인 주체들과 동일시할 수는 없다. 이들은 문화적으로 감정을 발산하는 와중에도 개개인이 어떤 의지의 주체이면서, 종교에 예속되지 않는 실행력을 보인다. 트랙터를 앞세워 상경하는 농민 투쟁단에는 여성과 젊은이도 있었다. 이들의 행진이 공권력의 차벽(car-barricade) 방어에 막혔을 때 마중 나간 1020 여성 연대는 신해철의 노래를 켜놓고 팔짝팔짝 뛰면서 응원봉을 흔들었다.[6] 여성 폄훼 발언이 분노 수치를 높일수록 문화적 저항의 열기도 상승했다. 이런 점을 아래로부터의 순수한 헌신이라고 말하고 싶다. 시민의 주권을 강탈하여 권력을 공고히 하려는 괴물의 자리에 균열을 가하는 집합 행위는 주권자로서 시민의 자율적인 참여로 가능해진다.

시민사회가 정치·경제 행위와 구별되는 제3의 장으로 인식된 것은 그람시부터다. 그는 국가와 시민사회를 구별하여 후자를 강압적 국가 기구나 시장의 독점 경제와 구별되는 자율적인 경쟁의 장이라 했다. 지배계급이 사회 전체에 헤게모니를 행사하는 것과 달리, 사적 조직체들의 총체인 시민사회

---

[6] 이 글에서는 반여성 단체의 활동은 논외로 한다. 이후 2030 신남성연대라고 밝힌 법원 소요 사태의 주동 인물들은 폭행, 기물 파괴, 방화 미수 등의 폭력을 동원하여 여성 연대의 평화 시위와 거리가 먼 의사 표현을 감행했다.

는 자기 고유의 정체성을 지니면서도 하나의 집합 단위를 이룬다. 이후 하버마스도 공론장에서 활동하는 결사체를 시민사회라 칭했다.[7] 개인의 일상이 어떤 권력 장치에 의해 식민화되어 자신이 그 체제의 노예가 되어 있다고 여겨질 때 분연히 떨쳐 일어나는 주체가 시민이다. 갖가지 이유로 식민화의 과정에 놓여 있다고 자각한 개개인의 배치가 사회라는 집합 단위를 가능케 한다.

의문점은, 그람시가 말한 것처럼 이 시대의 시민이 과연 정치와 분리된 집합 단위인가라는 것이다. 유연한 방식으로 부분의 전체화를 달성하는 주권자로서 K-시민을 정치와 분리되었다고 보기는 어렵다. 12·3 비상계엄 사태에 반응하는 시민은 특히 젊은 층 중심의 K-팝 팬덤의 정체성을 지닌다. 사회 참여 형식으로 본다면 낯선 시위 방식이지만 동세대가 공유하는 문화를 보면 매우 친숙한 실행이다. 무비판적인 맹목적 추종자라는 오명을 얻기 쉬운데도 이들의 정서는 매우 각성되어 있다. 이는 문화-사회 간 교환하는 힘들의 긍정적 효능감이 중요해진 시대의 반영이라 할 수 있다. 이들은 10대부터 30대까지 세대를 주축으로 "말로 꾸짖지 않"고 "마음을 담은 목소리로" 콘서트를 주도한다. 2024년 12월 3일부터 14일까지 열이틀 간(계엄 선포일로부터 2차 탄핵 표결까지의 기간이다)의 사회를 구성한 기록시집 『K-시민』은 바로 이 시기에 시민정치의 현장을 기록하여 벼락같이 출간했다. "40대 50대 60대에게는 낯선 노래들이/ 민주주의 이름으로 불"(「내란 24」)[8]리는 현장에서 노래와 춤으로 엮어가는 문화적 실행에는 즐거움을 수반하는 개인의 헌신이 더해진다. 희망이 좌절되지 않으리라는 기대를 공유하는 것이 지금의 K-시위다.

---

7 정성훈, 앞의 책, 98~100쪽.
8 김희정, 『K-시민』, 어린작가, 2024.12.31.

이 같은 저항이 외관상 평화로워 보이는 것은 문화의 형식을 입은 시민운동이라는 데에 그 이유가 있다. 직접 말하기가 아닌 간접 말하기로 패러디·농담·재담을 즐기는 새로운 형태의 항거는, 매우 사적인 문구가 적힌 개성이 넘치는 깃발들, 다채로운 응원봉을 든 인간 개체의 배치로 가능하게 된다. 시위자의 행위가 통일된 것처럼 매끈해 보이지만 그 내면을 마누엘 데란다의 다양체 이론에 비춰보면 또 다른 국면이 읽힌다. 전체는 아주 작은 부분들의 종합이고 더구나 이런 관계는 우발적으로 발생한다. 제각기 다른 빛을 지닌 개체들의 배치가 "행진"이라는 연속행위를 가능케 하는 최백규의 시를 읽어보자.

> 비슷하게 뜨거운 심장들과 각자 다른 빛의 기도들을 위하여
> 아득한 지평선을 위하여 상처와 흉터의 영광을
> 금요일 밤과 일요일 아침을
> 위하여 높은 곳으로 돌을 내던질 때까지
> …(중략)…
> 벽 너머가 연기에 휩싸여
> 거대한 현실로 이글거리더라도
> 목숨이 끊어지는 마지막까지 행진할 것이다
> …(중략)…
> 살아 있는 한 무너지더라도 침몰하지 않을 테다
> ― 최백규, 「해방」 부분(『현대시』, 2024.8)

미리 써놓은 듯한 이 시의 현실에서 행진은 목숨을 걸고 결연히 행하는 것이다. 이는 "온몸으로 하나의 시대를 마무리"하고 싶을 만큼 절박한 꿈을 실현하고자 하는 행위다. "역사상 가장 긴 한철로" 기억될 비참한 경험을 일시에 종결지으려는 의지의 소산이기도 하다. 현실의 비참을 넘어 사람 사는 세상의 아름다움을 말하기 위하여 심장은 하나같이 뜨겁지만, 마음의 염

원은 각기 다른 빛을 띠는 일. 앞서 본 시민의 경우가 그렇듯이 위의 시 현실에서도 제각기 다른 마음에서 나왔으나 상호작용을 하는 동안 사람다움이 출현한다. 이런 점이 가장 작은 단위의 사회적 존재라 부를 만한 구성 요소라는 점을 마누엘 데란다의 언술에 비춰 이해할 수 있다.

한 가지 더 짚어야 할 부분은, 그가 사람을 가장 작은 규모의 사회적 배치로 지목했을 때 사람이 사회과학에서 다룰 수 있는 가장 작은 분석단위라는 의미는 아니었다는 것. 배치 이론의 관점에서는 인상의 유형 하나하나, 즉 오감에 의한 것뿐만 아니라 온갖 정념들까지도 자신만의 특이한 개체성 — 이른바 '근원적 존재' — 을 지닌다는 점이다.[9] 요컨대 가장 작은 단위의 배치는 인간 개개인이 지닌 특유의 인상, 깨알 같은 오감과 온갖 정념을 망라한다. 하여 전체로서의 사회를 유기체로 보는 헤겔식 사유는 데란다의 공감 영역이 아니다. 들뢰즈에서 데란다로 이어지는 '배치'에 관한 사유는 부단히 탈-영토·탈-코드화의 과정에 놓인 우발성의 산물이다.

이쯤에서 우리는 양심적인 K-시민의 저항이 다양하고 우연성이 짙은 배치들로 이뤄지고 있음을 간파한다. 시민은 전체성을 조성하는 강고한 이성의 하위 주체가 결코 아니다. 권력-이성이 광적이라고 재단하는 군중도, 종교의 이름으로 통일된 항거집단도 물론 아니다. 기성세대가 이전에 겪은 역사적 경험들로 누적된 학습 효과도 큰 몫 했을 것이나, 변화하는 시위 문화를 보건대 더 중요한 것은, 시위를 주도하는 젊은 층에게 '전체'란 것은 다양한 "외재성의 관계(relation of exteriority)"[10]들이 우연히 모여 집합 행위로 진전하는 '사회'와 같다는 점이다. 오늘의 사회에서는 제각기 다른 사정을 안고 나온 이종(異種)의 배치로 시위가 가능해진다. 언제든 분리와 종합이 가

---

9   마누엘 데란다, 『새로운 사회철학』, 김영범 역, 그린비, 2019, 85~86쪽.
10 위의 책, 26쪽.

능한 자율적 항거의 형태여서 그 구성원을 전체에 종속되었다고 단언하지 못한다. 기성세대의 종교적 집합과 다른 다양체의 집합은 아래로부터 활발한 움직임을 보여준다. 그 주체가 이 시대에 새로이 출현한 K-시민이다.

3. 그래서 시인은 시를 쓴다

사회적 존재는 개인에서부터 나라에 이르기까지 지극히 넓은 영역에 분포한다. 그중 한 사람으로서 전체의 '부분'에 속하는 시인이 아는 세계는 어떠한가. 김수영은 「헬리콥터」에서 "우매한 나라의 어린 시인들"의 깨달음을 귀히 여겼다. "어린"에서 읽히는 시인의 마음은, 아직 미숙하지만 광활한 꿈의 공간을 만들어가는 젊은 층에 대한 기대다. 어두운 대지를 박차고 나가는 어린 시인들은 어리석은 나라에서 탈-영토의 지리를 만들어가는 지금의 K-시민과 다르지 않다. 김수영의 시는 1955년 당시의 사회를 반영하는 데 비하여 이 시대의 시인 박세미는 1970년대를 먼저 소환한 후 2000년대를 경유하여 2020년대의 사회에 도달한다.

> 1976년 당대 최고의 건축가가 받은 설계 의뢰서에는 이렇게 적혀 있었을 것이다.
> 외부에서 보았을 때 눈에 띄지 않을 것.
> 눈을 가리면 모든 것이 두려울 것.
> 이곳에서는 거짓이 진실이 될 것.
>
> 그리고 건축가는 홀로 그 목록을 오랫동안 읽다가 마지막 문장을 추가했을 것이다.
> 그러나 건축은 완벽할 것.
>
> …(중략)…

> 그로부터 10년 후 건축가는 죽었다.
> 또 그로부터 30년 후 촛불이 서울의 곳곳을 밝혔다.
> 건축물의 정치적 이용 가치는 시대를 막론하고 입증된다.
>
> 그것과 상관없이, 2020년에 우리는 겪는 것이다.
> 도면 위 원형 계단 그리는 소리와 몇 층인지도 모른 채 끌려 올라가는 자들의 발소리가 겹치고, 좁고 깊은 창문으로 뚫고 들어온 실빛에 상처 입은 자들의 경련이 벽을 타고 내려오며, 밀실의 용도와 치장 벽돌 쌓기의 무관함이 우리를 부끄럽게 하는 것이다.
> ─ 박세미, 「부정적 유산」 부분(『오늘 사회 발코니』, 2023.11)

이 같은 시대적 통찰은 비밀스러운 건축물의 내부에 은닉된 진실을 찾고자 하는 데 있다. 일명 '남영동 대공분실'의 "완벽"을 추구한 건축미를 정치적 기획과 충돌시킨다. 진실을 보았으나 맹인처럼 살아야 하는 검열 정국이기에 '앎'은 죽음이며, 무지를 가장하는 것만이 살길이다. 건물의 내부를 외부인에게 보이지 않게 설계하여 미적 가치를 극대화한 건축물의 쓸모는 정작 "정치적 이용 가치"를 위한 것이다. 불순분자라는 낙인과 완벽하게 아름다운 건축물의 상관관계에서 보듯이 폭압 정국에 의해 눈이 가려진 자들은 차후에 이 장소를 기억해내지 못할 것임이 자명하다. 기억 말살 정치에 포섭되었기에 진실 재현의 기회는 암막으로 대체되고, 보지 않았으므로 기억해내지도 못한다. 내부의 공모자들만이 건축물의 "미와 쾌적함"을 기억하며, 눈이 가려진 채 공포에 질려 있었을 외부자들은 기억의 매개가 없으므로 무지자여야 한다.

비밀에 싸인 건축물에서 폭압 정치의 내면을 읽은 시인은 과거의 사람이 아니라 지금 이 시대의 실존재다. K-시위의 젊은 층과 같은 세대이면서도 이전 시대로 잠입해 들어가는 사회 읽기가 가능한 것은 그가 기억의 전승 문제를 파고드는 시인이기 때문이다. 이 시대 시인의 정신은 결코 과거와 유리되어 있지 않다. 제작기 다른 목소리를 지닌 사람들이 하나의 장을 형성하는 사회에서 의사 표명 방식이 다를 뿐이다. 폭압 정치를 몸소 겪으며 학습한 내용을 가진 이전 세대가 아니라 해서 기억 전승에 무지하지는 않다. 과거와 현재를 매개하는 그곳에 구체적 사건이 분명 있었기에 이 시대의 젊은 층은 과거로부터 체득한, 살아 있는 정신의 주체일 수 있다.

위의 시에서 설계도면을 그리고 있는 건축가가 처한 상황은 어떠한가. 과거 사람들의 상처를 복원하는 듯 보이지만 사실상 그는 2020년대식의 또 다른 밀실 설계를 의뢰받았다. 그의 내면에서 두 개의 소리가 교차한다. 하나는 손에 쥔 연필로 원형 계단을 그리는 소리, 다른 하나는 "몇 층인지도 모른 채 끌려 올라가는 자들의 발소리"와 극심한 고문으로 "상처입은 자들의 경련이 벽을 타고 내려오"는 소리다. 앞은 생존문제에 얽힌 직업인이 듣는 소리, 뒤는 양심 있는 이 시대의 시민이 듣는 환청이다. 그는 두 개의 소리 사이에 균형을 둘 수 없어 곤경에 처하고, 용도와 달리 외관을 치장하는 기획에 동참했다는 자괴감 때문에 표면의 아름다움이 내부와 직결되지 않는 건축물에 부정적 감정을 투사한다.

예술의 기능적 측면을 날카롭게 파고드는 이 시는 '시' 존재론을 생각게 한다. 쓸모를 따지는 예술 형식에서 건축물은 시와 확연히 다른 구조물이다. 시의 쓸모없음을 말할 수는 있어도 건축물은 그 효능감으로 쓸모와 가치를 매기므로 무용론을 운위하기 어렵다. 무용한 것은 정녕 시밖에 없는 것처럼 보인다. 한 장의 벽돌로도, 한 겹의 벽지로도 쓸 수 없는 시를 쓰는 이 시대의 시인에게 시는 과연 무엇이었던가. 앞서 우리가 만난 사회 속의 개인이 결코 홀로 존재하지 않는 것처럼 시인도 동시대인의 정신을 체화한 언어를 타전한다. 시위 현장의 깃발에 새겨진 문구처럼 시인의 문장도 이것을 읽는 어느 개인을 향한다. 눈이 있는 자는 볼 것이고, 귀가 있는 자는 들을 것이며, 생각이 있는 자는 거기에 담긴 정신 내용을 살필 것이다.

지금 불행한 시대를 건너가는 사회적 존재인 우리는 긴장을 놓지 못한다. 이 정신은 매우 구체적인 역사적 사실들의 경험치에 의한 의식이어서 쉽사리 휘발하지도 않는다. 전체적 사회의 부분인 '나'의 불행의 근원이 바로 이 사회라는 자각이 있는 한 이 불행은 모든 개인에게 전담된 것이다. 그럴수록 시인은 시를 쓴다. 불행한 사회의 일원으로서 그 원인을 제거하리라는 희망과 기대는 불행의 감각에 반비례한다. 불행이 커질수록 문학이 행복하다는 가설이 성립하는 건 그런 이유다. 그러므로 이 감정을 기표 그대로의 행복이라 말하지 못한다. 시는 불행을 먹어치워 행복해지는 형식이기보다 불행을 양식삼아 부단히 발언할 힘을 얻게 된다. 시대의 불행을 포식한 시가 아니라, 그 불행의 이유를 시인이 말할 수 있을 때 시는 '불행의 행복'을 자기화한 양식으로 아픔 속에서 태어난다. 행복을 안기는 계기가 불행인 것처럼, 불행에 처했을 때 이것을 넘어서려는 고통으로 시는 시인에게 온다.

(2025.1.10)

시민-시인이 할 수 있는 것

1. 절박한 은유

이 혹한의 시대에 시인은 과연 서정시를 쓸 수 있는가. 이런 정황에 시민들이 방송 인터뷰에 응하면서 시적 서정을 구사하는 장면이 여럿 송출되었다. 시위 현장에는 낭만인 양 눈이 내려 쌓이고, 은박 담요를 둘러쓴 시민들은 제자리를 결연히 지키는 "우주 전사"의 모습으로 동심을 자극한다. 동심을 자극하다니! 엄혹한 시대 상황에 걸맞지 않은 지극히 박약한 수사임이 분명하다. 극한의 추위도 막아낸다는 은박 "우주 담요(space blanket)"[1]를 머리 끝까지 두른 시민들. 이 몸-주체들은 'K-팝 팬덤'·'키세스 시위대'·'돌부처 시위대' 등의 은유로 시민의 공감을 끌어냈다. 어느 시민은 이들에게서 '키세스 위에 슈가 파우더가 뿌려지는 그런 광경'을 보았다는 시적인 수사로 비폭력 시위에도 불구하고 견디는 자의 고통이 필연인 광경을 타전한다.

광장에서는 무수한 '나'들이 연결점을 만들면서 집한 단위인 '우리'로 이동했다. 초반의 시위에서는 K-팝 팬덤의 정체성을 지닌 젊은 층 시민의 연대가 돋보였다. 대중문화를 향유하는 즐거움, 혹한을 녹여줄 것 같은 달콤

---

[1] 〈한국의 '키세스' 글로벌 밈 유행, 김상욱 교수 '우주 전사'〉 https://www.youtube.com/watch?v=Ckp1V7sct1M. 2025.1.15.

한 초콜릿의 미감, 정제된 마음으로 기도하는 이미지들이 시적인 서정을 발산했으나 그 아름다운 광경은 우리에게 고통과 안타까움·분노·슬픔 등의 복합 감정으로 돌아왔다. 이렇게 몸으로 시를 쓰는 1020·2030 연대가 마음의 염원으로 끝나지 않을 문화적 항거를 주도하는 신인류처럼 보였다. 이들은 꺼지지 않는 LED 응원봉을 흔들면서, 시민을 양극단으로 갈라 세우는 지난 시대 독재의 잔상과 이념의 '콘크리트'를 깨고자 했다.

고통을 희망과 기대로 승화하는 자에게 즐거움이란 결코 얄팍한 감정일 수가 없지 않겠는가. 고통의 정점에서 비로소 기쁨의 본질을 알게 되는 자만이 쉬이 종결되지 않을 문화적 항거를 이어간다. 구호 외치기와 자리 지키기에 머물지 않고 강강술래 군무를 추고, 큰북의 쿵쿵따 삼박자에 맞춰 응원봉을 흔든다. 혹한을 견디는 시위대 사이를 작은 북을 두드리며 뛰어다니고, 거리를 오가다 만난 현악 연주단의 애국가에 맞추어 한목소리를 내기도 한다. 노래와 춤의 활동을 공유하는 문화 감각으로 평화 시위에 참여한 젊은 층에게 기성세대는 '새로운 시대의 도래'라는 응원을 보냈다.

음악으로 연대하고 친밀해지는 인간의 정동을 탐구한 영국의 음악사회학자 데이비드 헤즈먼드핼시(David Hesmondhalgh)는 이렇게 묻는다. 서먹한 타자들에 대한 우리의 감정은 종종 피상적인 공감이거나, 감상적·자기 편향적 감정의 치우침에 그치는 것일지도 모른다. 하지만 낯선 사람들과 연대할 수 있는 능력은 여전히 중요하다. 그렇다면 음악은 우리의 사회성을 이끌어내는 데 그치지 않고 어떻게 연대·공동체·공통성과 관련될 수 있을까?[2] 이 질문으로부터 지극히 일반적인 답부터 구해보면, 음악이 개인 정서에 깊숙이 관여하여 행위까지 변화시킨다는 점이다. 여기에 그치지 않고 음악이 무수한 다

---

[2] 데이비드 헤즈먼드핼시, 『음악은 왜 중요할까』, 최유준 역, 도서출판 오월의봄, 2024, 175쪽.

양체들 간 연결점이 되어주면서 이 시대의 저항하는 시민은 음악 향유 집단에 머물지 않고 사회적 연대로 나아간다.

그러나 음악이 사람을 움직인다는 명제는 평범한 만큼 한계도 지닌다. 문제가 발생할 때만 개인이 이동하여 음악으로 연합하는 방식이 매우 우발적이고 한시적이라는 점 때문이다. 그런데도 음악은 개인을 공동체의 내부로 만들면서 어김없이 상호작용이 일어나게 하고, 공통의 관심과 기대를 결집하는 것을 가능케 하는 마법을 지녔다. 매체인 음악은, 몸-주체인 개개인에게 감정적·신체적 경험을 공유하게 하면서 "사회성과 공동체에 대한 감각을 향상시킨다." 헤즈먼드핼시는 이런 점을 요약하여 공동체에 참여한 개인을 움직이는 "음악의 잠재적 힘"[3]을 강조한다.

세속인의 감수성으로는 값비싼 예술은 사회적 저항 능력을 지니지 못한 것처럼 보인다. 문화적 연대가 시위로 이어지는 일은 대개 값비싼 예술의 향유 층과 별개의 문화계층이 주도하고 있으니 말이다. 그래서 클래식을 옹호하면서 재즈 같은 대중음악을 주변부 음악으로 격하한 독일의 사회학자 테오도르 W. 아도르노(Theodor W. Adorno, 1903~1969), 향유층을 계급으로 구분한 프랑스의 사회학자 피에르 부르디외(Pierre Bourdieu, 1930~2002)처럼 고급과 저급의 경계를 분명히 그은 경우를 논외로 쳐야만 음악과 사회적 연대 간 관련성을 말할 수 있다. 흩어져 있는 개인을 결집시키는 축제의 힘, 그리고 이때의 미적 경험이 저항하는 시민의 연대로 이어지는 점에 주목해보자. 그곳에 시민이 있고 대중음악도 있다.

3　위의 책, 113쪽.

2. 써야 할 시, 쓰고 싶은 시

"써야 할"[4] 시는 쓰지 않겠노라 했던 시인이 그 시를 썼다면 어떤 당위성이 있었을 테다. 목적을 위한 도구적 언어를 그가 '써야 할' 시로 알고 있다면, '쓰고 싶은' 시는 써야 할 이유나 명분을 앞세우지 않는 시일 것이다. 그런데도 써야 할 시가 생겼다면 지금 이 시대가 시인을 그렇게 하도록 만든 것이다. "꽃 피는 사과나무에 대한 감동과/ 그림쟁이의 연설에 대한 경악이"(베르톨트 브레히트, 「서정시를 쓰기 힘든 시대」) 시인의 마음에서 투쟁할 때 두 번째 경우가 시를 쓰게 만든다는 독일 시인 베르톨트 브레히트(Bertolt Brecht, 1898~1956)의 언술처럼, 김희정 시인도 자연 서정보다는 인간의 투쟁적 언행에 더 마음이 간다. 감동보다 경악 쪽으로 더 기울어진 브레히트를 보건대 그는 자연과의 동일시를 깨고 나와 세계와 대결하는 사람을 만날 때 시를 쓰고 싶은 욕구가 더 커진다. 이때 '써야 할' 시가 아닌 '쓰고 싶은 시'가 태어나는 것이리라.

브레히트가 「서정시를 쓰기 힘든 시대」를 쓴 시기는 1939년이다. 그후 10년 뒤(1949) 아도르노가 아우슈비츠 이후 시를 쓰는 것은 야만이라며 브레히트의 사유를 일정 부분 이어받았다. 브레히트는 자아와 세계의 동일화가 불가능해진 시대의 시를 말했고, 아도르노는 시 쓰기가 불가능한 요인 중에 아우슈비츠가 가장 강력하게 작용한다는 의미의 말을 했다.[5] 시로는 쓸 수

---

4   김희정, 『K-시민』, 어린작가, 2024.12.31. 시인의 산문에서 인용. 시인이 K-시민이라 명명한 대상과 그 범주에 의문을 제기하는 이가 있을 수 있다. 시대적 현안에 대하여 찬성이냐 반대냐로 나누어 시민을 한정 짓는 것은 일부 시민의 주권을 누락하거나 배제하는 일일 수 있다. 이 글은 최근의 비상계엄 사태에 반응하는 이 시대 시민-시인의 시를 놓고 이야기한다. 현안에 대한 찬반 문제보다는 최근 시에 반영된 시위가 비폭력 평화 시위, 그리고 이런 점이 문화적 집합행위로 이뤄진 점에 주목한다.
5   베르톨트 브레히트, 『서정시를 쓰기 힘든 시대』, 박찬일 역, 민음사, 2018, 121쪽. 역자의 미주에서 인용.

없는 것이 많아진 시대의 도래를 알린 이가 아도르노다. 브레히트로부터 아도르노에게로 전수된 시대정신이 동일시에 대한 부정으로 나타난 건 여기에 연유한다.

> 10대, 20대, 30대가 그들이다
> 촛불 대신 콘서트 응원 도구가 등장했다
> K-팝 K-문화를 직접 들고 나와
> 위기의 땅을 희망의 땅으로 바꾸어놓았다
> 상식이 없는 사람들을
> 말로 꾸짖지 않았다
> 자신들의 마음을 담은 목소리로
> 꾸며나갔다
> 40대 50대 60대에게는 낯선 노래들이
>
> — 김희정, 「내란 24」 부분

> 시위 현장은 콘서트 장을 방불케 한다
> 해외 언론은 K-시위라고 감동했다
> 무거움을 가벼움으로 가벼움을 무거움으로
> 이동시키는 힘이
> 젊은 주권자들 마음에
> 오래 전부터 살고 있었다
>
> — 김희정, 「내란 34」 부분

『K-시민』은 비상계엄 선포일부터 2차 탄핵 표결까지 열이틀간을 묘파한 기록 시집이다. 어리석은 시대로부터 동일화를 깨고 나온 시민-시인이 "내란" 연작 34편을 포함한 35편의 시, 여기에 절박한 심정으로 써낸 산문 1편을 첨부했다. 긴급 타전 방식으로 이 시대의 K-시민에게 전하는 시인의 언어는 결코 일어나선 안 될 폭거에 의해 훼손된 시민의 주권을 환기한다. 대화적 관계가 생략된 채 발생한 주권 침탈 문제를 조목조목 소급하면서 잃어버린 주권을 찾으려는 시민의 평화 투쟁을 기록한다. 그래서 김희정 시인은 마땅히 '써야 할' 시를 '쓰고 싶어서' 쓴 격이 되었다. 말과 시가 이 시대의 소용돌이 속에서 흔들릴 법도 하건만 이 리얼리스트는 시를 써야 한다는 당위성을 굳건히 붙들고 있다. 급작스레 도래한 언어도단의 현실에 자아를 이입할 수 없었기에 그 세계의 수용을 거부하며 하루하루 진행하는 시민의 항거를 받아썼다.

　김희정 시인은 역사의 흐름에 문화 행위를 얹어 우리가 그간에 잃어버린 것을 일깨운다. 자연에 대항하며 진보하는 문명을 일궈오는 동안 물질에 포박되어 약화한 시대 정신, 그리고 역사적 삶의 퇴보를 자각하지 못했던 그간의 사정들이 그것이다. 이 폭거가 일상을 강타하기 전에는 그간 우리가 꿈꿔온 것의 실체를 제대로 알지 못했다. 물질주의에 기대는 문화 감응력으로 취약하기 짝이 없는 정신을 견지해오는 동안 역사 정신을 '이념'과 동일한 궤에 몰아넣어 극단적인 진영 논리를 펴온 것이다. 문화적 연대가 비폭력 시위로 이어지는 현장을 사실적으로 전하면서도 이 시는 익숙한 방식을 되풀이하지 않는다. K-시민에 의한 K-문화에서 발생한 K-시위가 이 시대의 '나'들을 '우리'로 이동하게 하는 현장이 "콘서트 장을 방불케" 한다. "콘서트 응원 도구가 등장"하는 이 시대의 문화적 연대에서 살아나는 정동이 정치 권력을 문제삼는 데로 이어진다.

3. 같은 방향으로 걷는 사람들

　개성 넘치는 깃발들이 K-시위에 등장하여 현실의 무게를 덜어낼 것처럼 나부꼈다. 어딘가에서 조용히 살아가는 단독자들이 거리로 나선 이 광경은 이전에 가져보지 못한 연대감을 자극한다. 이들의 나타남을 타자와의 동맹에 앞서 '나'의 고유성을 사회로 확장하는 존재 사건이라 해야 한다. 타자의 깃발 아래 모이지 않고 제각기 다른 지형을 만들면서 숱한 다양체들로 이뤄진 최근 사회의 면모를 한곳에 집약한 것처럼 보인다. 하나의 깃발 아래 모이지 않으면서도 동맹의 표식이며, 지금의 K-시위를 문화적으로 가능케 하는 작은 단위의 '배치'들이다. 이들은 자신만의 행위 언어로 발언하는 일의 능동성을 깃발에 쓴 문구들로 알리기도 한다.

그런가 하면 동지가 아니면 적이라는 이분법이 가동하는 시민사회도 우리는 여전히 목도하고 있다. 진영 논리에 따라 갈라 세워 타자적 존재로 대치하면서 지배권을 공고히 하려는 구조 때문에 이 같은 현상은 더욱 극렬해진다. 동조자 의식이 강할수록 타자를 좋아하거나 싫어하는 유아의 행동심리를 보이면서 내 편이 아니면 적이라는 이분법이 가동한다. 차이를 인정하지 않는 순혈주의가 반유대주의자이기도 했던 것처럼 다양성을 인정하지 않는 획일화 정책은 오로지 동일화만을 목표로 한다. 아래, 김상희 시에서 "친구"는 어디서도 보지 못한 계열의 타자다. 그는 '나'에게 타자를 향한 "성실"을 부단히 권유한다.

    친구에게 연락이 왔다 이번 주말 시위에 함께 나가자고

    우리는 광화문 앞에서 만나기로 했는데
    친구는 시간이 지나도 나타나지 않는다

    혼자 걷는 광화문은 낯선 나라 같다
    무언가를 열심히 외치는 사람들
    그사이 선두에서 걸어가는 친구가 보인다
    서둘러도 따라잡히지 않는 친구는
    골목으로 들어가고
    붉은 벽돌집이 늘어서 있는 뻔한 장면이 펼쳐진다

> 성실하게 친구를 찾았다
> 똑같이 생긴 문을 여러 번 열고 닫고
> 남의 집에 들어간다는 긴장은 공포로 바뀐 지 오래지만
> 나에게 정말 친구가 있었던가 그런 생각을 하면서
> 마지막 다세대주택의 문을 열고 들어가면
>
> …(중략)…
>
> 광화문에서 을지로 방향으로 행진하는 사람들
> 어색하게 포함된 채로 걸으면
> 사람들이 알 수 없는 구호를 외친다
> 따라 하듯 중얼거리다 걸음을 멈춰도 아무것도 정지되지 않는다
>
> 나는 무얼 위한 시위인지도 모르는데
> 친구가 부르면 언제든 광화문으로 나오고
> 받지 않을 친구에게 전화를 건다
>
> 친구가 전화를 받을 때까지
> 영원히 정지된다
> ― 김상희, 「잡을 수 없는 것」 부분 (『창작과비평』, 2024년 겨울)

 이 시는 '나'의 행위를 주도하는 타자의 영향권에 관하여 말하면서, 현실에 무지한 자가 수동적으로 시위에 참여할 때 잠시 판단을 중지할 것을 요청한다. '나'는 늘 친구의 삶에 끼어드는 형식으로 그와 함께한다고 생각한다. 그래서 이 함께 있음의 상태는 불완전하기만 하다. 친구가 먼저 전화를 걸어 오지만 둘이 교차하는 공간은 "스쳐 지나"가는 정도로만 마련된다. 그가 선발대라면 '나'는 후발대이고, 그는 주체적인 반면 나는 의존적이다. 나는 그의 부름에 따라 그 주변에 존재한다. 거리 행진 시위 대열에서도 뒤처진 채 오직 그를 만나려는 일념으로 추종자처럼 따라 걷고 있다. 그가 "주

말 시위에 함께 나가자고" 제안하여 그를 따랐으나 저만치 "선두에서 걸어가는" 그를 도저히 따라잡지 못한다. 모든 일에서 번번이 다 그렇다. 언제나 잡을 수 없는 그를 추종하는 듯한 나에게 그는 불러도 대답이 없고, 전화를 걸어도 받지 않으며, 간신히 소재지를 알아내면 그 즉시 짐을 싸서 떠나기 때문에 곁에 둘 수도 없는 사람이다. 그런데도 나는 왜 그를 친구로 여기는 것일까. "너 도대체 어디냐고" 묻고, "같이 걷고 있긴 한 거냐고 소리치는 목소리"만으로도 그를 친구로 여기는 것으로 보아 그는 '나'에게 일반 범주의 인물은 아닌 것 같다. 그는 나를 쳐다보지조차 않고, 언제나 내가 먼저 그를 찾아내기 때문에 자신을 "흔하디흔한" 존재로 여기면서도 친구 관계는 여전히 돈독하다.

　그 내막을 보면, 나는 언제나 중간에 끼어들어 친구의 영역에 편입되면서 그의 주변인으로 존재한다. 나에게 없는 소중한 것을 찾으려고 나섰으나 타자는 언제나 나로부터 미끄러지기만 한다. 같은 이치로, 사회로 확장하는 '나'가 "행진하는 사람들" 틈에 "어색하게 포함된 채" 걸으면서도 사람들이 외치는 "알 수 없는 구호"에는 공감하지 못한다. 친구에 공감하지 못하면서도 친구라 부르며 그의 부름에 응하는 것처럼, 알 수 없는 타자에 포함된 나의 자리도 언제나 위태롭다. 도대체 어디에 있느냐고 물어봐주는 전화 목소리 덕분에 시위 대열에 휩쓸리지 않고 "걸음을 멈춰도" 보지만 이때에도 '나' 바깥의 세계는 정지하지 않는다. 행진은 행진대로, 구호는 구호대로 '나'가 다 이해하지 못하는 채로 진행한다.

　타자의 권유로 참여한 시위 현장에서 화자를 강타한 건 "무얼 위한 시위인지도" 모르겠는 집합행위에 왜 자신이 참여하게 되었는가라는 의심이다. 자신이 주도하지 않았으나 바깥세상은 도도히 한 방향으로 진행하고, 자신을 거기에서 제외된 것처럼 여기는 건 친구와 자신이 연결될 때까지 이 세계가 "영원히 정지된다"고 믿고 있어서다. 교감이 불가능한 친구에게 일방향의 기대를 걸어볼 때처럼 지금-여기에서 벌어지는 일들도 화자가 처음부터 참여하여 경험한 것이 아니기에 그 실재(reality)를 다 알 수는 없다. 따라잡을 수 없는 타자와 "어색하게 포함된 채" 연합하는 시위 행렬의 발생 지점을 알 수 없는 것처럼, '나'가 친구의 영역에 포함된 경위도 다 알지는 못한다. 타자의 부름으로 가능했을 연합과 연대의 물결 속에서 단지 같이 걷고 있다는 것만으로도 친구 관계가 성립되었다.

행진 대열은 이어지고 있으나 화자는 때때로 "걸음을 멈"춘다. 무관심한 행위로 보일 수 있지만 이 동작은 잠시 판단을 보류하는 의식의 문제인 에포케(epoche) 상태를 의미한다. 자신의 행동에 대한 방법적 의심을 거쳐야만 그간 친구의 행위를 비판 없이 수용해온 자신의 근거 없는 믿음을 점검할 수 있다. 찬반양론을 치열하게 제출하는 시민운동의 장에서 자신의 판단을 확고히 하기 위해서는 처음부터 다시 생각해보는 시간이 긴요해진다. 생각 없는 사람들과 사회의 위험성을 재차 점검하고, 친구에 대한 믿음을 다지기 위하여 자신부터 비판적으로 성찰하는 일은, 친구도 자신도 포기하지 않는 가장 신뢰할 만한 방안일 수 있다. 시대의 소용돌이에 세차게 휩쓸리는 와중에도 자신의 위치를 자각하는 일, 자기 무지를 벗어나야만 동시대인과 연대할 수 있다는 판단, 이 사태를 직시하기 위해서는 초심으로 돌아가 자신의 기대와 타자의 의도가 상충하는 지점을 재점검하면서 처음부터 다시 시작하는 일이 모두 중요하다. 타자와 나, 그리고 앞으로만 진행하는 이 세계를 제대로 알기 위하여 자기 결의가 필요한 것이다.

4. "불손"을 맞잡고

어리석은 사람의 판단 실수나 잘못을 때때로 자유로 오해하기도 한다. 때문에 오성을 지닌 자를 도리어 격하하는 일도 가끔 일어난다. 오성 속에도 어리석은 요소는 있기 마련이나, 어떤 사안을 놓고 판단하는 지성의 힘으로 오성은 어리석음과 섞이지 않을 수 있다. 그런데 사랑의 쿠데타는 오성의 범주에서 일어나지 않는다. 오성을 도덕의 범주로 본다면 쿠데타는 반지성에 더 가까운 것이다. 실패한 사랑의 쿠데타는 불가능한 사랑의 쿠데타다. 사랑의 쿠데타는 오직 성공함으로써만 사랑을 말할 수 있다. 유수연의 시는 사랑의 쿠데타는 지성의 범주에서 일어나지 않는다고 쓴다. 모자라고 어리석은 것이 더 아름다운 이유를 두 사람이 맞잡은 "불손"에서 일어나 번지는 혁명적 사랑 이야기로 들려준다.

걔랑 산다
온전히 받는 삶과 온전히 주는 삶이 있다기에
걔랑 주고받기로 했다

불 붙으면 다 하고 싶으니까

그중 불손이
내게 물었다

우리가 어떻게 될 거로 생각해?

어찌 된다면 어찌 살지 뭐

그렇지, 그렇지
답을 반복한다고 옳은 질문이 되는 건 아니지만

사는 게 아름다운 순간은
엉터리 답을 뱉고 모자란 질문을 찾아 헤매는 것 아니겠니

한 개 정도 풀어줘야 매무새가 괜찮다고

큰 개를 올려다보면

단추 같은 눈이 잠기지 않았다

얼음에 베인 혀를
자랑은 왜 해

얼음은 사라졌는데

걔는 입으로 옮긴다
소리도 없고 차갑지도 않은 숨결을

사람이 많아도

눈사람도 사람이라고
그걸 패는 사람은 사람이 아니라고

사람 아닌 게 많아도

살 수 없을 때까지
걔랑 산다

죽음보다 강한 못은
이미 박아둔 못

걸어두는 것밖에 하지 못해
살아내는 것밖에 하지 못해

뽑아 볼 테면 해보던가

— 유수연, 「쿠데타」 전문(『현대시』, 2025.1)

이 쿠데타는 "개랑 산다"는 전제로부터 출발하여 "살 수 없을 때까지" 살아간다는 과정에 있다. 사랑의 쿠데타가 줄곧 진행 중이라는 얘기다. 살고 죽는 일에 관한 것이 아니라 유일한 삶의 사건인 것, 살아 있을 동안 '우리'에게 '불'이 옮겨붙은 사건이 사랑의 쿠데타다. 온전히 삶의 문제인 이것은 죽음에 속하지 않을 뿐만 아니라 죽음보다 강하기까지 하다. 그런 면에서 모든 쿠데타는 성공하는 쿠데타이고 살기 위한 쿠데타인 반면, 실패한 쿠데타는 죽음의 쿠데타다. 그래서 두 사람이 일으킨 쿠데타는 오직 삶 속에서 삶만을 이야기한다. 두 사람 간 상호작용이 삶을 주고받는 것으로 이뤄진다면서 "불 붙으면 다 하고 싶"은 것이 쿠데타 감정이라고 말한다.

그러니 이 쿠데타의 중심에 있는 두 사람은 어리석은 자들임이 분명하다. "사는 게 아름다운 순간은/ 엉터리 답을 뱉고 모자란 질문을 찾아 헤매는 것 아니겠"느냐며 어리석음을 자인하는 자만이 사랑의 쿠데타를 일으킨 주동 인물일 수 있다. 예측 불가의 미래를 두려워하기보다, 불행이 닥치더라도 그에 맞서 살아갈 방도를 궁리하는 사람이 되고 싶은 이들이다. 두 사람에게는 "살아내는" 일만이 절박한 현실이다. "살 수 없을 때까지", 그러니까 죽음에 이르도록 개랑 산다는 명제만이 죽음조차 관통할 수 있는 사랑의 마음을 심어준다. 화자가 사랑에 의해 관통당한 죽음을 "죽음보다 강한 못"의 비유로 말하면서 이 못이 뽑히지 않기를 고대하는 이유다. 사랑을 심어놓아 흔들리지 않는 쿠데타의 지속성을 가능케 하는 이 행위는 필경 사랑의 쿠데타가 실패하지 않기를 꾀하는 자에게서 나온다. "뽑아 볼 테면 해보던가"라는 결기 어린 반항은 왠지 지금-여기 쿠데타의 주동 인물을 패러디한 것처럼 들린다.

유수연 시인이 쓴 시작 노트에서 "살 수 없을 때까지 살고자 한 일은 나의 혁명이다."라는 문장을 읽었다. 시로 써서 발표할 시간을 얻지 못할 만큼 급박히 진행되었던 현실 내용을 시작 노트에 기록해두었을 시인의 떨림이 전해온다. 계엄군이 국회에 들어오기 전 주에 국회에서 써둔 시라고 밝힌 이 노트가 전하는 '혁명'의 이면을 위의 시에서 간파할 수 있다.[6] 혹한에 "불손"이 되어준 핫팩과 같은 '개'와 손을 맞잡고 혁명 같은 삶의 구간을 건너가는 광경을 상상해본다. 두 사람의 삶의 이유가 사랑의 혁명을 지속하는 일로 이어지기를, 그 힘으로 이 혹한을 잘 견디기를 바라면서. 하지만 내란성 질병은 비상계엄이 해제되었다 해서 완치된 것이 아니다. 맞잡은 손에서 느끼는 연대감으로 즐거운 희망을 성급히 말할 수는 있어도, 이 질병의 끝에 도사린 또 다른 위험에 대해서는 아직 무지하다.

(2025.2.20)

---

[6] 그 당시 국회의 '연설 비서관'으로 근무 중이었다고 유수연 시인이 어느 대담에서 직접 밝힌다. 「생각과 행복을 주저하고 폐허-하기」, 『현대시』 2025.4, 183쪽.

현기증 나는 말

1. 환(幻)과 공포

　계엄 사태 이후 거센 환(幻)의 공포와 현기증에 시달렸다. 현장의 위험한 실행들이 미디어와 실시간 결합하여 송출되었는데도 이 사태가 끝내 계몽이어야 했던 주체는 아무 일도 일어나지 않았다며 환상을 조성했다. 그는 사실을 조작하여 환의 기억을 주입하면서 실제를 매끈한 영상으로 변환하려 했다. 기표뿐인 말들이 범람하면서 그간 통용되어온 언어 사전의 보편적 의미마저 폐기해야 할 상황을 맞은 것 같았다. 가상화한 말들 속에서 숨을 쉬고, 불면에 시달리고, 일상이 된 불안 속에서도 문학은 다시 죽음만큼 강렬한 알레고리의 출처여야 한다고 나는 생각했다.
　보들레르(Charles Pierre Baudelaire, 1821~1867)의 작품 중 「비장한 죽음」이라는 산문시가 있다. 이 시로부터 지금-여기의 가상 같은 현상이 대체 무엇인지를 가늠해보고 싶다. 이 시는 캄캄한 심연과 황홀한 도취 상태를 구분할 수 없는 곳으로 우리를 이끈다. 심연까지 가 닿아 삶을 이야기하는 구원자로서의 이 예술 형식은 매우 어지럽다. 죽음의 공포에 맞서는 무언극 배우도, 그의 연기에 도취한 국왕도 현기증 나는 심연에 빠져 있다. 사정은 이렇다. 왕에 관하여 무엇이든 기록할 수 있게 허용한다면 준엄한 역사가가 "괴물"이라는 칭호를 부여했을 법한 국왕이 있다. 그는 감수성이 과도한 예술가이고 감식가이며 쾌락주의자다. 무관심한 것이 있다면 인간과 인간이 갖춰야 할 기본 도덕들이다. 그래서이겠지만 그가 기울인 기괴한 노력은 매사에 잔인성을 띤다. 그는 자신에게 불만을 품은 귀족들을 체포하여 사형을 기획한다. 그중에는 귀족들과 함께 역모에 가담한 그의 친구인 광대 팡시울도 있다. 웬일인지 왕이 은사를 베풀어 그를 무대에 올려 무언극을 하게 하지만 그는 도중에 죽는다.

  늙은 배우인 그는 죽음의 공포에 희극으로 맞섰으나, 그를 죽음으로 내몬 건 눈에 보이는 위력이 아니다. 왕이 시동에게 건넨 귀엣말에 이어, 어느 관중의 휘파람 소리 때문에 집중력을 잃으면서 무대 위로 쓰러진다. 이 죽음은 상징적이다. 저 휘파람은 독이라고도, 칼이라고도, 화살이라고도 할 수 있다. 예술관의 차이일 수도, 심지어 그것이 무엇이든 배우를 죽음으로 몰아넣은 알레고리인 것만은 분명하다. 현상적으로 읽으면, 삶과 예술을 등가로 아는 배우에게는 자신의 무언극에 균열을 가하는 지극히 사소한 움직임과 소리마저 큰 위협일 수 있다. 희극 무대에서 벌어진 죽음을 바라보는 시선들에 포위된 죽음 현상을 통하여 보들레르는 "예술의 도취는 다른 어느 도취보다도 더 심연의 공포를 가리기에 알맞다"라고 쓴다.

  배우는 죽음 앞에서도 삶을 연기하며 신비한 예술적 아우라를 뿜어낸다. 그러나 쾌락주의자인 왕은 살아 움직이는 배우의 전능해 보일 만큼의 관중 지배력을 질투한다. 불행하게도 국민에게 "선견지명이 없는 섭리"로 임한 왕, 이것이 "국가보다도 더 큰 재능"[1]이라고 풍자하는 시에서 우리는 왕의 우매한 쾌락주의가 국가는 물론이고 모든 이의 생명 위에 군림하는 위험성을 본다. 삶이 곧 예술인 친구의 예술 행위에 도취와 공감을 거부하며 질투한 자. 심연의 공포에 맞선 예술 행위를 얇은 쾌락주의로 감상하며 예술가

---

[1] 샤를 피에르 보들레르, 『파리의 우울』, 황현산 역, ㈜문학동네, 2015(1판 4쇄), 76쪽.

를 잔인하게 죽음으로 몰아간 자. 문학은 그를 괴물이라 부른다.

2. 자기반성이 없는 계몽과 시대의 우울

위의 왕 같은 우두머리의 전능은 계몽의 전권을 휘두르는 데서 표면화한다. 우두머리를 계몽하는 자는 그에게 곧장 파면되거나 체포되거나 생명의 위협을 느낀다. 그래서 타자 계몽은 언제나 자기 계몽보다 실패할 확률이 더 높다. 우두머리의 계몽은 아랫사람에게 잘 먹히지만 그 반대의 경우는 성립하기 어렵기 때문이다. 그래서 계몽을 대체로 과소평가하게 된다.[2] 정작 계몽의 객체여야 할 자가 계몽의 주체로 나서기 때문에 계몽에 완벽하게 도달하기는 어려운 일이다. 계몽의 말은 표면에서 겉돌았으므로 지금-여기의 시민은 피상성과 감상성에 대항했다. 계몽 주체는 인식의 순수성인 양 계몽을 앞세울 뿐이었고 문제를 해결하는 보편적 실천성과 계몽을 분리했다. 하여 계몽은 계몽대로 현실과 유리된 채 부유하고, 사회는 사회대로 극심한 혼란 속에서 퇴행 일로에 놓였다. 자기반성에 무지한 계몽이 시대의 우울을 주도했으나 그 잔상은 아직 말끔히 걷히지 않았다.

계몽(the enlightenment)은 빛(light)의 파장을 함유한 어휘다. 계몽 철학자들은 이 세계가 신의 말로 창조되었기 때문에 진리를 매개하는 신의 말이 살아 있다는 믿음을 가졌다. 칸트(Immanuel Kant, 1724~1804)가 강조한 지성도, 아도르노와 호르크하이머가 탈마법을 위한 이성적 사유를 말할 때도 주체의 미성숙과 우매성을 비판하는 데서 시작했다. 파시즘이 계몽을 퇴행시킨다고 보았던 이 비판철학자들의 우울처럼 우리에게도 지난 계절은 그러했다. 시대가 요구한 것은, 비판 없이 계몽에 이끌린다면 파시즘의 야만성에 합의하는

---

2 베르너 슈나이더스, 『계몽은 계속된다』, 오창환 역, 그린비출판사, 2024, 162쪽.

것이라는 반성의 자세였다. 이성에 대한 신뢰, 더불어 인간의 자유와 해방을 말해야 할 계몽 주체가 도리어 선동하는 말로 인간의 고유성을 파탄 내는 일에 가담 중이었던 것이다. 자기 파괴로부터 타자 파괴까지로 이어지는 계몽 주체의 요청에서 계몽의 기본 요건인 자기반성은 찾아보기 어려웠다.

근대의 계몽에서 얻은 것이 있다고 말하는 베르너 슈나이더스(Werner Schneiders, 1932~2021)의 전언에서 조금이나마 위안을 얻을 수 있을까. 그런데 그는 계몽의 실패도 도리어 계몽의 성공일 수 있다면서 우리를 긴장시킨다. 인권과 관용에 대한 요구 같은 업적들이 위험에 처한 듯하면서도 자명한 것이 된 경우를 든다. 그 요청들 중 일부가 법률 개혁에 의해 국가 질서에 반영되었고, 당대인에게 이성적인 심성과 논증적 비판 능력을 키워주었으며, 이런 점이 현대인의 일상적 요구사항에 스며들었다는 것이다.[3] 그의 논지대로라면 우리는 한 뼘의 유연성을 더 보유해야 한다. 완벽하지 못한 법률의 빈틈을 메워가게 만드는 계몽의 역설적 역능 제고를 바라면서 말이다. 이 철학자의 어법대로라면 계몽 비판조차 계몽에 대한 계몽인 점을 부정하지 못한다.

      아직도 강의실에서는
      백 년 전의 자유를 가르친다

      이미 누려본 적 있듯 낯설지 않았다

      이를테면
      참을성이 많은 자유
      길러지는 자유
      은밀히 베껴지는 자유

---

3 위의 책, 161쪽.

어둠을 오가는 자유
자주 넘어지는 자유
완두콩처럼 한집에 사는 자유
피아식별에 능숙한 자유

유구하게 부족했습니다
상투적으로 가졌습니다

아직도 강의실에서는
보기에는 좋은 것들을 가르친다

사랑이나 폭력
자유라고 해도 좋은 것들은
배우고 난 뒤에도 더 배울 수 있다

원한다면 나는 너에게
그것들을 가르쳐줄 수도 있고
조금 기울어진 채로 둘 수도 있다

…(중략)…

아직도 강의실에서는
시를 가르친다

간지러웠습니다
지루하진 않았습니다

네가 좋아하는 시인은
훨씬 전에 죽었는데

일찍 태어나서 새로운 시 쓰고 있을까

아니면 자기가 쓴 줄 모르고 몸부림치며 읽고 있을까

　　그리고 불현듯 알게 되겠지

　　백 년 전에는 사람의 자유가 시의 자유가 되었으나
　　백 년 후에는 자유로워진 시가 사람에게 더 많은 자유를 주기도 한다는 것을

　　백 년 뒤의 사람은 흉내내지 못하게 살고 싶다
　　　　　　—김진선, 「유산」 부분(『문학동네』, 2025년 봄)

　백 년 만에 다시 태어난 사람이라는 가정하에 그가 누리는 '자유'를 '유산'이라는 명목으로 사유하는 시다. 더 정확히 말하면 그 자유는 누리는 것이기보다 상투적으로 겪는 것이고, 연면히 이어진다는 점에서 여전히 고전적인 가치에 묶여 있다. 이전의 가치에 침윤된 강의실의 가르침은 토대 자체가 애당초 기울어진 것이어서 새로운 시대의 변화에 과감하게 보폭을 맞추지 못한다. 간지럽고 오글거리지만 지루하지는 않은 시가 교육이라는 대의명분 아래 지금도 여전히 강의 시간에 호출된다. 백 년 전에는 사람의 자유와 시의 자유가 같은 범주의 실행이었으나, 지금은 탈억압과 탈압제를 꾀하는 시인의 언어만이 자유를 주관한다. 무엇이든 말해보리라는 시도 속에서 자유로운 시가 태어나기 때문에 이후의 시는 이전의 자유를 흉내 내지 않는다. "변하지 않는 것은 실수"라는 감각만이 시언어의 완전한 자유를 주문할 수 있다.
　그렇기에 한 편의 시는 혁명과도 같다. 기존 질서를 재생산하는 방식으로 전달하는 교육 구조에서는 기대하기 어려운 세계 개조의 언어다. 모든 혁명은 그간에 상식이었던 언어를 하룻밤 사이에 새로운 말로 대체한다. 시인은 줄곧 이전의 말을 마지막으로 새롭고 낯선 말을 준비한다. 이전의 말을 기억하는 자들은 이 말의 새로움과 그 진실을 환영한다. 구조에 편입된 언어

도, 계급적으로 분할된 언어도 아닌, "유구하게 부족했"던 것과 "상투적으로 가졌"던 것들에 대한 감성 분할의 언어에 '시'라는 이름을 붙인다.

그런데 나치의 경우를 보면, 정치 언어란 것은 역사상 위대한 혁명 시기의 용어를 복제하여 파시즘을 정당화하는 계몽 전략이었다. 지금-여기의 계몽 주체도 이와 유사하게 민주주의·자유 등을 시뮬라크르한 용어를 유포하면서 이전 시대 말의 개념을 자의적으로 전유했다. 용기 있는 시민의 투쟁과 쟁취의 결과인 자유에 대한 식별력을 흐리면서 맹목성을 주문했던 것. 그 언어에는 자신이 속한 구조 안에서 약속된 것을 수호하려는 법칙이 가동하고 있었다. 반면에 예리하고 영리한 시민들은 일찍이 그 내면을 충분히 간파할 수 있었다. 그리고 '시'도, 시적 진실을 환영으로 암시한다 할지라도 세간의 표준적인 말이나 계몽을 시뮬라크르하지 않는다. 시적 진실이 가상과 환상으로 우리에게 전달하는 내용이 있을 때라도 시인의 상상력에 자기기만은 없다.

이 시대 계몽의 본질을 보면 메타 계몽이다. 자기반성이 선결되지 않는 계몽에 대한 계몽이다. 자기의 무지몽매부터 반성하라는 계몽의 요청은 어느 시대에나 요구되어왔다. 그래서 계몽이 자기를 간과한 채 타자를 향할 때는 파시즘으로 에너지가 몰릴 위험이 커진다. 그런 이유로 우리는 지금 다시 계몽의 자기 고발정신을 스스로 환기하면서 계몽의 시작은 자기 자신으로부터, 계몽의 완성도 자신 자신으로의 회귀여야 한다고 성찰한다. 김진선 시인이 쓴 것처럼 한쪽의 지배력이 우세한 가르침이 아니라 "가르쳐줄 수도 있고/ 내가 너에게 배울 수도 있"는 그런 것, 이처럼 상호 교환이 가능한 가르침이야말로 시대의 우울을 내면화한 모든 '나'들이 해야 할 일이 아닐까. 여기에 예외를 만들며 폭주했던 건 이기적인 인권주의와 법의 사유화가 결합한 계몽이었으니 말이다. 그러니 보편적이지 않은 인권의 특수화 작업에 가담한다면 악을 포식한 자의 기형적인 몸짓일 것임이 자명하다. 계몽은 급기야 이렇게 다시 발생하여 또 다른 계몽을 낳는다. 계몽은 아직 종결되지 않았다는 말은 틀리지도 나쁘지도 않다.

3. 아니러니스트의 언어

이제 더 이상 시 쓰기를 지체할 수 없다고 생각하는 시인이 많아졌다. 변화의 급물살 속에서 구호를 외치면서, 행진을 하면서, 오직 자신에게만 해로운 단식을 하면서 투쟁을 이어올 때 시인은 시 바깥에서 수행 언어의 주체여야 했다. 시 바깥이란, 한 시대의 소용돌이와 급류가 휩쓰는 장소, 현실 언어만이 생명력을 지니게 되어 시를 잠시 멀리 보내야 했던 곳이다. 그 와중에도 시인은 "유죄를 무죄로 만드는 기술, 실천적 이성을 속이고 양심을 침묵하게 하는 용서할 수 없는 수사적 이성의 술책"[4]을 극단화하는 정치 언어와 달리 무해한 시언어를 절실히 원했다. 이성 정치의 언어를 신뢰하여 시를 허황한 말이라고 핍박한 플라톤의 후예라면, 막연히 아름답고 불투명하기만 한 시로는 이 세계의 진실을 말하기 어려울 것이다. 그러나 시를 자명한 언어로 바꾸면 너무나 뻔한 말이 되고 만다. 진실의 이면에 있는 정의할 수 없는 영역이나 그 형상에 관하여 말로 할 수 없는 내용들을 최소한의 시언어로는 암시조차 하지 못할 수도 있다.

여기서는 쌀이 소금이라고 합니다
외국어는 이해할 수 없다고 중얼거린다 한국어를 이해하고 사용하니 다시 중얼거리며
알아듣지 못할 발음이 가득한 거리를 거닐 때
귓속에서 삼림(森林)이 자란다

---

[4] 자크 데리다, 『거짓말의 역사』, 배지선 역, 이숲, 2019(1판 2쇄), 21쪽.

그들이 혼자 혹은 서로 제 잎들을 비비며 바람을 휘젓는다
가사가 들리는 노래는 두려워요
누가 들으라고 말하고 있는 거지
여기는 시가 네, 라고 합니다
여기서 시는 긍정입니까
나무들은 알아듣지 못하고 돌바닥을 걸어 돌로 된 집으로 들어간다
못 알아듣는 말은 모두 가사 없는 음악이라고 중얼거린다
여기에는 식당에서 밥을 먹다 빨갱이라고 소리 지르는 노인이 없고
맥주잔을 열매처럼 매달고 나무들이 있다
여기서는 Conde가 백작이라고 합니다
대성당과 오렌지 나무를 종소리가 쓸어준다
여기에는 선거가 조작이라고 외치는 백작들이 없다
없는 것이 없이 있어서
쓸어 담기듯 성당 입구로 빨려 들어가면
살리다가 보인다
정복자의 초상과 정복자의 신들이 거대하다
SALIDA는 출구
출구를 향해 나가면 다른 입구에 도착하고
열심히 살다 보면 또 여기에 올 수 있겠지
열심히 살면 죽음에 가까워지는데
출구와 입구 사이에 비둘기들이 늘어서 있다
그래, 비둘기
출구와 입구 사이에 링이 있다.

— 김건영, 「살리다」 전문(『현대문학』, 2025.3)

"살리다"는 "식당에서 밥을 먹다 빨갱이라고 소리 지르는 노인"의 본거지와는 다른 아토포스다. 쌀이 아닌 소금이 주식이며, 이 나라 말로 Conde라 발음하는 백작이 살고, 열매 대신 맥주잔을 매단 나무들이 서 있거나 걸어다닌다. 성당이 두 나라를 연결하고, SALIDA는 살리다의 출구다. 살리

다는 성당 입구에서 보일 만큼 지척인데다, 가운데가 텅 빈 링이 양쪽의 경계 역할을 한다. 이 경계에서 비둘기는 어떤 상징으로 존재한다. 성당이 정복자를 정당화하면서 '신'의 위상을 거대하게 만든 성소인 점과 다르게, 살리다에는 방부제 같은 소금, 세속의 말에 오염되지 않은 순수 언어인 시, 꼰대라고 조롱당할 법한 자가 있으나 그는 "선거가 조작이라고 외치"지 않는 Conde 백작이다.

유추해보건대 살리다에서는 신의 말 이후 줄곧 언어의 신성을 긍정해왔다. 부패하지 않은 언어가 통용되는 곳이어서 존재자 간 질문과 대답을 시적으로 할 수 있도록 용인한다. 정처 잃은 말에 귀를 기울이고 대꾸해주는 시의 나라. 시언어를 긍정하는 귀들이 어떤 경우에도 열려 있는 나라. 시인은 그곳을 '살리다'라 부른다. 하여 살리다는 죽어가는 언어를 살려낸다는 말로도, 의지의 표현인 '살리라'에 더 힘을 주어 자신에게 다져 넣는 말로도 들린다. 하지만 열심히 산 자만이 올 수 있는 곳인 것을 보면 이 나라는 역설로서만 설명할 수 있는 곳이기도 하다. 열심히 사는 일은 곧 "죽음에 가까워지는" 일임을 그는 줄곧 몸소 증명해왔다. 살리다에 다시 오려면 그는 필경 죽음 같은 삶을 다시 살아야 하고, 시로 대답해주는 목소리라곤 부재하는 세상에서 부패한 언어만을 상대해야 한다. 밥을 위해 하루살이처럼 살면서 때때로 색깔론을 뒤집어쓴 채 밥도 먹어야 한다.

어느 날 황급히 살리다로 휩쓸려 온 화자를 아이러니스트(ironist)라고 불러보자. 리처드 로티가 정의한 대로라면 아이러니스트는 상식이 된 어휘를 거역하는 사람이다. 상식을 굳히는 언어가 그에게 마지막 언어로 채용되면 그것은 고스란히 상투성으로 굳어진다. 때문에 그는 자신의 언어가 마지막 언어인 점을 부단히 의심한다.[5] 듣고 읽은 어휘들에 의하여 각인되면서 그것

---

5   리처드 로티, 『우연성 아이러니 연대성』, 김동식·이유선 역, ㈜민음사, 1996, 146~

을 사용해온 그이기에 현재 사용 중인 언어가 마지막 언어로 굳어진다면 새로운 언어를 창조하는 일에 불구가 되고 만다. 위의 시에서 꼰대를 꼰대라고 쓰지 않은 건 일부분의 사회적 권유와 또 다른 측면에서의 자기 요구가 만났기 때문이다. 그는 상투어가 된 꼰대가 그릇된 표현은 아닌지를 의심하고, 자신이 이 말을 사용한다면 그릇된 인간이 아닌지도 염려한다. 그러나 그는 그릇된 것의 규준을 제시하지 못할 뿐만 아니라 그래야 할 필요를 알지도 못한다. 사회에서 공유하는 언어 앞에서 눈과 귀가 멀어버린 상식적인 사람들을 떠나 언제든 살리다로 가고 싶을 뿐이다.

그렇다 해도 그의 언어가 바른말이라는 의미는 아니다. 꼰대와 낡은 사람을 일치시키는 언어생활을 물리고 Conde라고 쓰는 데서 남다른 기지와 기대가 엿보인다. 그는 언어에 변화를 주며 재서술의 가능성을 열어나가는 시인이다. 낡은 사람이라는 의미로 통용되는 꼰대가 의심의 여지 없이 꼰대라 할지라도 그를 Conde라 불러주면서 그가 시시한 사람으로 굳어지지 않도록 그를 구출한다. 낡은 사람은 낡은 어휘로 하여 낡아지고, 새 사람은 새로운 어휘로 하여 새로워진다고 그는 생각한다.

아마도 시인은 어느 날 불시에 다시 살리다로 가게 될 것이다. 밥을 벌기 위한 삶이 언어를 부패시킬 때, 가로수에 매달린 열매가 그의 갈증 해소와 아무런 상관도 없을 때, 뻔한 말들을 그의 귀가 더는 접수하지 못하게 되었을 때가 그때다. 일용할 양식을 소금으로 대체하고, 가로수에서 맥주를 따서 마시며 거리를 걷고, 의미가 명료하지 않은 낯설고 어려운 말이 음악으로 변환되어 들리는 그곳으로 황급히 빨려 들어갈 것이다. 썩어 문드러져 버린 말을 간수하는 헛된 고통을 감내하면서까지 낡은 생활을 지속할 이유가 없어졌을 때 살리다에서 다시금 '살리다'라고 의지를 다질 것이다. 살리

147쪽.

다는 "시가 네, 라고" 대답하는 '시'의 나라. 뻔하지 않은 표현으로 자기만의 말을 만들며 심미적 기쁨을 누릴 수 있는 곳. 마지막 말로 굳어진 뻔한 상식을 고집하지 않는 자를 언제든 환영하는 곳이다.

시 한 편을 더 읽어보자. '시인은 가난하다'라는 관념이 상투어로 굳어진 탓일까. "부잣집 아이"라 불리는 쉰 넘은 시인이 있는데 우리의 인식 속에서 '부자'와 '시인'이라는 조합은 겉돌기만 한다. 물질을 기준으로 부자를 판명할 때는 그와 시의 조합이 어울리지 않는다. 시는 그 어떤 것 위에도 군림하지 않지만, 물질보다 더 높아지려면 물질의 탑을 켜켜이 쌓아올리는 길밖에 없다. 그래서이겠지만 그가 쓰는 시도 물화한 욕망처럼 보인다. 그런데 시를 읽어 내려갈수록 이러한 재단을 방해하는 일들이 속속 발생한다.

우리 집 서재는 빛이 좋아 어머니는 단감을 익히고 시래기를 말리고 책상 위엔 옥스퍼드 사전과 헤밍웨이가 놓여 있었지 나를 짝사랑했던 후배는 아버지 장례식장에서 말했지 오빠 실망이에요 시인이 이리도 화환이 많다니 그러게 말이다 부잣집 아이가 시는 무슨 시 남 이야기 아니고 오빠 이야기예요 그래 이제 시는 그만 밤에 잠도 안 자고 건강 해친다 쉰 넘은 아들을 힐난하는 여든 넘은 어머니는 올 성탄에도 포인세티아를 선물 받아 소녀처럼 행복했지 이 이파리는 어떻게 빨간색을 얻었을까요 빨가니까 빨갛지 이유가 어딨어 배시시 웃는 어머니는 아버지 장례식장에서 말했지 왜 그리 친구가 없니 꽃만 많고 사람이 없네 그렇게 말이에요 부잣집 아이가 시를 쓰면 동창들은 멀어지고 시인들은 외면하네요 네 이야기가 아니라 네 애비 이야기다 우리 집 처마 볕이 좋아 제비가 둥지를 틀고 식모 이모는 마당에 떨어진 새똥을 닦으면서 잡것들아 내년엔 오지 마라 욕을 했지 다음 해 이모도 안 오고 제비도 안 오고 생각해보면 몰락은 그렇게 시작했지 나는 궁금하네 이 삶이 축복이라면 축복은 언제 빛을 거두는가 우리 집 안방은 빛이 좋아 어머니는 참깨 들깨 말리고 TV 보며 스웨덴 실로 뜨개질을 하지 강아지가 밟으면 안 된다 강아지 못 들어오게 해라 그렇게 말이에요 이 말썽꾸러기 강아지 말 좀 들어라 사룟값이 얼만데 나는 궁금하네 나는 왜 시를 쓰나 왜 이토록 달콤한 인생에 불행의 알갱이를 흩뿌리나 이 삶이 저주라면 저주는 언제 그림자를 거두는가 강아지 또 돌아왔다 이놈의 강아지 말썽꾸러기 강아지 이리 오렴 내가 안아줄게 나랑 산책 가자

— 심보선, 「부잣집 아이」 전문(『문학과사회』, 2025년 봄)

문제의 지점은 부잣집 아이가 시를 쓴다는 것이고, 시인과 그의 후배, 어머니의 대화도 줄곧 시적 사건과 연계된다. 주어가 빠진 어머니의 말에서 그 당사자를 자신으로 착각하고서 시인이 뱉어버린 이 말, "그러게요, 부잣집 아이가 시를 쓰면 동창들은 멀어지고 시인들은 외면하네요"는 이제 수습할 수 없는 지경이 되었다. 아버지의 장례식에 조화만 보내온 아버지의 지인들처럼 시인의 친구들도 그러했으리라 추측할 수 있다. 한때 식모를 두었고, 번성했던 가계의 후광처럼 채광이 좋은 집에서 산다는 정보 외에 별다른 것이 없는 집을 외부인들은 여전히 부잣집이라 부른다.

남들과 현격히 차이 나는 부자의 표징이 없는데도 '부잣집'과 '시인'은 얽혀 있다. 옥스퍼드 사전을 찾아가며 읽었던 헤밍웨이의 작품이 서재 위 책상에 놓여 있는 장면만 하더라도 그 주인이 시인일 수는 있어도 부자와 직접 관련은 없어보인다. 아버지의 장례식에 조문하는 대신 꽃을 보내온 지인들이 있었으므로 그에게 남은 것은 꽃이고, 커진 것은 외로움이다. 볕이 잘 들어 집안의 분위기가 밝은 덕분에 어머니는 단감·참깨·들깨를 잘 말릴 수 있다. 그가 남보다 많이 가진 것이라곤 서재의 책들과 꽃에 불과하며, 비물질이면서도 어머니에게는 물질만큼 소중한 빛과 볕이 전부다. 아버지의 장례식장엔 "꽃만 많고 사람이 없"고, 집안에는 책만 많고 사람이 없으며, 볕만 많고 친구가 없다. 그런 시인을 두고 부잣집 아이라고 말하는 아이러니에서 종내 걷히지 않는 것은 그의 외로움과 관련한다.

시인은 타자와 관계 맺는 방식보다 홀로 있음에 능숙한 자, 상식이 된 말을 버리고 자신의 말을 찾아 나선 자다. 삶을 요약하되 타자의 말이 아닌 것

으로 채우려 하기 때문에 관계들 간에 오가는 상투어를 물리면서 시를 쓴다. 상식을 깨트리기 위한 가장 빠른 접근은 사람과의 대화이기보다 가까이 있는 책이라고 믿으며, 책을 물성을 지닌 것으로 숭앙하며 이것을 쌓아놓기만 하는 물질의 부자는 결코 아니다. 사람보다 책과 관계를 맺는 방식에 더 익숙한 그에게 서재는 줄곧 단절 없는 대화의 장소였다. 그러므로 그가 부자라는 말은, 교환가치나 사용가치를 앞세우지 않는 책 부자, 빛의 부자, 그리고 자신의 내·외적 변화를 떠맡아 표현해줄 최적의 언어를 찾아나가는 부자라고 풀이해볼 수 있다.

(2025.4.5)

아스팔트에서 무등까지의 현실회로

1. 삶의 풍경이 급변할 때

　고요한 숲속 같은 삶의 풍경을 안온하게 누려온 이가 그다지 많지는 않을 것이다. 그만큼 우리의 현재는 늘 소란스럽고 번잡하고 혼란스럽다. 어느 변호인이 탄핵 심판 법정에서 노래 가사를 인용하여 '풍경'을 언급하면서 이것이 일상 회복에 대한 열망임을 강조했을 때 자신의 역사철학을 쉽게 풀어 이야기한다는 생각이 들었다. 그의 변론을 경청했던 이들도 마찬가지로 역사의 흐름 속에 돌연 기괴한 힘이 나타나 그 풍경을 바꿔놓으려 한다는 것을 익히 알고 있었을 테다. '현재'에 중첩되어 있는 것들의 실상과 그 위험성을 아는 자만이 그 풍경의 변화를 실감할 수 있었을 것이다.
　우리에게는 현재성을 충분히 감각할 수 있는 능력이 번번이 부족하다. 사후에 반추하는 그 현재가 비로소 과거가 되었을 때 깨어나 알게 되는 것이 우리가 우매함과 막연한 이상주의에 갇혀 있었다는 점이다. 아이러니하게도 죄를 지은 자는 이전의 자기 언어를 부인하면서 아무 일도 없었던 것처럼 이 세계를 평정하여 자기의 죄과를 합리화하려는 시도를 이어갔다. 표면으로는 말끔하지만 그 이면을 보면 거짓을 포식하여 비대해진 말이 줄곧 상식을 뒤엎고 있었다. 진실 판명을 흐리면서 현실을 부정하는 그의 말이 광장과 아스팔트 위에서 복제되어 유포되기도 했다.

'현재'를 수용하는 감각이 상이한 이들이 같은 공간에서 서로 다른 말을 하였다. 이 사태에 직면했을 때, 자기의 윤리와 의지를 간수하고 때때로 이 것을 표명하는 일에 분노 감정이 앞서곤 했다. 위기가 닥쳤을 때만 현재성 과 역사의 관련을 절절히 읽어내는 우리는 우매하게도 역사의 결절을 쉽게 망각해버린 채 부단히 과거로 물러나는 시간을 살아왔었다. 그 와중에도 시 인은 시대의 특수성에서 발생한 언어로 우리의 현재가 대체 어디로 가고 있 는지를 말한다.

권력의 기술(技術)이 곧 말의 기술이라는 발견이 새삼스럽지 않으면서도 고통스러웠던 건 시인도 또한 진실이라 믿는 내용을 자신이 할 수 있는 말 로 전하는 존재이기 때문이다. '호수 위의 달그림자' 비유를 시적인 수사로 전유하며 자기기만에 빠진 권력자가 구사하는 말은 사실상 진실/거짓을 수 시로 전치하는 법 언어의 기만이 키워낸 표현법이다. 법 지식 위에서 실행 한 계엄 선포문을 독자가 '시'의 행간을 읽는 것처럼 해석해주기를 바랐던 것일까. 그러나 제아무리 그럴싸한 시적 수사라 할지라도 폭력 정치를 함의 하는 그의 말에서 믿을 만한 구석이나 진실 내용을 찾기는 어려웠다. 그토 록 화려한 말의 기만과 교란 속에서 우리는 그 언어가 있어야 할 올바른 자 리를 찾아주려 분투했다. 그리고 시인은 그 공모의 언어 이면에 갇힌 생명 의 내용들과 형식들에 자유를 부여하고자 하는 열정으로 문학의 정치에 가 담한다.

당대인의 자의식으로 자신의 시대에 관하여 시를 쓰는 시인에게 역사란 것은 지금-여기서 직면한 그 모든 위험을 망라한다. 벤야민의 언술대로라 면 지금 억압받는 주체야말로 역사의 주체다. 우리가 체감하는 지금의 위기 와 위험이 의미하는 바 실상이 바로 그 역사의 내면을 이룬다. 그렇기에 현 재의 그러함을 억압하는 주체가 역사의 주체일 수는 없다. 정치적 현실만을 역사적인 것으로 아는 자는 모를 법한 내용을 깨달아 알게 된 사람들은 눈

앞에 보이는 현재에 대하여 문제의식을 지닌다. 이것이 역사를 대면하는 자세라는 점도 잘 안다.

이 같은 이치대로, '시'도 시인이 인식하는 '현재'의 어떠함을 표현한다. 현재의 중첩으로 현재성을 이루는 시언어가 문학의 정치를 가능케 한다. 시는 단지 한 가지 현상만을 다루지 않으며 당대인의 문제의식을 함축하여 담아낸다. 우리가 간신히 읽어내는 것들이 시적 진실의 전모일 확률은 아주 희박하다. 그럼에도 이 시대에 김수영의 「수난로(水煖爐)」(1956)를 읽는 건 이 시에 담긴 현대성에서 물신화한 자본주의가 어른거리고 있어서다. 새로운 문명이 급습하여 이전 것은 "퇴물"이 되는 자본 세계에서도 수난로처럼 "견고한 것"을 찾는 자들. 이를테면 사철 변함없는 받침대 같은 것이 필요한 이들은 그 위에 "팔을 고이고 앉아서 창을 내다"본다. 굳은살처럼 생명력을 잃은 것 같으나 누군가에게는 뜨거운 여름철에도 휴식처가 되어주거나 생각거리를 안겨주므로 수난로를 폐물이라고만 할 수는 없다.

이렇듯 김수영 시에서 수난로는 문명의 변화가 비교적 느리게 진행하는 시대의 풍경 속에 놓여 있다. 겨울철이 지나면 폐물로 밀리는 상황에서 계절의 순환을 기다리는 이 '견고한 것'의 쓸모는 그 기능상 한 계절에 집중된다. 그런 와중에도 수난로는 사계절 내내 제자리를 끄떡없이 지키고 앉아 있으면서 인간의 비극을 잘 알게 되었다. 이 말뜻은 물신의 오브제인 수난로가 인간의 비극을 지켜보았으므로 그 내막을 잘 안다는 것일 터. 신이 사라진 세계에서 물신의 지배력과 그 "어둠"을 시인이 받아쓴다는 의미와, 신을 재현하는 일의 불가능성을 표명하면서 그 대리자로 시인을 지목한다는 의미가 중첩되어 있다. 종교화한 자본을 좇지 않는 시인을 김수영은 그 자본에서 구제된 자라고 말하고 싶었을지도 모른다. "글을 쓰는 소녀"를 내세워 시 쓰기의 순수성을 표방하면서 시인을 그 반열에 둔다. 그래서 수난로는 비록 주야로 어둠에 묻혀 있다 할지라도 김수영에게 절망만을 안기지는 않는다. 수난로는 시인으로서 가장 바라는 것의 실상을 생각게 하면서 어떤 희망으로 환원한다.

다시 벤야민으로 돌아가보면 그는 자본주의에서 일종의 종교를 본 경험을 이야기한다. 종교적 인간이 누렸던 평화·안정감·기쁨 등을 자본이 대신 제공한다는 것이다. 자본이 종교가 된 경우를 이야기하면서 자본주의가 돈을 매개로 종교적 구조를 형성한다고 말하는 그의 통찰은 의미심장하다. 이것이 단지 어떤 종교적 조건을 구비했다는 뜻이 아니라 본질적으로 종교 현상으로서의 자본주의라는 점 때문에 그러하다.[1]

탄핵 정국의 아스팔트 위에서는 종교 행위와 결합한 자본주의 유령이 배회하는 것 같았다. 그 움직임은 분명 유동하는 자본을 따라 배회하는 동세를 보였다. 자본의 숭고성을 굳건히 믿는 아스팔트 위의 종교적 주체들에게서 우리가 발견했던 건 그들의 자본 지향이 자초한 꿈의 좌초와 그 잔해들이다. 꿈과 기대에 부수되는 자본 욕망이 그들을 움직이게 하고, 구호를 외치게 하고, 상대 진영을 부정하게 했으나 정작 그 꿈과 기대라는 것은 절망을 향하여 폭주했을 따름이다. 벤야민도 이런 점을 염려하며 자본주의의 종교적 속성을 "절망의 상태에 도달할 때까지 견디기"[2]를 감당해야 하는 것이라 단언한다. 절망의 보편화 단계에서 구원을 요청하게 하는 종교 같은 자본주의는 탄핵 정국의 아스팔트 위에서 자본주의 유령들을 양산하면서 자본을 따라 배회하게 했다.

삶이 아무리 깊은 어둠에 처한다 할지라도 "어둠과는 타협하는 법이 없다"는 김수영의 다짐은 이런 경우를 지적하며 한 말인 것 같다. "자기의 영토를 지"키려 미동조차 없는 신 대신에 등장하여 시대의 어둠을 밝히려는

---

1 발터 벤야민, 「종교로서의 자본주의」, 『역사의 개념에 대하여 | 폭력 비판을 위하여 | 초현실주의 외』, 최성만 역, 도서출판 길, 2012(제1판 제3쇄), 121~122쪽.
2 위의 책, 123쪽.

자본주의 물신은 결국 인간에게 죽음 같은 절망을 안길 뿐이다. 바라보기만 할 뿐 인간의 삶에 관여하지 않는 물신은 부재의 신을 빼다 박은 듯이 닮았다. "인간의 비극"을 너무나 잘 알고 있다는 사실 앞에서 망연해지는 사람들이 마침내 알게 되는 것은 자신이 물신의 지배 아래 놓여 있다는 점이다. 그러므로 우리는 김수영 시에서의 관계도를 신과 물신 사이에 운명적으로 끼어 있는 시인, 요컨대 신-시인-물신의 위치로 그려볼 수 있다.

지금, 시인들이 있는 풍경은 어떠한가. 영혼까지 팔아도 시가 읽히지 않는 시대이지만 여전히 영혼을 갈아넣어 시를 쓰는 전통을 이어가고 있을까. 그런 와중에도 절대로 메피스토처럼 영혼을 거래하지는 않겠다고 다짐하고 있을까. '현재'의 내용을 말하면서 자기만의 고유한 풍경을 만들어가는 시인의 외로운 영혼을 어떤 말로 축복해야 할까. 홀로 고독하게 궤도를 도는 풍경 속에서도 정녕 신의 대리자인 물신에 현혹되지 않고, 박약한 정신에 함몰되지도 않기를, 교리도 없이 오직 숭배만 있는 자본주의 물신이 낳는 모든 절망을 뚫고 나갈 때마다 시언어를 앞세울 수 있기를, 오직 그럴 수 있기를. 영원한 것은 시뿐이고, 이것이야말로 언제나 새 생명이었음을 시인은 잘 알고 있을 것이므로.

2. 너머의 신, 이곳의 시인

자연을 정복한 인류 조상이 매끈하게 만들어놓은 문화를 누리며 우리는 살아간다. 신-이성-사유의 항이 인간중심주의를 공고히 하는 동안, 비인간 주체는 인간의 외부에서 무지몽매한 대상으로 격하되었다. 인간만이 이성적 사유의 주체라는 관념이 우세한 데 그 이유가 있다. 그런데 이성과 사유 중심이 아닌 존재 중심으로 생각을 바꾸면 우리의 인식도 물적이고 감각적으로 바뀐다.

전통철학에서 지배적 지위를 지녔던 '계몽'이 이 시대에 재등장한 탓일까. 신의 이름으로 아스팔트에서 목소리를 높이며 종국에는 신을 바닥까지 끌어내리는 집단적 종교 행위도 여기에 가세했다. 정치에 모든 것을 걸고 축소되어버린 것 같은 삶, 선전과 구호로 얼룩진 삶의 현장에서 우리도 정치적 인간으로 단일화한 듯했다. 이 같은 시대적 풍향계를 따라 신을 호출하는 시들이 계엄사태 이후 속속 발표되었다. 이 시대의 신은 쓸모가 폐기된 채 아스팔트에서 짓뭉개어지고, 비루함을 껍데기처럼 두르고 어딘가에 은닉되어 있다. 그래서 아스팔트 위의 시위자들이 마른 입술을 축여가며 신을 찾는 모습은 더 이상 추락할 수 없는 곳에 숨겨둔 인형을 향한 부르짖음처럼 들린다.

계엄 시대의 아스팔트에서 신은 인형의 은유가 가능한 대상이었다. 신은 인간에게 조종당하고, 대신 돈이 그의 자리를 꿰차고 있었다. 인형화한 신의 형상을 만든 장본인은 자연과 대치되는 상품화의 속도를 맹목적으로 좇아가는 인간이다. 그래서 시인은 인간과 신, 인간과 물신 사이에서 어떤 말들을 한다. 사물에 이름을 붙여주며 그것을 세계-내에 존재케 한 신은 죽었거나 숨어버렸다. 막스 피카르트는 이 같은 맥락에서 인간이 사용하는 언어는 신이 사용했던 언어의 흔적이라고 말한다.[3] 이는 현대인의 관점으로는 지나치게 진지하고 보수적인 언어관이다. 그런데도 시인의 언어는 여전히 원초적인 신비, 근원으로 회귀하는 상상력으로 사유의 샘을 퍼 올린다. 신과 인간 사이에 있는 시인을 생각게 하는 시 몇 편을 읽어본다.

    봤다
    납작하게 눌린 양들까지

---

[3] 막스 피카르트, 『인간과 말』, 배수아 역, 봄날의책, 2013(초판 3쇄), 22쪽.

겪는 게 아니라고 하지만
봤는걸요, 직접 보았습니다

숨어서 중얼거린다
둥그렇게 모여앉아 눈 감은 자들 틈바구니 속에서

(아름다운) 사람들이 자아내는 미소와
냄새

저 앞에 거대한 것이 어른대고 있는 것도 같은데 아니,
위에
아니면,
아래에 깔려 있을 수도

보고 계시죠?
가장 낮은 곳에 계십니다
　　　　—윤혜지,「기도 놀이 하는 사람들」부분(『문학과사회』, 2025년 봄)

　신의 계명에서 핵심은 금기 선포다. 예컨대 '신을 본 자는 정녕 죽으리라'는 계율은 반대로 정녕 살고자 하는 인간에게 신을 숨겨놓아야 한다는 강령을 역설적으로 발생시킨다. 이 같은 논리대로라면 신을 직접 경험했다는 고백은 금기 위반에 속하며, 이 행위와 죽음은 동의어다. 위의 시에는, 한쪽에는 둘러앉아 기도하는 사람의 무리가, 다른 한쪽에는 밀린 일기를 쓰는 화자가 있다. 죽지 않기 위해 신을 숨겨놓았으나 살기 위해 신을 찾는 시도 속에서 반복되는 건 오직 "이해를 넘어서는 세계"를 공고히 하려는 이들의 기도 행위다. 기도의 속성을 동어 반복과 자기 암시로 아는 화자에게는 한 무리의 사람들이 기도하는 모습이 놀이처럼 보인다. 신은 판타즈마(phantasma)처럼 어른거리는 현상이면서도 "가장 낮은 곳"에 임하는 것만은 분명해 보

인다. 그런가 하면 또 다른 시는 복종과 순종이라는 고전적 엄격함이 믿음과 결합하는 양태를 이야기한다.

> 애야, 나는 너를 때려서 가르쳤다
> 울면서 가르쳤다
> 봐라, 쓸 만한 사람이 되었잖니?
> 죄책감을 가진
>
> 보아라, 내 눈동자에서 널
> 눈물로 사람 만드느라
> 많았던 내 눈물은 싹이 다 말라버렸다
>
> 여인이 크게 흐느낀다
> ─ 김행숙, 「어머니의 믿음」 부분(『문학동네』, 2025년 봄)

순종의 메커니즘에 작동했던 힘은 미약한 인간을 향한 폭력이다. 계몽 반복과 눈물 어린 기도로 계승한 믿음의 역사 한쪽에서는 굴종과 순종을 분간할 수 없게 되었다. 다른 한쪽에서는 사람 하나를 성체로 완성했노라는 자부심이 가동한다. 시인이 구체적 상황을 제시했듯이, 한 사람에게 일요일은 순종하는 자세로 닭죽을 끓여 넣은 죽통을 들고 계몽 주체를 방문하는 날이다. 일요일은 화자에게 강요된 순종·복종·효도를, 상대에게는 화자를 잘 키운 보람을 포만감처럼 안겨준다. 이러한 인간 개조의 과정이 선과 악의 문제로 환원하는 지점에서 시인은 계몽 주체가 "너를 때려서 가르"쳤기 때문에 이것을 기도의 효과로 돌리면서 복종을 강요한 것은 아니었는지를 질문한다.

보수적인 종교관을 고수하는 이들의 강박적인 타자 훈육에서 해방적인 세계관을 기대하기는 어렵다. 관습화한 도덕관으로 평정된 세계, 자기반성에 무지한 계몽에서는 개인의 윤리는 무력해진다. 계몽은 자기반성에 대한 건망증이 심할수록 강화하며, 타자의 순종을 포식하면서 점차 선과 악을 판별하려는 시도를 의지로 굳히게 된다. 이때 '시'의 기도(祈禱)가 이뤄진다면 그 시의 말은 과연 어떻게 발화할까. 여세실 시인이 쓴 것처럼 "어리고 약한 것들만을 골라 노리는/ 약아빠진 수캐 떼의 동선을 읽게"하고, "어린 새끼의 늑골만을 골라 빼먹는// 약삭빠른"(「만종」, 『문학과사회』, 2025년 봄) 것들을 발견케 하는 시를 믿어보는 일. 이것이 시의 능력에 거는 시인의 기대이자 우리의 바람이기도 하다. 모든 것을 믿는 일의 불가능성 속에서 믿음을 가져보는 일은, 신의 말이건 시의 말이건 크게 달라 보이지 않는다. 가장 낮은 곳에 이르는 시인만이 몫 없는 자들의 목소리를 들을 수 있다. 이 점이 우리의 상식 안에 있는 신의 모습과 겹치는 부분이기도 하다.

3. 비인간 존재와의 공(共)현존

인간 이전부터 있었던 말을 선험적으로 지니게 된 인간은 언어를 매개로 모든 자유의 형식들을 만들어간다. 자유를 부르짖고, 사랑과 혐오 감정을 전하며, 거짓말도 하고, 심지어 신이 남긴 언어로 신을 모독하기까지, 유한한 인간은 언어를 전유하여 불가능을 가능으로 바꾸는 상상을 펼친다. 말로 이 세계를 창조한 신의 자식이라는 계보대로라면, 글로 하나의 세계를 건립하리라는 시인에게 창신(創神)이라는 명명은 지극히 당연해 보인다. 시인은 신을 대신하여 비인간 주체에게 이름을 붙이고, 그들이 존재하는 이유를 인간의 생애에 부쳐 사유한다.

서양 철학이 인간을 옹호해준 덕분에 인간에게는 자연 지배력이라는 전권이 주어졌다. 그러나 후기 이론에서는 인간과 비인간 존재 간 지위가 대등하게 조정된다. 인간만이 주체여야 했던 사고를 반성하면서 비인간 주체와 불가분의 관계를 사유하게 된 것이다. 이는 정물 같은 모든 자연물, 동물과 식물, 과학적 기술체들과 대등한 위치에서 인간 존재를 파악하려는 시도다. 아래 시는 인간의 다리 역할을 하는 로봇이 노래 같은 활력을 인간에게 불어넣을 미래를 현재화한다. 로봇과의 상호작용으로 신체의 결핍을 보충하는 포스트휴먼의 면모는 이렇다.

> 음악 조금만 줄여줄래요?
> (나는 다리를 노래라고 불러요) 가고 싶은 곳이 너무 많으면
> 고요히 눈 감는 버릇이 있어요
> 속눈썹이 모은 생각들은 잘 데워진 햇살처럼 볼록해요
>
> …(중략)…
>
> 노래 부르면 생겨나는 스위치를 아세요?
>
> 어린 새벽이 연한 부리로 알을 깨고 나올
> 딱 그만큼의 온기를 모아 조용히 노래 부르면
> 어느 순간 내 손에 따뜻하게 돋아나는 버튼 하나
> (딸깍-누르자)
>
> …(중략)…
>
> 우리 오늘은 어디 갈까요?
>
> *저기, 현관 앞에 서 있는*
> *나의 그 노래 좀 불러주세요*
> ― 김재환, 「노래를 불러요 ― 웨이러블 로봇」 부분(『상상인』, 2025년 봄)

새로운 인간형의 출현을 바탕으로 기계와 상호 교환하는 에너지의 결합으로 가능하게 될 미래를 이야기하고 있다. "웨이러블 로봇"을 다리에 장착한

인간 주체에게 이 과학 기술체는 사출성형기에 잘려나간 다리를 대신하는 보조물이다. 포스트휴머니즘 논의에서 제출되는 비인간 주체가 이 시에서는 "노래"라는 은유에 기초한 사유로 이어진다. 몸에 맞게 로봇을 조절하고 싶을 때 화자는 "음악 조금만 줄여줄래요?"라고 요청한다. 아마도 음성 서비스로 상호 소통이 가능한 로봇일 테다. 사람의 한 걸음과 시에서의 한 음보는 같은 보폭을 지닌다. 그래서인지 로봇으로 연장한 다리로 한 걸음씩 앞으로 나아가는 그에게서 시 같은 노래의 음보가 감지된다. 결구의 "나의 그 노래 좀 불러주세요"도 중의적으로 다가온다. 로봇을 불러달라는 말로도, 로봇에게 노래를 불러달라는 요청으로도 들린다. 이렇듯 걷는 사람의 보폭과 노래의 한 음보에는 기기와 인간의 결합이라는 경쾌한 잠재성이 내재한다.

　이 같은 포스트휴머니즘은 인간-이성의 합리성을 강조한 데카르트식 휴머니즘에 안티 감각으로 맞서는 것이다. 인간 자신에게만 특권적 지위를 부여해온 근대식 인간론에서는 인간 외부의 생명체나 자연물의 지위는 강등되었다. 인용 시에서처럼 장애를 지닌 인간이 음성 서비스로 보조물을 신체에 탑재하는 보철물의 경우는 어떠한가. 신체에 연결된 비인간 기기의 쓸모가 인간의 활동을 증대시키는 저 장면에서 신체 보조물은 상이한 특성을 지닌 인간과 비인간끼리의 결합체다. 푸코가 통찰한 것처럼 세계 지배권이 신에서 인간으로 넘어온 장구한 역사선 상에서 근대식 발명품인 인간은 새로운 에피스테메에 직면했다. 시대가 요구하는 인간 개념에 관한 현대적 지식은 이렇듯 안티 휴머니즘에 기초한다.

4. 낮은 곳에 이르러

　인간이 이 세계의 주인으로 살아온 자취를 기록한 역사에서는 비인간 주체를 다루지 않는다. 비인간은 언제나 객체였다. 하지만 시는 다르다. 시인은 자신과 관계를 맺은 인간은 물론이고 비인간들까지도 불러내어 세심하게 대화를 나눈다. 지극히 사소한 자연물에서부터 인공물들까지 시인과 관계 맺지 않는 것을 찾아보기 어렵다. 인문학이나 인류학은 인간을 인간이게 하는 것을 인간 범주에서 체계화한다. 그러나 시인은 인간 바깥에 난립하는 비인간 주체가 지닌 고유성을 알리는 방식으로 이 세계에 관여한다.

>개불알풀이 봄까치풀로
>개명을 해도 좋다는 거죠
>정해진 등수와 이름이 있는 게
>세상의 일이긴 하나
>그게 무등이죠
>무등의 일이죠
>오고 있는 꽃을 찾아
>등반을 하는 수고를 기쁨으로
>품어본다는 거
>꽃 앞에 고개 숙이고
>허리를 숙이고 마침내는
>무릎 기도를 하는 나를 찾아
>아, 참 좋다
>정상에 오른
>봄까치풀
>무등을 태우고서
>　　　—손택수,「무등산 봄까치풀」전문(『창작과비평』, 2025년 봄)

발음을 망설이게 하는 "개불알풀"이 첫머리에 등장한다. 자연다운 심성을 지닌 인간 주체가 무등산 정상에 도착하여 이 꽃과 만나고 있다. 꽃과 대화를 나누는 그의 목소리가 전파를 타고 나직이 들려오는 듯하다. 낮아진 그의 자세로부터 "무등"의 의미를 읽게 한다. "정해진 등수"대로라면 저 꽃은 이른 봄철에 가장 먼저 피어 행인의 발길을 붙드는 '일등 꽃'이라 해야 한다. 그 누구도 아직 기대하지 않는 절기에 피어나 놀라움을 안기는 꽃이다. 그런데 알갱이처럼 작은 데다 아주 낮게 엎드려 있어서 지나치기 쉬운 꽃이기도 하다. 발길을 멈춘 화자가 이 꽃을 자세히 보려고 무릎을 꿇은 채 앉아 있다. 가장 낮은 곳에서 가장 먼저 피어난 꽃 앞에서 그의 자세가 기도하는 사람처럼 보인다. 조롱당하기 맞춤인 본래 이름을 개명했다는 정보와 함께 시인은 일등과 등수를 따지는 사회의 일면을 은근히 들추어낸다.

無等. 국어사전이 '등급이 더할 나위 없음', '그 위에 더할 수 없이'로 정의하는 "무등"은 비교 대상이 있을 수 없는 최고봉으로 풀이할 수 있다. 그곳에서 일등으로 피어난 봄까치풀은 '무등'임이 분명하지만 꽃이 피어난 자리가 가장 낮은 곳이라는 점을 시사하면서 이 시는 등수를 매겨 줄을 세우는 세간의 법칙에 의문을 제기한다. 차례라는 것이 있다면 등급[等]이 없지[無] 않을 수는 없으나, 등급을 기준으로 가치를 판별한다면 소중한 가치들을 놓칠 수 있다는 전언. 그리고 이토록 우울한 시대에도 봄의 전령인 개불알풀, 아니 봄까치풀은 어김없이 피어나 번지고 있다. 가장 작은 풀꽃이 '일등 꽃'인 꽃의 세계에서 우리는 무엇을 더 읽어 거창한 뜻을 유포해야 할까. 꽃이 피는 순서에도 등수를 매길 수는 있으나, 꽃들은 피는 순서와 무관하게 제 몫의 삶을 영위한다. 모든 존재는 오직 그 자신이 목적일 뿐, 타자의 목적에 종사하지 않는다. 위로도 아래로도 비교할 것 없는 유일한 존재에 아름답다는 형용이 가능하다면, 저 풀꽃처럼 스스로 아름다운 것이야말로 무등이 아닐까.

(2025.4.30)

제2부

괜찮지 않은 세계의 지형도

미적 현대성과 난해성

1. 환대 : 시적인 것

시가 신비롭다는 반응은 그곳에 다른 세계가 있다는 의미다. 시는 최소한의 언어로 여백을 두어 상상의 공간을 만들면서 그곳을 현실이 아닌 양 이야기한다. 하지만 이는 시인이 생략과 은닉, 파토스와 레토릭의 교란으로 우리의 감정과 의식을 분발케 하려는 의도다. 그런 까닭에 현대시의 태생을 모호성이라 단정한다면 난해시를 둘러싼 논의는 큰 의미가 없어 보인다. 시 읽기의 좌초는 결국 독자의 몫이 될 것이기 때문이다. 하지만 그렇기만 한 것인지 독자는 물을 수 있다. 독자 이전에 '시'가 있고, 시인은 시 이후에 정립되는 존재여서다.

가독성 측면에서만 보더라도 난해시라는 명명에는 거부 감정이 실려 있다. 이렇게 불편한 마음이 서린 명칭을 독자가 만들었다면 이는 난해시의 정체를 확증하는 평가에 가깝다. 읽어내기 어려운 난점들 사이에서 표류하다가 좌초할 뿐인 시에다 이 명칭을 얹으면 독자는 해석으로부터 해방을, 오해와 오독의 혐의를 비켜갈 수가 있다. 그럴 때도 다음 같은 조건은 변하지 않는다. 시는 시인이 쓰고 싶은 것을 자기화한 언어라는 점이다. 2020년대 들어 산문시가 부쩍 늘었고, 그중에는 해석이 필수는 아니라는 듯이 내적 자율성을 구가하는 시들도 있다. 급격한 전환기에 민감하게 반응하면서 사회적 현안과 실존 문제에 다성적으로 질문을 던지고, 대화 차단과 단절감에 따른 유폐 감정이 이야기 본능을 부추기며, 불안감이나 고독을 끌어안은 복합 감정으로 무언가를 말하고 싶어 한다.

'시적인 것의 귀환'이라는 제명의 평론집(김종훈)에서 현대시의 낯선 느낌과 관련한 비평가의 소임을 읽었다. 이 책에서 주요 논점은 시 해석의 문제를 여러 임무들 간의 소통으로 본다는 점이다. 단지 현대시의 계보와 지형도를 머릿속에 그리거나, 개별 시의 가치를 매기는 일만이 아니라 우연히 도래한 듯한 시적인 것의 필연성에 해석자의 언어로 접근하는 것이 비평이라고 쓴다. 김수영도 '시적인 것'에 관하여 말했다시피 그 이후의 시인들이 시적인 것의 귀환과 언어의 우연성을 열렬히 반긴 것도 틀림없는 사실이다. 김종훈 평론가의 글을 음미해 보면 현대시의 듬성듬성한 어휘들과 그 틈새에 그가 주목하고 있음을 알 수 있다. "섬처럼 보이는 낱말들 사이"라고 언표한 데서는 '사이'의 시학을 엿볼 수 있다. 서로 타자화하면서 조급해진 언어들 틈에서 사라진 것들로부터 현대시의 자질을 짐작해볼 수도 있다.

기교주의, 해석 불능의 잉여, 이미지의 분절과 비약, 암시의 모호성, 낯선 외래 언어의 유입과 시적 변용, 비동일자들의 배열, 구문 파괴 등은 현대시의 난해성을 지목하는 일부 요인일 뿐이다. 이러한 현상에 무한 열려 있는 해석기계를 가동한다 하더라도 해석 불능의 잉여는 생길 것이다. 이 때문에 독자에 의해 시인의 시적 수행이 실패로 판명될 여지는 언제든 있다. 그럴 때 난해시는 전적으로 시인의 문제로 돌아온다. 특정 시나 시집을 지목하면서 실패 운운하는 독자들이 있는 건 그런 이유에서다.

오직 예술가만이 언어를 다르게 사용할 수 있다고 한 니체의 생각은 은유에 맞춰져 있다. 시언어의 갱신이 은유적 메타 수행으로 가능한 것이라는 점이 이때 자명해진다. 반면에 시에서 알레고리를 경험하면서 수수께끼 놀이에 빠져본 독자에게는 알레고리가 은유의 폭력성에 반발하는 것처럼 보인다. 은유는 독자를 텍스트에 묶어놓지만, 알레고리는 한 편의 시가 어떻게 해석되느냐는 문제를 넘어선다. 여러 방위에서 동시에 울려나오는 질문들은 독자의 대답을 기다리기보다 언어가 말한다는 감을 안긴다. 수수께끼 형식으로 독자에게 오는 기표와 의미 사이에는 화해의 자리란 것이 없다. 일점 중심의 세계관으로는 난파가 필연인 쓰기·읽기의 표류로 시세계는 무한 열린 해석이 가능한 곳으로 변한다. 현대시의 독자—해석자는 이곳에 참여한다.

시적인 것이 무엇이냐는 질문이 성립하려면 시적이지 않은 것부터 상정해야 한다. 시적인 것이 정녕 있다면 그것이 모종의 양식으로 약속되어야 한다. 안정을 구하는 시 쓰기는 시종 그것과 화해하려는 시도로 점철될 테고, 시적인 것의 지배력에 붙들려 시적이지 않은 것을 배제해나갈 것이다. 그런데 제아무리 난해하더라도 독자가 '불구'로 판명하지 않으므로 이상(李箱) 시의 경우는 상당히 다르다. 이것도 시인가?『조선중앙일보』에 연재하던 그의 시「오감도」가 난해하다는 독자의 항의로 1934년 7월에 연재가 중단된 일이 있다. 전승되어온 시적 효과를 따르지 않기에 당시 독자들 사이에서 이 같은 화법이 난무했을 것으로 짐작해볼 수 있다.

그로부터 90년이 지난 지금도 이상의 어떤 시는 풀리지 않는 코드나 패턴을 내장한 것으로 인식된다. 2023년 초에 경이롭게도 그의 시를 해석한 연구 논문이 과학계에서 제출되었다. 수와 점만으로 이뤄진「진단 0 : 1」을 물리학자들이 해석한 논문이 그것이다. 2021년에도 같은 연구팀이 이상 시 해석에 기하학·물리학을 적용한 바 있다. 이 연구물들은 예술 미학만으로는 접근하기 어려운 논리를 따른다. 이론화한 정신과 예술성을 융합했다고나 할까. 서구의 르네상스 예술처럼 예술과 예술이 아닌 것의 결합으로 학제간 벽을 무너뜨린 연구물이다. 한편으로는 이상 시가 문학을 초과한 창안물로 다시금 멀어지는 현상을 망연히 바라보게 한다. 모든 컴퓨터 프로그램이 숫자 0과 1로 이루어진다는 것을 상식으로 알고 있다 할지라도, 언어를 벗어나 숫자와 점의 기호일 뿐인 구성물을 시로 받아들여야 하는 독자로서는 이 사태와 화해할 재간이 없다. 난해시를 초과하는 난해한 연구물이어서 독자의 접근을 원천적으로 막아서는 기분이 된다.

그만큼의 거리감으로 독자와 불화한 시가 이 시대에 해석되면서 시-과학을 일찍이 융합한 시인의 비밀스러운 상상력과 신비감을 기어이 벗겨낸 것처럼 보인다. 그런데 이러한 반응이 과학에 대한 문학의 상대적 박탈감에서 비롯한다면 애초에 이 문제를 언급할 이유조차 없을 것이다. 관습적 예술 미학으로는 시를 해독할 수 없는 사정이 자연스레 과학의 영역으로 이관되었을 것이기 때문이다. 시인의 천재성을 연역하는 방식에 머물지 않고 과학적으로 시적인 것에 접근한 것이다.

과학과 예술을 소유한 자는 종교의 신비도 갖고 있다(괴테)는 말이 있다. 그렇다면 이상은 한 세기 전부터 종교 같은 시인이자 신비의 화신이었다. 100년 뒤의 독자, 즉 시-과학의 융합이라는 기본 전제 위에서 해석을 완수한 이 시대의 과학자들에게도 시는 또 다른 신비였다는 말과도 같다. 숫자 기호를 물성을 지닌 것으로 변환하면서 시가 될 수 있다는 방법론을 제시했고, 이상 시가 100년 뒤의 독자나 읽어낼 시임을 입증했다. 학문분과의 고유 언어로 해석의 규범을 마련해온 그간의 연구 수행은 이제 절대적일 수 없게 되었다. 분과 학문 간 동등한 권리로 '좋은' 해석을 견인할 수 있다는 가능성을 접근했으므로 그렇다.

하지만 순수 독자 편에 서 본다면 영 불편하고 어색한 일이다. 선형성과 인과성을 중시하던 때에 시·공간의 동시성을 구현한 시인. 게다가 자신이 쓰고 싶은 것을 썼을 테고, 다수의 동시적 기표를 배치한 그의 시가 현대시의 특성과 일치하는 것만 보더라도 이상 시는 진정한 난해시였다. 폴 드 만이 썼듯이 의미의 총체성에 저항하면서 해체적으로 읽는 일은 시 텍스트에 흩어져 있는 기호를 독자가 개별적으로 판별해야만 가능하게 된다. 이렇듯 개별적인 읽기가 과학 언어로 수행된 사실을 순수 독자는 연구 논문의 기표들을 어렵사리 기워내면서 간신히 알아챌 수 있을 뿐이다.

우리 시단에 등장한 현대시 담론과 이상의 활동 시기가 겹치면서 그의 시는 난해시로 지목되었다. 이상과 동시대 시인으로서 1930년대에 '모더니즘'을 근대성이 아닌 현대성으로 해석한 김기림의 경우도 마찬가지다. 이렇게 얼마간의 착오 속에서 우리는 하나의 어원을 두 개의 개념으로 분별해야 했다. 근대성이 고스란히 현대성으로 이월되는 현상에서 이상 시를 현대시로 지정한 연유를 엿볼 수 있다. 그후 난해시는 줄곧 현대성을 논하는 자리에서 출현했다. 모더니즘 시는 난해하고, 난해성은 현대성의 증상으로 인식되었다. 시인은 감추고, 독자는 읽어내려는 역학이 쓰기와 읽기에서 동시에 작동할 때 시인은 관음하는 시선을 따돌리고 싶은 심정이 될 것임이 자명한 이치가 아닐까. 심지어 시를 백 번씩이나 꼬아버린다는 어느 시인의 조금은 과장된 발언을 참고하더라도 시인은 자신도 알 수 없는 내면으로 끝없이 물러나는 언어를 창안하는 자로 보인다.

한 가지를 더 추가한다면, 서구 상징주의 시인들에게서 세례받았던 감각의 현대성이다. 이 땅의 시인들은 여전히 프랑스 상징주의의 가르침을 학습한다. 독일의 다다(DaDa)시에서 낯설게하기를 배우고, 서구의 현대시 작법에도 기민하게 반응한다. 이때 결정적인 세례자나 강력한 영향 관계와는 은밀히 소통할 뿐 노출되지 않는다. 의미도 없어 보이는 세계를 끝없이 배회하는 여정을 언뜻언뜻 내비칠 뿐이다. 언어의 파편 속에서 이 세계의 현대성을 철학하는 시인의 면모가 알레고리로 언표된다. 이 세계 또는 타자에 깊이 관여하지 않으면서 실로 낯선 파편들을 제조하며 흩뿌린다.

시 텍스트는 이론에 선행한다는 폴 드 만의 직관대로라면 시 연구방법론이란 것은 이상 시「진단 0 : 1」에서 보는 것처럼 시 발생 이후에나 마련되는 것이다. 그렇다면 독자-해석자는 언제나 현대시에 후행하는 사후적 존재라는 말이 된다. 낯선 감각의 시에 대한 논의가 시인들을 중심으로 이뤄져오다가 비평가의 몫이 되기 시작한 때가 1950년대인 것을 볼 때 폴 드 만의 언술은 비평가의 시효가 다 되었다는 뜻이기보다 '현재적' 자질을 문제 삼는 것으로 들린다. 현대시일수록 해석의 여지를 무한 추동하는 비밀스러운 기호들이 번식한다. 거기에는 보여주면서 감추는 알레고리의 파편들이 난립한다.

2. 난해시 또는 불가해한 시

시를 읽음으로써 우리의 어떤 고통이 완화될 수 있다면 시는 진통제일 것이다. 완고한 이성을 유연한 감수성으로 전환하는 순기능을 시가 할 수 있다면 이 또한 특효의 시약일 것이다. 그러나 현대시는 시를 읽는 일이 차라리 고통이라는 풍문을 유포하기에 좋은 요소를 갖추고 있다. 팬데믹 시기에 대면의 경험을 박탈당하면서 방출하기 어려웠던 정념과 이야기 본능이 산문시로 표명되는 경우를 심심찮게 보게 된다. 그중에는 시집 한 권이 모두 산문시인 경우도 있고 난해성은 필수다. 그런데 시대에 감금당한 시인의 이야기 본능이 산문시에 나타나더라도 그의 소소한 일상은 명확히 드러나지 않는다. 한 편의 시가 철학이 부재한 수다로 전락하는 것을 염려하는 시인의 마음은 충분히 전달되지만 일면의 아쉬움은 남는다.

한국전쟁 이후 김구용의 산문시를 놓고 해독 불능에 빠진 일이 있다. 1990년대 이후의 난해시들은 산문화 경향과 엘리트 의식으로 일반 독자의 미적 기대감을 비켜갔다. 2020년대 들어서는 서술형 시들이 빈번히 출현하면서 시와 독자 간에 불화가 조성되고 있다. 시의 지형으로 보건대 산문시로 통칭할 수 있는 서술형 시들은 시인들이 기계산업의 급격한 변화에 민감하게 반응한 산물로 보인다. 시인은 딱히 무엇이라고 규정하기 어려운 낯선 것들의 도래에 대해 어떤 말들을 한다. 익숙한 세계를 닫고 나와 세계를 마주하는 일의 불안과 공포를 말하려 하고, 이러한 세상 바라보기가 자아와 세계의 불일치로 나타나는 시적 수행. 어느 쪽으로도 화해하지 않는 비동일성. 무한한 가능성을 지닌 존재의 열림. 이것이 독자가 판명하는 해독 불능, 잉여의 시, 난해시, 실패한 시들의 속성이다. 이는 단지 독서 시장에서의 실패만을 뜻하지는 않는다. 뻔히 해석의 실패가 예정된 시에 대한 논평에 더 가깝다.

낯선 언어가 도래했을 때 그것을 의미 규정하기란 어렵다. 이에 응하는 메타언어도 박약해지기 마련이다. 하지만 독자는 지나치게 실험적인 시 앞에서 난파되고 싶어 하지 않는다. 의미 분절의 혼란 속에서 파편으로만 잠재하는 의미를 읽어내는 고된 작업을 이어가려 하지도 않는다. 이러한 현상이 어제오늘의 일이 아닌 바에야 새삼스러울 것도 없지만, 1980~90년대에 대중문화 시대가 열리면서 문학의 주변화를 염려했던 사실을 떠올려본다면 문화기호들을 시적으로 변용한 그 시대의 작품은 되레 난해하지 않았다. 쉬운 시의 약진과 그것의 대중성이 우리 시단에 시의 시대를 열어주었다. 이상과 난해시를 일치시키는 화법을 물리고 김수영의 전위성을 거론하게 된 때가 1960년대인 것을 보면, 우리 시가 현대로 이행하는 과정에서의 해석 문제는 곧잘 난해성과 결부되었다. 김수영의 전위성을 난해성으로 이해하는가 하면, 운문이 아닌 산문시를 난해하다고 판명했으며, 그 이전 1950년대의 난해시 논쟁도 서정시와 모더니즘 시를 놓고 벌인 것이었다.

김수영도 1964년에 쓴 평문에서 난해시를 언급한다. 그의 시를 난해하게 받아들이는 독자들이 다수임에도 이 같은 발언을 한 것에서 당시 전위 시의 기교주의에 대한 논의의 분위기를 짐작할 수 있다. 그의 글은 한국 시인의 현실 인식을 비판한 장일우의 관점에 맞선다는 의미가 있다. 요점은 이렇다. 상대방의 비판은, 한국 시인들이 생활 현실과 지나치게 동떨어진 말로 독자를 무시하고 있으므로 현실의 지평을 탈각하지 말고 절박하게 써야 한다는 것. 이에 대한 김수영의 반론은, 내용과 기교 면에서 후자를 결격으로 보는 관점에 대한 비판에 맞춰져 있다. 시인의 "지사적인 발언"을 중시하면서도 이것을 "기술적인 면으로 풀어보려고" 하는 상대방의 발언에 모순이 발생하는 경우를 든다.[1] 그러면서 강조한 것이 시의 기술 면, 즉 기교적 표현에 관한 발언이다.

난해시는 '시가 아니다'라는 의미로 말한 장일우를 비판하면서도 김수영은 자작시의 난해성에 대한 외부의 비판에 부득이 불가피한 심정일 것이었으므로 "시인의 양심"(351쪽)을 강조했을 터다. 그러면서 비판의 각을 세운 대상이 "사이비 난해시"(352쪽)다. 사실적인 언어 기술의 '시'도, 언어의 작용을 중시하는 기교주의 시도 시인의 고유 성향을 함유한 것으로 수용했으나, 양심을 몰각하고 쓴 시나 이런 시를 식별해내지 못하는 비평가는 인정하지 않았다. 생활 현실에 밀착한 시가 시인의 양심에서 피어날 때 이것이 그의 사상이 되는 이치를 말하면서 김수영은 생활 경험이야말로 시인의 사상을 형성하는 기원임을 환기한다.

난해시라는 명명은 흔히 통용되는 상식을 반복 발언하지 않는 시를 어렵게 받아들여 붙은 이름이다. 김수영은 난해시로 지목받은 시를 성급하게 싸잡아 배격하는 풍조를 달가워하지 않는다. 이 같은 심정의 근저에는 해석의 가능성을 차단하거나 흐리는 "불가해한 시"가 자리한다. 해석되지 않는 시가 있을 뿐 어렵기만 한 시는 없다는 그의 내심에는 자신의 시가 난해하다는 점, 현실 생활을 사실적으로 기술하면서도 언어의 기교로 시 미학을 달성하고자 하는 의도가 충만하다. 그러나 생활 현실과 시에 관한 논의의 최종 지점에는 다른 결론이 기다리고 있다. "나쁜 시를 발견하기는 쉽지만 좋

---

[1] 김수영, 「생활 현실과 시」, 이영준 편, 『김수영 전집 2 : 산문』, ㈜민음사, 2022(3판 8쇄), 349쪽. 2장에서 이 글을 인용할 경우 본문에 쪽수만 밝힌다.

은 시를 발견하기란 참 어렵다"(359쪽)라는 판단이 그것이다. 생활 현실에 파묻혀 살지 않고 시와 함께 순간순간 함께 살아야 한다는 그의 전언에서 좋은 시가 무엇인지는 두 말이 필요 없을 정도다. 시인이라면 누구나 빚지고 있을 이 말, 시와의 동거 속에서 태어나는 시가 좋은 시라는 말은 조금도 새롭지 않아서 도리어 의외성이 짙다.

3. 디지털 시대의 산문시

산문시는 서사시와 다르게 반드시 이야기를 실어내지는 않는다. 그러면서도 장형화한 양식이다. 그런 이유이겠으나 형식만으로는 장르 규정을 할 수 없는데다 산문과 시의 결합을 모순으로 보는 견해도 산문시의 이중성을 의심하는 쪽으로 기운다. 산문시는 시의 위기를 자초한 양식 중의 하나로도 인식된다. 시가 아닌 것과의 결합물을 산문시라 칭하고, 산문과 시는 장르 개념으로 볼 때 만날 수 없는 타자라는 관점이 여기에 개입한다. 그러나 산문시를 정의하는 기준에 시냐 산문이냐는 변별 조항만이 있을 때는 시 분석의 의미마저 사라지게 된다. 개념 정의에 부착된 시 분석으로는 산문시의 가능성보다는 산문 요소를 배제하는 차원에서의 분석이 이뤄지면서 산문시의 역능을 원천적으로 막아버릴 수가 있다.

이 시대의 산문시는 어쩌면 디지털 기기의 가동과 함께 이뤄지는 공정 하나를 증명하는 생산물일지도 모른다. 자판만 두드리면 기호를 쏟아내는 디지털 기술이 시의 장형화를 부추긴다는 점은 이미 공론화되었다. 시인은 독자가 예측 가능한 수열을 파기하고, 패턴을 노출하지 않으려는 은닉과 트릭, 사적인 정념을 감춰두고 엘리트 감수성을 조합한다. 시인은 본래 관조와 사유를 즐기는 주체이지만 디지털 기기가 알레고리의 파편을 무한 제조할 수 있도록 기술을 지원한다. 산문시일수록 구문의 이동·삽입이 자유롭고, 절합 또는 분리가 원활하게 이뤄지며, 오래도록 말놀이를 즐길 수도 있다. 현대시는 길건 짧건 세계 이해의 방식에 일방향은 없다는 사실을 확인케 한다. 시에 놓인 것은 번번이 미로이며, 끝없이 두 갈래로 갈라지는 길(보르헤스)이며, 아포리아의 기지다.

그렇다면 최근 산문시의 순기능을 무엇이라고 말할 수 있을까. '시적인 산문'의 내면을 잠시 되짚어보자. 보들레르의 양식 이전에도 산문과 시의 혼종은 있었다는 중론 위에서 이 개념은 산문시 바로 그것의 명칭은 아니라는 점에 주목하게 한다. 말하자면 이것을 산문시의 전조로 보는 견해가 지배적이다. 예컨대 산문이라는 활자 체계 속에 운문을 삽입한 것(조재룡)으로 여기는 경우 같은 것. 『파리의 우울』에 실린 50편의 산문시 중에서 서시 격인 「이방인」만 보더라도 극시나 서사물의 대사처럼 두 사람의 대화로 구성된다. 이 시에는 가장 사랑하는 것이 '구름'이라고 답하는 이방인의 서정과 낭만 감정이 담겨 있다.

시적인 산문 이후의 명칭인 산문시(prose poetry)는, 형식적으로는 산문이나 서정을 담아낸 것을 이른다. 정형시 같은 운율, 자유시 같은 리듬은 없더라도 한 문단 안에 리듬의 단위를 둔다. 자유시처럼 행을 나누지 않고 문단으로 구성하기 때문에 독자는 빠른 유속을 따라가는 것처럼 약간 숨이 차오르는 경험을 하게 된다. 따라서 현대시의 장형화를 염려하면서 그 원인을 산문시에서만 찾는다면 오해가 개입할 여지가 있다. 시의 장형화가 문제라면 이와 관련한 논의를 자유시와 산문시에 고르게 분배할 때 시적인 것은 언제든 귀환할 수 있다는 '열림'의 사유가 가능하게 될 테다. 산문시 논의가 '시'가 아닌 것을 지적하는 차원이 아닌 개별 텍스트의 시적인 것과 시적인 경험들을 발견하면서, 시와 운문의 동일시 개념을 장르론으로 고착하지는 않을 때 이것이 가능하리라 본다.

현대시의 독자들은 시인들이 세운 시-철학의 공화국에 살고 있을지도 모른다. 공화국에서 배제된 시인들이 귀환하여 어떤 양식도 어떤 학파도 추종하지 않는 시-철학을 전파하는 것처럼 보일 때가 있다. 이 시대의 시인들은 산문에다 시적인 것을 이입한다. 예술을 위한 예술 기법으로 지목되었던 알레고리, 그리고 이것을 예술의 위기에 답하는 것으로 여긴 보들레르를 불러내면서 비시(非詩)의 낯섦을 시적인 것으로 삼거나, 찰나에 변하는 세계를 알레고리로 내거는 화법 등. 이것이 우리가 현대시의 난해성을 이해할 수 있게 하는 지점이라면 이 시대의 난해시는 진부하지 않은 시임은 자명해 보인다. 벤야민이 보들레르의 시를 "시대에 뒤떨어져 진부하게 된 것이 전혀 없다"[2] 라고 상찬한 것처럼, 현대시의 알레고리는 빠르게 변하는 이 세계를 디자인한다. 벤야민은 다소 전투적인 표현으로 알레고리가 '현대의 무장(武裝)'이 되었다고 썼다. 우리가 지금 읽는 현대시는 시인들이 '현대성'이라는 이름으로 벌이는 알레고리의 제전처럼 보인다. 인과율을 파기하고, 지시 관계에 저항하며, 모호한 언어로 의미의 풍성함을 꾀하지만 정작 심각한 언어 낭비이기도 한 시 쓰기. 이것이 미적 현대성의 정체라면 장황하기만 한 판단인가.

  신의 나라에 예술은 없다는 앙드레 지드의 말을 바꿔서 생각해보더라도, 인간의 마을에는 예술이 있고, 시는 발생 순간부터 난해성을 체질로 한다. 최근에 발생한 챗GPT 낭송시는 활자의 감옥에서 시를 해방시킨다. 낭송자의 목소리가 세계 각국의 언어로 배달되면서 에코의 신비감을, 하울링의 파장이 오감을 어루만지는 듯한 착각을, 우주를 유영하는 자나 빠질 법한 몽상을, 차라리 난청이 행복하다는 감각을 일깨운다. 읽는 시에서 듣는 시로의 전환이 가능한 세계에서 리듬을 타는 듣기놀이. 이는 인류가 오래도록 잊고 살아온 시의 세계이기에 우리는 기억조차 할 수 없게 된 것이 아닐까. 활자에 갇혀진 시는 그 기호를 눈으로 읽도록 이끌지만, 리듬의 해방 감각

---

[2] 발터 벤야민, 『현대사회와 예술』, 차봉희 편역, 문학과지성사, 1980, 116쪽.

을 지닌 시는 귀를 잡아당긴다. 듣는 자가 난청이어도 무방하고, 심지어 난청이 아니라면 리듬 위에서 난청이 되어보도록 유도한다. 청취력이 언어의 의미를 분별하는 능력으로 결정되는 것이라면, 듣는 시는 독해 능력이 반드시 필수 요건은 아니라는 듯 리듬 감각을 일깨운다. 챗GPT로 시 읽기와 청취가 동시에 가능해지면서 리듬의 영역은 '듣는 시'로, 의미 해독의 영역은 '읽는 시'로 분류될지도 모른다. 그럴 때에도 성실한 독자가 예외를 만든다. 보는 기호와 듣는 음향의 차이에 따라 시를 향유하는 시대가 올지라도 시는 해석되어야 한다는 명제를 움직일 수 없다면 말이다.

미적 수행이 탁월한 시와 난해성은 동일한 맥락에서 다뤄질 수도, 전혀 별개의 문제로 논의될 수도 있다. 아무리 탁월한 시라 할지라도 텍스트를 읽을 준비가 된 독자와 그렇지 않은 경우는 작품의 수월성에 대한 인정이 달라진다. 그러나 시의 난해성을 전적으로 독자의 나태함으로 돌릴 수만도 없고, 시인의 글쓰기가 이전의 양식과 불화하는 데로 집중된다 하더라도 독자는 간섭할 수가 없다. 다만 난해시가 말 그대로 난해성을 끝없이 그러모은다는 사실을 번번이, 통렬히 체감할 수 있을 뿐이다.

시인들의 언어가 어떤 세계를 내걸 때 이전의 익숙함은 돌연 낯선 것이 된다. 최근에 부쩍 늘고 있는 서술형 시들에서 기표의 이면에 흐르는 사회문화적 의제들은 장르 혼융으로만 가능한 말하기 방식처럼 보인다. 학제간 장벽을 허물어 이상 시의 시·공간을 물리학으로 해석한 연구는 독자들이 100년 뒤에나 읽을 시를 암묵적으로 인정한 것과 다름없다. 난해시라는 언명이, 시의 의미를 다 알지 못하므로 불구 또는 실패로 판단한 해석자가 만든 개념은 아닐지, 해결의 기미를 쉬이 찾을 수 없으므로 서둘러 방황을 종결하면서 실패한 시 또는 죽은 시로 판명해온 관습적 언표는 아닐지, 해석할 수 없음이 만들어낸 강요가 '난해시'가 아닐지, 하는 질문들이 지금 지나간다.

(2023.5.10)

어머니-시인에게 어떤 위안이 있나
— 코로나 팬데믹 이후의 가족 시

1. 다시 어머니 말하기

전통 사회에서 여성은 탄생과 동시에 젠더 불평등 문화 속에서 교육 기회, 노동 분업, 가족 내 역할에서도 생애 내내 남성이 주도하는 문화 생태계의 하위 주체로 자리를 배당받았다. 가족 공동체를 국가의 기본 단위로 여긴 근대 기획이 국가 재건에 목표를 맞추면서 아버지 가부장은 산업화의 역군으로, 어머니는 안정감·온유함·희생정신·유연성·교감 능력으로 가족 내 평화와 질서를 유지하는 첨병으로 붙박여 있었다. 남성의 사회적 생산성을 북돋는 온화한 주체로서 어머니를 신성시하면서, 침묵을 정결과 일치시키는 발상으로 금기들을 만들어 어머니를 제3의 성인 무성(無性)으로 지정했다.

에이드리언 리치가 말한다. 어머니에게 자신의 생명 자체를 의존해야 한다는 우리의 끈질긴 생각 속에는, 어머니의 지위란 것은 아이 낳는 여성, 그리고 아이의 있음을 전제하지 않고는 가능하지가 않다고 말이다. 어떻게든 임신한 여성은 출산을 부인하는 낙태, 영아 살해, 유기 등이 아니면 틀림없이 어머니가 되는 운명체다. 법 바깥에서 불법으로 행하는 선택이 아니고선 자신의 몸을 원상태로 되돌려놓지 못하게 될 크나큰 변화에 직면하게 된다. 어머니에게 아이는 태내 10개월의 지속성과 연계되는 생명 존재인 데 비하여 '아버지 됨(fatherhood)'의 근거는 정자 제공자에 있다는 리치의 발언은 어머니 됨의 지속성을 말하려는 의도다. 아이의 양육이 어머니의 본능적 과업이 아니라 학습에 의한 것이며, 부단히 고투하면서 아이와 대화 관계를 이어가는 것이라고 그는 강조한다.[1]

　아버지 중심 가족주의, 프로이트식 가족 로망스 모델의 가부장 구조는 아버지의 권력을 절대화하면서 어머니를 삭제한다. 리치는 모성의 의미를 두 가지 측면에서 논의하면서 우선은 재생산 능력과 아이들에 대한 잠재적 관계로서의 모성을, 다른 하나로는 제도로서의 모성을 들면서 이것이 남성 통제에 의해 확보된 것이라고 쓴다.[2] 기록된 역사에서의 주류와 달리 주변부로 밀려난 여성은 그 주류에 의해 제도화된 모성이다. 아버지 중심의 상징 질서에서는 어머니의 언어는 삭제되었다. 초자아화한 이성의 영역에서 가부장제의 제한과 규정이 그대로 사회제도로 굳어졌다. 여성의 목소리가 소거된 사회 구조에서 전 영역에 걸쳐 관할권을 갖게 된 남성에게 여성의 목소리는 파편화한 현상일 뿐이었다. 더불어 여하한 여성 공동체 문화도 주변부 하위 주체의 현상으로 치부되었다.

　하지만 남성 중심 사회에서도 부인하지 못하는 여성성이 있다. 출산과 육아 영역에서만큼은 어머니의 경험인 '관계'로서의 모성과 그 재생산성을 부정하지 못한다. 더구나 어머니 됨을 몸소 겪는 주체가 자기의 그러함을 진술하고 있다면, 여성이 접하는 여성시는 남성이 접하는 그것과 다른 의식의

---

*　이 글에서는 다음 시집을 참고하였다. 조혜은, 『신부수첩』, 중앙일보플러스(주), 2016.12.; 이소호, 『캣콜링』, 민음사, 2018.12.; 강지혜, 『이건 우리만의 비밀이지?』, 민음사, 2022.4.; 정재학, 『아빠가 시인인 건 아는데 시가 뭐야?』, 문학동네, 2022.7.; 조혜은, 『눈 내리는 체육관』, 민음사, 2022.9.
1　에이드리언 리치, 『우리 죽은 자들이 깨어날 때』, 이주혜 역, 바다출판사, 2021(초판 2쇄), 127~129쪽.
2　위의 글, 130쪽.

근거지로 작용한다. 2020년대 들어 어머니 됨을 말하는 시가 한층 사실적이고 고백적인 것도 여기에 연유한다. 어머니 시인이 모성 정치의 시를 쓰며 어머니 이전 본연의 자기를 유지하고자 하는 이유를 생각해보게 한다. 유연성과 조화를 추구하는 식의 모성만을 노래하지 않고 새로운 '말'이 되게 하는 어머니의 시에는 분노 · 부끄러움 · 사랑 · 죄책감 등이 혼재한다. 어머니를 성녀로, 대지 모신으로, 뮤즈로 찬양해온 남성 시의 역사에서 순결한 여성과 신성한 어머니는 동일한 존재였다. 하지만 최근 시에서 재현하는 어머니-시인의 양가성은 어느 쪽으로도 결락이 없는 정체성을 놓고 고투하는 데서 발견된다. 이러한 이야기는 어머니의 딸이면서 아이를 둔 어머니-시인의 발화라는 점에서 아들과는 다른 인식에서 출발한다.

2. 모성적인 것과 반모성적인 것 사이에서

코로나 팬데믹 시기에 어머니 이야기가 급부상한 장르는 소설이다. 주로 가정 내 돌봄이 무급 노동자인 어머니 중심으로 전개되는 상황에 대한 문제의식을 안고 있다. 사회노동과 육아를 병행하거나, 유휴 인력으로 치부되는 어머니에게 무급으로 돌봄을 전가하거나, 사회노동과 어르신 돌봄의 일상을 동시에 꾸려가야 하는 경우들이다. 시 장르는 어머니의 세계를 새로운 문법으로 재현하고, 일자리를 찾아 대도시로 유입하는 청년 세대의 실태를 반영하는 1인 가구의 폭증과 이에 따른 고독과 단절감, 그리고 이전부터 있어온 동물의 반려 개념보다 더 무해한 반려 식물이 급부상하면서 인간과 비인간(비혈연) 생명체의 상호의존성과 상호 돌봄에 밀착한 사유를 펼친다. 육아와 노동을 병행하면서 어느 것도 놓아버릴 수 없는 고통은 주로 여성 시인들이 짚어낸다. 시와 소설이 주목한 지점은 모성이 필요한 가족에 관한 것이며 이것이 관습에 의한 선택의 결과라는 것, 어머니가 비로소 그간의 침묵을 깨고 나와 고통의 말을 한다는 점이다. 이 같은 관점들은 모두 2017년 페미니즘 리부트 이후 여성들의 한층 첨예해진 현실 인식의 연장선에서 살필 수 있다. 팬데믹 시기의 어머니 말하기 또한 같은 맥락의 문제의식에서 파생한다.

페미니스트들은 가족을 말할 때 주로 어두운 측면을 부각한다. 가정 폭력, 부부간 성폭력, 자녀 학대와 성적 학대가 오랫동안 간과되어온 점에 문제의식을 갖는다. 이는 젠더 억압, 감정적이거나 신체적인 학대의 주요 지점이 가족의 친밀한 사적 환경이라는 인식을 따른다.[3] 2010년대 후반기에 가족을 다룬 페미니즘 시를 일별해보자. 이소호가 『캣콜링』(2018)에서 남성 권력을 전방위로 해체했다. 모성 신화도 해체하여 아이 낳는 기계로 살아온 어머니의 재탄생을 바라는 딸의 마음을 담았다. '우리' 되기를 추구하면서도 서로를 훼손하는 가족에게 정작 없는 '우리', 사랑한다는 말만 공허하게 떠도는 집안 풍경, 자녀를 대리 만족의 대상으로 키워온 엄마의 이기심, 가정의 안과 밖에서 이중생활을 이어가는 아버지, 가족 간 꽉 막힌 순종 공동체의 위계 관계, 그 결과 끝내 낯설어져버린 '우리'에 관한 시 쓰기에서 시인은 가족 내 관계들 간 불화는 물론이고, 이성애 중심 사회에서 남성은 신(god)이 되고 여성은 하위 주체로서 몸-정에 복속된 주체임을 비판적으로 사유한다.

2019 코로나 팬데믹을 기점으로 급진적인 어머니 이야기들이 등장하여 이전 형상에 파격을 가하고 있다. 가족 중심, 아버지 중심의 말하기에서 벗어나 아이가 있으므로 부모의 구도가 가능한 경우를 말하고, 양육을 경험하는 동시대 어머니들 간 감수성의 교환을 짚어낸다. 같은 해 봄과 가을에 출간한 『이건 우리만의 비밀이지?』(강지혜, 2022.4), 『눈 내리는 체육관』(조혜은,

---

[3] 앤서니 기든스·필립 W. 서튼, 『사회학의 핵심 개념들』, 김봉석 역, 동녘, 2015, 257쪽.

2022.9)은 이 같은 반열에서 논의할 만한 시집이다. 조혜은은 두 번째 시집 『신부 수첩』(2016.6)에서부터 이성애 가족 형태는 부부만으로 구성되기 어렵다고 썼다. 4인용 식탁을 배치하여 부부를 닮은 "낯익은 아이"(「신부 수첩―식탁」)를 예비해둔다. 아울러 성차별주의의 극단적인 물리적 표출 형태가 남성 가부장의 성폭력을 용인하는 결혼 제도라는 인식, 자기 안의 타자가 참여한 것 같은 결혼식·신혼·임신·태동·출산·육아 과정을 재현한다.

강지혜 시집 『이건 우리만의 비밀이지?』에서 가족 구성원은 '우리'라는 어리석은 기대가 탄생시킨 '사랑'이라는 이름에 베인 나머지 분노로 팽창한 폭발물을 방불케 한다. 리치가 여성의 글쓰기에서 뚜렷한 흐름 중 하나를 '분노'로 보았듯이 이러한 감정만으로도 가능한 문학 수행의 일면을 증명하는 듯하다. "서로 다른 결말을 준비하"며 다른 꿈을 꾸는 것이 당연한 부부가 이룬 가정에서 "누군가 미워지면"(「유성」) 시를 쓰는 화자는 유아 양육자인 젊은 어머니다. 그의 기대는 어떻게든 아이와 교감하면서 글쓰기 노동도 해야 하는 당위를 잃지 않는 것이다. 이는 페미니즘 담론에서 소외되면서 그간에 억압되고 제한되고 침묵해야 했던, 자기 삶을 추구하면서 육아에 참여하는 어머니의 목소리를 대변한다.

최근 시의 어머니 말하기에서 두드러지는 점은 시인이 보여주듯이 출산·육아 중에도 삭제되어선 안 될 자기 정체성, 더 구체적으로 말하면 글 노동자의 삶이다. 리치의 표현대로 "나는 나 자신을 낳으려고 애쓰고"[4] 있다는 고백을 거듭 갱신하면서 글쓰기를 이어가는 주체가 바로 이 시대 어머니-시인의 형상이다. 유급 노동만 생산성을 인정하는 경제 체제에서 무급 양육자는 물질적 보상을 기대하기 어려운 시 쓰기 주체와 구분되지 않는다. 양육과 시 쓰기를 병행하기 어려운 어머니 됨의 제도 안에서 그는 자기의 진

---

4 에이드리언 리치, 앞의 책, 148쪽.

짜 몸과 정신을 상실했다고 느낀다. 잃어버린 자기를 복원하고자 하는 기다림의 시간, 자기의 꿈과 기대가 유예되는 상황도 수시로 직면해야 한다.

    엄마, 이건 우리만의 비밀이지?
    비밀 아니야. 어차피 누구도 안 믿을 거야. 아빠를 심어 벚나무를 살렸다는 말을 누가 믿어? 언제든 말하고 싶을 때, 말하고 싶은 사람에게 말해도 좋아.

    여자가 된 아이의 얼굴
    꽃나무를 닮았다
                            — 강지혜, 「꽃나무의 가계」 부분

    이성애 가족 구성에서 기본 단위는 부부다. 비혈연 가족을 반려나 동거의 개념으로 이해하는 것과 달리 부부는 동질의 문화를 나누는, 그러나 그 나눔의 당연함이 종단에는 '우리'의 결속으로 이어지는 관계를 말한다. 그런데 강지혜 시는 전통적인 가족 구성에서 이상화해온 '우리'가 어리석은 기대이고 함정이며, '함께'의 가치는 위험을 안은 불가능성이며, "극악무도한"(「가정」) 것이어서 '우리'는 기표 그대로의 우리일 수가 없으므로 우리 공동체는 이상화한 꿈이 아니냐는 문제의식을 드러낸다.
    시집의 첫머리에 놓인 「꽃나무의 가계」에서 '가계'는 모계의 그것을 이른다. 여자와 꽃을 동일시하는 관습을 짚어내면서, 가족 내 유일한 남성인 남편의 공격으로 벚꽃나무가 부러져 더 이상 꽃을 피우지 못할 정황을 그린다. 이에 대한 처방으로 폭력 주체를 땅 밑에 묻는 공포 어린 상황을 연출하면서 모녀에게 가한 가부장의 폭력이 뜻하는 바를 유추케 한다. 이는 남편 자신이 "나 여기 어딘지도 모르겠"는 상황, 즉 무언가를 저질러놓고도 사태의 심각성을 모르는 것도 문제이지만, 가부장을 구덩이에 파묻어 벚나무를 살리는 모녀의 이해할 수 없는 처방(물론 이는 현실을 강화하기 위한 가상이다.)은 우리를 더욱 아연하게 한다. 막강한 부권에 의해 상처와 고통이 깊어진 모녀의 삶을 빗대는 이 시는 모르고 저지른 일이라며 끝내 실책을 주장하는 가부장이 지닌 가외의 폭력이 모녀를 공포로 몰아넣는 것만큼이나 모녀 또한 가공할 공포를 가부장에게 되돌려주는 구도로 되어 있다. 여성의 생명력을 일거에 사망으로 몰아가는 가부장의 폭력에 같은 감도로 대응하는 모녀의 일화를 "우리만의 비밀"이라 할 수 없는 것은, 이 같은 사태를 "언제든 말하고 싶을 때" 말할 수 있다는 사회적 연대가 있기에 가능하다.

자연적인 가족 구성에서는 이성애 부부가 기본 단위이며 여기에 아이가 더해진다. 하지만 시 현실에서 부부는 남남인 듯 등을 지고(「부부」), 물건을 던지고 말로 상처를 주면서 자상이 깊어지는 극렬한 다툼(「아내」) 뒤에 아내가 집에서 도망치는 일도 가끔 일어난다(「신혼」). 같은 침대에서 서로 다른 꿈을 꾸면서(「유성」)도 관계의 파탄으로까지 치닫지 않는 것은 둘 사이에 아이라는 매개가 있어서다. 그런데도 점점 녹록지 않은 생애 곡선을 타야 할 때 특히 육아 문제가 어머니-시인의 정체성을 전방위로 흔들어놓는다. 육아란 소금을 집어삼킨 듯 갈증을 유발하는 일이며(「육아일지」), 행주를 삶으면서 그 틈에 책을 읽으며 시작 노트도 쓰는 것과 달리 남편의 무감각과 무방비는 극단을 달린다(「행주를 삶는다」). 육아와 더불어 자기 이름 찾기(「아저씨, 나 아저씨 양말이에요」)에 복무하지만 아이는 수시로 '허기'의 신호를 울음으로 타전한다(「제왕절개」). 갈증과 허기의 화신인 인간이 꾸려낸 가족 공동체가 도리어 이것을 부추긴다면 꿈・행복은 어디서 찾아야 하는 걸까. 시인은 이성애 부부와 자녀로 이뤄진 가족 구도를 잠시 벗어나 다음 장면을 내건다.

      이리 온, 나의 여섯 번째 새끼야
      이리 와서 다섯 형제와 함께 젖을 빨거라 네가 할 일은 먹는 것 그리고 싸는 것 그리고 꿈꾸는 것

그리고 다시 용기를 잉태하는 것
엄마, 맘마, 맘마, 맘, 마…

— 강지혜, 「여섯 번째 새끼」 부분

이 목소리의 주체는 '개'다. 시적 주체를 "여섯 번째 새끼"라 부르며 젖을 물리는 광경에서 읽히는 것은 모성의 침묵이다. "지친 그의 눈동자가 내게 말"하고 있을 뿐, 이성애 부부의 일상에서 위세를 떨치는, 서로에게 자상을 입히는 말의 혈전 같은 것이 여기에는 없다. 개처럼 아이에게도 어머니와 정신의 삼투가 가능할 만큼의 언어가 없으므로 눈빛으로만 교감한다. 말에 의한 관계성을 모르는 미성숙체는 무해하고, 말을 극단적으로 소모하는 성숙체인 어머니는 유해하다고나 해야 할까. 부부의 협업으로도 육아와 글 노동이 가능치 않을 때 분노가 말이 되어 나타날 때의 부정적 에너지를 반모성이라 한다면 얼추 맞는 표현일지도 모르겠다.

따라서 부부 사이에서 정처를 잃은 이 말 "입은 어디로 갔어?"에서 '입'의 행방은 사뭇 막중해진다. 그 입을 '등'에서 찾았으나 "아랫입술"(「부부」)만 있다는 언명은 부부간에 오가는 온전한 말의 부재를 의미한다. 사라진 윗입술의 메타포에 이성애 부부의 기대가 실려 있다는 점을 간과할 수 없게 한다. 그러면서도 어머니-시인은 변함없이 아이의 유일성, 고결성, 따뜻함, 그리고 아이가 이 세계를 다 채우는 거대함의 비밀과 교감하고자 한다. 이 "거대한 아기"(「거대한 아기」)로 하여 유일한 어머니가 되어 몸-정을 나누면서 그는 책을 읽고 시를 쓰는 시인이다.

3. 어머니는 언제나 새로운 사람이었다는 위로

한국이 모계사회로 진입했다는 진단이 심심찮게 제출되고 있어서 이런 현상을 문화적 맥락에서 수용하게 된다. 우선은 이전에 아버지 가부장 중심으로 편중되었던 인식을 균형잡아가는 과정을 용인한다는 반응으로 들리고, 그만큼 낙차가 컸던 젠더 의식에 대한 변화를 수긍한다는 표현으로도 들린다. 지금 이곳 21세기형 인간은 법과 제도마저 의심하면서 개체의 꿈과 기대와 이상을 가로막는 철벽을 해체하고자 한다.

결혼 제도를 문제삼은 『신부 수첩』 이후 조혜은은 세 번째 시집 『눈 내리는 체육관』에서 모계 3대로부터 이야기를 시작한다. 첫 시 「위안」에서는, 어머니-화자-아기로 이어지는 모계에서 1대인 어머니가 "내게 많은 미래가 남았을 때 네가 내 미래를 좀먹었단다"(「위안」)라며 푸념 섞인 항변을 하는 목소리부터 들을 수 있다. 생물학적으로 어머니가 먼저이고 딸이 나중이라는 관념대로라면 딸의 탄생은 그 당사자의 선택이 아닌 어머니 세대에 결정된 사건이어서 저 목소리가 얼토당토않게 딸에게 책임을 전가하는 것처럼 들린다. 게다가 "엄마가 내 발목을 잡"는 그때 "아기가 울었다"는 정황으로 보아 화자는 지금 어머니와 아기의 위안처 역할을 동시에 감당 중이다.

화자인 딸이 전하는 어머니의 과거는 "총총한 눈" "도도하거나 경쾌한 소리" "소란한 기쁨이 가득"한 세계를 배경으로 한다. 하지만 지금 어머니는 "오늘의 꿈은 없"고 "내일의 주름이 가득"한 사람, 그 모든 좋은 기억과 삶의 표징들을 잃어버리더라도 아무 일도 일어나지 않을 사람, "피맺힌 말들을 흘"리면서 딸의 위로가 필요한 사람이다. 이렇게 시인은 이성애로 구성된 가족 중 오이디푸스 모델을 문제삼기보다 모계 혈통에 주목하여 어머니-딸의 계보, 자매애로 통칭할 수 있는 넓은 범주의 "언니"들을 이야기한다. 단지 어머니 됨의 꿈을 이루기 위해 투신하지는 않았던 당신의 과거에 말을 걺으로써 지금 이곳의 어머니를 어떻게 위로할 것인지를 궁리한다. "엄마, 엄마는 내게 항상 새로운 사람이었어요"라고 말해주는 화자의 마음이 모녀간 "한결같은 사랑의 문법"임을 일깨우는 이 문장 앞에서 뜨거운 눈물을 흘리지 않을 어머니가 과연 몇이나 될까.

유한자이거나 무능자일 법한 자들의 낭만놀이와 시 쓰기를 일치시키는 이들은 저 문장 앞에서 한 줄기의 눈물을 비치는 것조차 부끄러워해야 할지도 모른다. "감정의 장례를 치르"기라도 하는 것처럼 가족 간 온갖 상처가 불거지는 장례식에서 "너 돈 버는 게 얼마나 힘든 일인 줄 알아? 시 써서 얼마나 벌어, 애 키우고 밥 먹고 할 일 없으니까, 개같은 년이."(「장례」)라는 폄훼 발언을 시인이 들을 때, 시가 자신에게 정녕 무엇인지를 말하고 싶은 절박감으로, 캄캄한 구렁으로 시를 몰아세울수록 스스로 살고자 하는 언어의 생명력으로 시는 오고야 만다.

식탁에서 나는 시를 읽고
소리 내고 싶은 입을 다물고
마주 앉은 아이는 굳게 닫은 입으로 밥을 먹고
…(중략)…

고개를 돌리면 당신이 가없고
고개를 들면 내가 산산조각 나 있었다

나는 기억에 남는 글이라고는
한 조각도 남기지 않을 거예요

― 조혜은, 「면제」 부분

이토록 야멸치게 자기 시의 운명을 단정하는 이유가 무엇일까. 어쩌면 그것은 생활과 시 쓰기를 균형잡아 줄 현실의 불가능성에 대한 처방이자 투쟁적인 현세적 삶에 대한 성찰일지도 모르겠다. 그저 "지내고 있"는 일상을 시시콜콜 기록하는 식이거나, "오빠가 읽었던 책을 책장에서 꺼내어 읽"(「레드」)으며 어쩔 수 없는 일상의 불모를 잊으려 하는 것이 시인의 과업이라면 자신의 시가 타자의 기억에 남기를 바라는 것은 헛된 망상이자 사치일 것이 므로.

몇 개의 이미지나 파편적 어휘로 겨우 기억될 뿐인 존재감이 가벼운 시가 왜 그토록 무거운 현실을 어머니-시인에게 안기는지는 "글러브를 끼면 시를 쓸 수 있을 것 같았다"라는 문장에서 구체성을 입는다. 강자여서 글러브를 끼는 것이 아니라 약체를 노출하지 않으려는 자기 보호 전략이지만 기어이 혈투를 통과해야 하고, 양자가 스파링 파트너처럼 맞서야만 한다. 공격과 방어의 자세를 상징화하여 "아무 말도 하고 싶지 않은 세계로" 귀환한 시인을 권투선수에 빗대면서 어머니-시인의 "약해짐으로써 강해지는"(「눈 내리는 체육관 — 독감」) 대응 법칙을 일깨운다.

그럼에도 어머니-시인에게 위안은 아이-'시' 임이 자명하지만, 양자의 균형에 의한 위안은 지난하기만 하여 "괴물"은 수시로 태어나고야 만다. 시적 상상력의 한계처럼 막막하면서도 필연인 것이 어머니-시인의 한계이기도 하다. 시도 아이도 어머니에게는 살아내기의 과정 그 자체이자 고통의 실체이지만 말없이 웃는 아이와 교감하는 그 순간이야말로 위안이며, "내가 우리가 되면 이름을 잃는"(「동물원 — 독감」) 사태를 필연이라 여기지 않으므로 자기 정체성을 유기하지 않는 어머니-시인일 수가 있다. 시 쓰기를 아이만큼의 중량감을 지닌 필생의 과업으로 아는데도 불구하고 시 한 편당 "고작/삼만 원"의 값을 매기는 현실에서 "언니는 언니를, 나를 나라는 애인을, 동생을 팔아 시를 쓰"(이소호, 「마이 리틀 다이어리 — 시진이네」)고 있다면 시는 상품 가치 면에서 극단적으로 값싼 생산물에 불과하다.

그렇다면 이것은 아버지-시인이 "시 몇 편 쓰고자 저는 아버지를 선택했고요"(정재학, 「정지한 시간을 고정시키기 위한 각주 3」)라는 고백과 얼마나 많이 다른 선택인가. 가족을 팔아 시를 쓴다는 유사성에도 불구하고 결코 만날 수 없는 지점이 있어 보인다. 시인이 소수의 정체성이라면, 어머니나 아버지는 다수의 보편적 정체성이라 할 수 있다. 어머니-시인은 다수의 특성인 어머니 역할과 시인을 분리하는 이중성을 보이지 않고 '삶이 곧 시'라는 점을 기술하는 자기 노출 방식을 택하고 있다. 아이와 시의 연결 고리가 단 한 명의 고유한 어머니라는 데서 이 선택은 결코 좌초될 수가 없다. 시 쓰기란 육아 과정에 겪게 되는 세계와의 격리를 뚫고 나가는 방법적 고민이며, 책을 읽고 시를 쓰는 어머니가 위험하다면서 염려하는 가족과 달리 자신에게는 위안이며, 결코 놓아버려선 안 될 자기를 갱신하는 생명 활동이므로.

(2024.10.25)

비릿한 생활이 있는 집이거나, 금산(錦山/金山)이거나
— 봉주연 · 이대흠 · 성욱현

> 그러니까 내 친구의 집은 어디인가
> 그는 작은 단지에 들어가셨고
> 남의 집이던 우리 집 안에서 비가 되었어요(…)
> 왜 사랑하는 사람들은 작아지기만 할까요(…)
> 저는 제발이라는 말을 개발로 알아듣습니다
> — 김건영, 「개발 그만해 이러다 다 죽어」

지그문트 바우만(Zigmunt Bauman, 1925~2017)이 "음침한 이방인들로 가득한 여느 도시들과 다른 도시"[1]가 꿈의 도시인 점을 들었을 때, 공동체의 구성원이 동류임을 확인할 수 있는 구역 바깥의 사람을 음침하다고 표현했다. 이는 특별 구역 구성원들의 관점으로는 내면을 알 수 없는 외부인을 위험군으로 타자화하는 분류법이 가동하는, 그들 주도의 현실 인식을 반영한다. 계속하여 특별 구역 바깥에 머물러야 하는 자들은 결코 내부자로 편입되어선 안 된다는 것이 이 지역의 현실 법칙이다. 남다르게 차이가 나는 삶에서 보유하는 가치를 물질과의 연관으로 말한다면 지극히 빤한 답이 돌아온다. 반드시 있어야 하지만 타자에게 없는 것이 자신에게 있고, 그것이 부각될 때 남다른 평화와 행복을 누린다고 생각하기 때문이다.

---

1 지그문트 바우만, 『액체 근대』, 이일수 역, ㈜도서출판 강, 2010(1판 2쇄), 149쪽.

그가 공동체를 구시대 유토피아의 최후 유물로 보면서도 타자적 속성의 위험을 말하는 이유가 특별히 새롭지는 않다. 현대를 사는 우리에게는 이미 보편화한 정서여서다. 그는 공동체를 건설하는 부동산개발업자를 들면서 인간의 마을에 최후까지 온존해야 할 안전과 조화의 이면을 들여다본다. 이웃과의 부조화로 주어진 한쪽만의 조화와 안전이라는 점에서 이 특별 구역은 외부에서 볼 때 삼엄하고 냉차고 엄숙하기까지 하다. 그러나 구성원의 안락함이 이방인을 철저히 감시하고 추방하면서 얻은 것이라는 점에서 저 공동체는 동시대를 살면서도 이웃과 공존할 수 없는 특별 구역으로 존치된다. 외부와의 차이로 조성된 곳에서 낙원을 꿈꾸는 자들은 개발 이익을 자기화하는 환산법을 머릿속에 저장해두고 살아간다. 그 누구도 그것을 침탈하지 못하므로 그들은 안전하다. 더 세밀하게 정곡을 찌르면 그들의 부(富)는 안전하다. 그래서 개발 이익을 추수할 수 있는 부류와, 개발 지구에서 밀려나는 이들의 셈법은 극을 달린다. 안전성을 최상으로 유지하려는 공동체가 대도시의 특별 구역을 형성한다. 자신을 남과 달리 멋지게 사는 부류로 분류하는 심리의 기저에는 타자의 '달팽이집'과 자신이 몸담은 집에 차이를 두려는 잣대가 마련되어 있다. 누추한 달팽이집이 달팽이를 누추한 존재로 만드는 것처럼, 그들이 거주하는 집이 그가 누구인지를 말해준다. 몸이 있는 공간이 곧 집이라는 인식과 더불어 껍데기 같은 집의 절대성을 그 누구도 벗어나지는 못한다.

최근의 시에서는 집을 노래할 수 없는 이들의 목소리가 다양한 방위에서 들려온다. 비릿한 삶의 냄새가 밴 사람의 집, 심리적·물리적 안전을 침해받으면서도 이곳을 떠나지 못하는 이들, 떠난 뒤에야 애잔하고 쓸쓸한 기억 형성이 가능한 집에 관하여 이야기하는 사람들. 김명인 시인의 표현처럼 "집을 껴입었던"(「헌집 새집」, 『현대시』, 2024.6) 사람이 그 헌집을 벗어내고 새집으로 떠나온 현실에서 이전 장소는 얼룩 같은 기억의 저장고로 바뀐다.

"잔정"을 벗어내듯이 떠나왔으나 "집의 전말이 궁금해져" 다시 찾아가 보니 집은 "요람이 되고 관이 되고 무덤이 되는" 생사의 곡선을 그대로 베낀 듯이 닮았다. 쇠락의 은유가 집인 것처럼 화자도 쇠락의 은유가 필연인 사람이다. 그런가 하면 어떤 집의 구성원은 '관찰'과 '관심'은 동의어라는 암묵적인 약속 안에서 살아간다. 유리문이 있는 방을 배정받은 화자는 다른 방으로 들어가는 일보다 자신의 방에서 그 방을 바라보는 일이 더 쉽다. 그럼에도 철거할 수 없는 그 문 안에서 우리 속 동물처럼 투명하다고 욕을 먹으면서도, "의아"와 "의의가 충만"한 이 유리문의 가로막힘을 철거하지 못하고 가족 단위에 묶여 지낸다(신이인, 「꿈의 집」, 『현대시』, 2024.9).

교과서에 수록되었던 노래의 한 구절을 옮겨와본다. "즐거운 곳에서는 날 오라 하여도 내 쉴 곳은 작은 집 내 집뿐이리." 돌아가고 싶고, 쉴 만한 곳이 집뿐이라는 데서 전쟁에 참전해야 했던 젊은이들이 집을 떠난 후의 고통이 어렵잖게 읽힌다. 젊은이들이 집을 떠나 쉼의 감각을 구체화할 수 없는 상황이 되면서 안온한 세계 바깥으로 내몰리고 만 것. 이 노래를 부르는 이들에게는 살아서 집으로 귀환하는 것만이 유일하고도 절박한 꿈일 것이다. 작은 집이란, 면적 개념이기보다 거대한 전쟁터에 깔린 주검과 피 냄새가 없고, 사람 냄새가 나는 곳, 작더라도 안락한 공간이지 않을까. 물질적 가치만으로는 환산하지 못할 정신이 깃든 '홈 스위트 홈'이 바로 그런 곳일 테다.

자본의 차이로 계층과 계급을 만드는 현대사회의 일원인 성인이 집을 상정할 때 면적의 차이들 간 화해는 좀처럼 이뤄지기 어렵다. 작은 집은 큰 집으로 이주하기 전의 경유지와도 같다. 집과 쉼의 관계에 자본이 개입하면 안락한 집이라는 추상과 더 나은 삶이라는 현실의 기대는 만나기가 어려워진다. 주거 공간의 면적, 건축물의 형태, 입지, 대중교통 여건 등을 따져 계층이 형성되면서 자본 확장재로서 최신품인 집에 미래의 꿈과 기대를 걸어놓게 된다. 사용가치에 만족하지 않고 교환가치를 조성하며 집에 등급을 매겨 구별되기를 극대화하는 현시대에 시인들은 어떤 생각을 하고 있을까.

김건영 시인이 "애초에 빚이 있었다."라며 「남해 금산(錦山)」(이성복)을 패러디하여 "아름다운 집이 집들이 모두 올랐네"(「남의 금산」, 『넋』)라고 탄식하며 부동 자산을 '금산'이라 칭할 때 이 집들의 새로움, 아름다움, 그리고 해로움은 동의어다. 금산 아랫녘의 어느 낡은 집에서는 무해하고 "허기진 슬픔"에 겨운 자들이 "알싸하고 달"게 슬픔을 맛보며 "당신의 집보다 아름"답기를 바라는 마음으로 "우리의 밥"(「이자가 많아서 걸린다」)을 삼킨다. 한 끼 밥과 엥겔지수의 관계가 절대적인 이들이 씁쓸한 이자액의 도움으로 밥을 소화하는 장면, 공중을 나는 새에게도 집이 있다는 시(詩)답고 성서다운 응원이 필요한 사람은 필경 금산(錦山/金山) 아래의 취약 계층을 이른다.

부동의 절대적 자산인 이 시대의 집은, 멀치아 엘리아데가 말한 우주의 중심으로서 성스러운 공간과는 거리가 멀다. 하나는 물질을, 다른 하나는 정신을 앞세우기 때문에 도무지 만날 수 없는 관념을 지닌다. 김건영 시인이 자본의 논리로 집을 사유하는 방식대로라면 원금 상환과 이자에 짓눌리고, 집을 소유하고자 했으나 도리어 노예가 되어 꿈과 기대가 온통 빚에 매몰된 이 시대인에게 집은 부채 의식을 무의식화하는 데 결정적인 요인이라 할 수 있다. 물신에 위축된 인간의 몸과 정신을 지배하는 집, 하루의 휴식이 토대의 압박감 속에서 이뤄지는 집을 두고 우리는 자본의 축을 견고히 하는 물질이라 말해야 한다. 우주의 중심에서 밀려나 세속성의 표상이 되어버린 집들은 '빚투'로 마련했든, 월세로 잠시 머물든 매달 어김없이 닥치는, 원금은 고사하고 이자를 상환하기에도 버거운, 시인의 어법대로 씁쓸한 "이자액(胰子液)"을 밥에 버무려 삼키는 듯한 고질병의 근원이다. 이 말, "가벼움을 가장해서 심해로 끌고 들어가려는 우중충한 인간"[2]이 쓴 시에 대한 평가는

---

2 김건영·육호수·김연덕 대담, 「그 평론가는 이제 출판사 마케터 아냐?」, 『현대시』,

김건영 시인이 자기 시의 정곡을 스스로 찌르는 자평에 속한다.

이 시대 시인의 리얼리티 감각을 엿보았고, 그 연장선에서 다른 감도와 인식을 지닌 시들을 더 읽어보자. 집의 물질성을 지나 정서적으로 환기하는 시에 이르면 이 집에는 인간 본연의 감정과 정서가 고스란히 배어 있고, 낡았더라도 깊은 정감을 자아올리는 장소이기도 하다. 이사를 앞두고야 이제까지 몸담았던 집의 존재감을 알고, 집을 부수고 난 뒤에야 영원히 견고할 것 같았던 구조물에 몸담아 살아왔음을 자각하며, 새집으로 이사한 후 가장 먼저 한 일이 팔을 벌려 가구와 방의 크기를 가늠하는 사람들. 집안에 고인 음식 냄새, 매트리스에 배인 사람 냄새, 버릴 것과 다시 쓸 것을 골라내면서 사람의 향취를 기억해내는 인물들은 결코 먼 나라에 있지 않다.

1. 숨길 곳과 잃어버리고 싶은 것이 있는 집

이주자에게는 생활의 변화가 필연으로 닥친다. 바우만이 폴 발레리를 인용하여 이동하는 인간, 그리고 시간의 액체성에 관한 사유를 펼치면서 "갑작스러운 변화와 끊임없이 새로워지는 자극"(지그문트 바우만, 책머리에)이라 쓴 것에서 보듯이 인간은 한 곳에 매여 있고자 인내하는 정신의 소유자가 결코 아니다. 인간의 문학도 낯선 곳을 상상하면서 현재의 기대를 미래의 시간에 투영하여 가상세계를 만드는 형식으로 이뤄진다. 특히 시언어는 끊임없이 변화하는 세계를 시인의 정신이 뚫고 가는 이미지로 나타난다. 다음은 이사를 앞둔 이가 새로운 환경에 대한 기대보다는 무엇을 남겨두고 가야 할지 생각하는 이야기다.

2025.3, 한국문연, 44쪽.

애오개를 지나요. 이젠 밤에도 바람이 불지 않는 저녁이네요. 새우젓을 좀 사다 줄래요. 애호박볶음에도 계란찜에도 들어가는 짠맛. 생(生)과 관련된 건 모두 비릿한 냄새가 나요. 버스에 내리는 길에 벌써 물웅덩이를 밟은 것 같습니다. 며칠 전에 지진이 난 걸 느꼈어요. 바닷가에 산다면 다 흩어진 집을 떠나지 않을 자신이 있나요. 집은 떠나야겠단 생각을 하는 순간부터 낡아갑니다. 아침에 일어나 방을 돌며 커튼을 걷고 창밖을 내다봐요. 이곳에 살았던 게 맞을까, 머물렀던 게 맞을까. 그러면 모든 계절을 좋아할 수 있게 됩니다.

기원에 관한 이야기는 항상 놀라운 구석이 있어요. 진실이라기엔 너무 아름다워요. 멀리 산을 보면 푸른 하늘과 흰 구름이 보이는데, 산을 오르는 길엔 하늘은 더 이상 푸르지 않고, 선명한 구름은 어디로 간 걸까요. 한때 가능했던 미래를 기억해 봐요. 겁을 들킨 사람을 애정하게 되는 건지, 애정을 준 사람에게 나의 겁을 들키게 되는 건지 알 수 없어요. 우리는 서로의 기억이에요.

이삿날이면 텅 빈 방에 남아서 아무도 모르는 곳에 내 이름을 적고 나왔어요. 너무 반듯한 도시에 가면 마음이 불안해. 해가 지면 몸을 숨길 곳이 있는 골목과 아침을 숨차게 만드는 오르막. 자동차 밑에서 고양이가 튀어나와요. 내 다리가 엄마의 가랑이 사이로 말려들어 가요. 가위바위보로 자기편을 정하는 아이들. 아무리 더워도 목 끝까지 추켜올렸던 목화솜이불. 옆을 돌아보지 못했던 첫사랑. 같이 가줄게, 같이 갈 수 있는 곳까지만. 배웅하는 유월의 저녁……. 이 이름들이 다 사라져도 내가 나일까요?

한동안 너무 아무것도 잃어버리지 않았어요.
내일은 우산을 두고 나올 생각입니다.
장마가 끝나면 나는 이 집에 없을 거예요.
그래서 당신을 사랑하는 걸 자제하고 있다고.
— 봉주연, 「내일부터 장마 시작」 전문(『문파』, 2024년 가을)

봉주연 시인이 그리는 집은 세련된 도시의 중심부와 거리를 둔 곳, 골목과 오르막을 오르내리며 조금은 숨이 차오르는 곳에 있다. "생(生)과 관련된 건 모두 비릿한 냄새가" 난다는 인식에 도달하기까지 화자는 몇 가지의 식재료를 다뤄보았다. "애호박볶음에도 계란찜에도" 새우젓을 섞었더니 본래 재료가 지닌 비릿함이 화학작용을 일으켜 군내가 사라지는 이치, 비릿함과 잡내가 만나면 먹음직하고 달콤한 음식이 되는 이치는 냄새로 찌든 삶의 공간에 한 줄기의 향취를 분사해주는 듯하다. 온갖 잡내가 뒤엉킨 집에서 달콤한 냄새가 풍겨나오게 된 계기는, 새우젓을 좀 사다 달라는 부탁에 곧잘 응하는 사람이 있기에 가능하다.

그렇지만 이 집은 '물웅덩이 · 지진 · 다 흩어진 집' 같은 기표들로 미루어 "떠나지 않을 자신"이 없는 구조물이다. 떠나야겠다는 생각은 자발적인 선택이기보다 어떤 상황으로부터의 떠밀림일 테다. "한때 가능했던 미래"가 현재가 되었으나 지난날의 "선명한 구름"도 푸른 하늘도 현재가 되지는 못했다. '우리'로 묶을 수 있는 관계들은 모두에게 "서로의 기억"일 뿐이어서 이사를 앞두고 온갖 감정이 교차한다. 과거사는 기억을 불러일으키고, 내일을 생각하지만 이날 역시도 기억의 한 페이지로 물러나면서 곧장 어제가 될 것이다. 기억은 단지 파편화한 이미지로 떠올라줄 뿐이어서 전적으로 신뢰할 수가 없다.

무엇보다 마음의 안정을 얻는 집은 인공 냄새를 풍기는 "너무 반듯한 도시"의 집이 아니다. 사람 냄새가 나고, 일몰 후 불안감 없이 쉴 수 있고, 아침이면 힘찬 걸음으로 오르막을 오르는, 골목을 끼고 있는 집. 장마가 시작되는 날임에도 일부러 "우산을 두고 나"와 실수라도 한 것처럼 다시 우산을 챙기러 돌아가고 싶은 곳이다. "한동안 너무 아무것도 잃어버리지 않"을 만큼 무장했던 의식을 방임한다 해도 실수를 지적하지 않는, 말 없는 집. 어쩌면 그는 이 집을 자신이 사랑하는 '당신'처럼 수더분하고 편안한 곳으로 생각하고 있을지도 모른다. 그렇기에 내일부터 장마가 시작된다 해도 짐짓 우산을 두고 나와 다시 집으로 돌아가야 할 그에게 당신과 집은 좀체 분리되지 않는다. 잦은 이사로 자기 정체성이 실종될까 염려하는 어린 자아가 자기 이름을 써놓고 떠나왔던 그 집. 짐짓 잃어버리고 싶은 것, 그러나 잃어버려선 안 될 것을 그 집은 기억하고 있을 테다.

2. 헤어짐이 아닌 사라짐의 감정이 남은 그 집

영원히 변치 말아야 할 것을 말하는 것이 학문이라면, 시는 곧 변하고 말 것을 쓴다. 변화가 필연인 것을 왜 번번이 말하느냐는 질문이 있는 곳에 시도 있다. 지금 마주하는 세계의 모호함에 대한 의심으로 기어이 그 틈을 보아내는 시인에게 그 세계는 또 다른 세계가 열리면 금세 낡아질 것이라는 예고나 다름없다. 이대흠 시인은 "편견의 원천"인 "모음"의 작용으로 이별 감정을 말한다. 세간의 표현대로 '아' 다르고 '어' 다른 경우로서, 가장 본능적이고 단순한 홑소리로 천지 간의 차이를 말하는 방식이다. 특히 홑소리 모음은, 동사 같은 단언이나 명사 같은 지시 기능이 없이 본능적으로 인간의 성대를 울려 나온다. 이는 언어 이전의 원초적 발음 형태로 나타나지만, 인간의 말은 동시대인의 합의에 따라 인식과 이해가 가능한 기호여서 다른 생명체의 발성과는 변별된다.

인간의 외침을 '행위언어'라 하면서 이것을 육체가 말하는 것으로 본 푸코의 생각대로라면 인간은 다양한 상황에 직면하게 되면 다급히 성대를 울려 소리를 낸다. 이는 인간의 고통·감각·욕구를 표현하는 '모음'만의 소리가 "동물성에 기인하는 결과이자 영향"일 수 있음을 뜻한다.[3] 모음이 편견의 원천일 수 있다는 이대흠 시인의 사유도 이런 점에 기대어 읽을 수 있다. 다음 시에서는 홑소리 자음은 동일하나 후행하는 홑소리 모음이 차이를

---

3   미셸 푸코, 『말과 사물』, 이규현 역, 민음사, 2016(개역판 8쇄), 168쪽.

비릿한 생활이 있는 집이거나, 금산(錦山/金山)이거나

만들면서 각기 다른 세 개의 언어 형식으로 분리되는 경우를 보게 된다.

어제는 집이었는데/오늘은 공터다

무너지는 건 쉽다/재활용하지 않을 때는/부, 순, 다

고장난 의자를 분해한다

이건 비싼 의자네/뒤로 젖힐 수도 있어/튼튼해

앉은 자리를 떼어내고/합판을 얹는다

의자에 앉은 너는 흔들거린다

너의 부재를 상상하면/공터가 떠올랐다

떨어진 한 장 장미 꽃잎으로라도/있었으면,

있었으면 싶었다/내가 두려워하는 건 헤어짐이 아니라/사라짐

집이 있던 자리엔/옆집 에어컨 실외기만 남아 있다

실외기 전선 그림자는 자전거가 되었다

그림자 자전거는 빵꾸 나지 않는다/가자

내겐 돛이었는데/네겐 덫이었다니

멈추자는 너

돛, 닻, 덫으로 모음을 바꾸는 동안/모음이 편견의 원천이라 생각했다

너는 합판 의자에 앉아 커피를 마신다

> 저물어도 좋겠다/는 생각에/수국이 피었습니다
> ──이대흠, 「수국이 피었습니다」 전문(『창작과비평』, 2024년 가을)

담담하면서도 쓸쓸함이 배인 이 시는 사람이 떠난 뒤에 남은 몇 개의 집기가 그 사람을 대신하여 감정을 전달한다. '너'는 이미지로만 현현하고, 화자가 '너'의 목소리를 대신 전한다. 집이 있던 자리가 공터로 변한 곳에서 화자는, 자신에게는 해방이었으나 상대에게는 족쇄로 작용했던 시간을 회고 중이다. 한 세계의 열림과 닫힘을 모음의 다름으로 말하는 그가 정작 두려워하는 것은 헤어짐이 아니라 사라짐이다. "집이 있던 자리"에서 사라져버린 것이 단지 집만이 아니며, 이제는 "저물어도 좋"을 것이 너와의 관계라고 생각하기에 이른다. 집을 허물고, 고장 나거나 재활용하지 않을 물건은 부숴버리는 시 현실에 온전한 것이라곤 없다.

이보다 더한 아픔은 서로 "돛"이 되어주지 못했으므로 이제 그만 "닻"을 내려 "멈추자는" 너의 제안을 현실로 받아들여야 하는 일이다. 둘이 조성한 현실이 더 이상 앞으로 나아갈 수 없을 만큼 위축되자 한 말이겠으나, 화자는 '너'가 "떨어진 한 장 장미 꽃잎"만큼의 존재감으로라도 있어주길 바란다. 너의 부재를 상상만 해도 그는 집이 공터로 바뀌는 듯한 공허감에 사로잡힌다. 너의 사라짐에 대한 감정은 위축된 관계와 재회의 불가능성을 동반한다. 반면에 헤어짐의 감정은 재회의 가능성을 품고 있기에 일말의 안도를 안긴다. 하지만 이 또한 너와 함께하는 인생 항로에서 더는 돛이 되어주지 못할 상황에 이른 자의 증상일 뿐이다.

헤어짐보다 더 막막한 것이 너의 사라짐이라는 화자의 인식이 도달한 곳은 집이 사라진 자리에 있는 공터다. 채웠던 만큼 비어버린 공터 비유로 너의 부재를 말하는 데서 읽히는 것은 영원한 인간관계란 없다는 것. 시인이 영원을 말하지 않는 이유는 이것이 단지 하나의 사건 안에서의 영원일 뿐이어서다. '너'는 집처럼 견고한 사람이기보다 수시로 발생하는 사건들을 마음이 따라가는 변화체이며, 그런 점에서는 화자도 크게 다르지 않다. 수국한 떨기의 비유로 너를 마음속에 품게 되었다고 고백하는 그에게 '너'가 집을 떠난 일은 마음을 더 넓고 크게 만드는 하나의 사건이 되었다.

3. 성장과 소원 사이 어디쯤에 있는 집

시는 인간 존재론을 중심으로 지금 이곳의 사건에 관하여 말을 한다. 단일회적이어서 반복할 수 없는 데다 표면으로는 드러나지 않는 것을 쓰므로 매우 비밀스럽고 신비한 언어다. 과거에 묻힌 기억을 복원할 때도 시언어는 지난 일을 통찰하는 데서보다 그 기억에 현재성을 입힐 때 한층 생생하게 살아난다. 따라서 현재의 어떠함을 말하기 위하여 과거로 잠입해 들어가는 시언어는 과거와 현재의 접촉면을 공유하면서 발화한다. 성욱현 시인은 개가 죽은 사건으로부터 집 이야기를 시작한다. 기표 "새집"에서 이중 의미를 읽게 되는데 '새로 지은 집/새가 깃들이는 집'이 그것이다. 인간의 집과 새의 집이 중첩된 새집은 "예전 집"과 다른 감각을 추동한다.

나를 물었던 개가 죽었다
내가 강해지기도 전에

안전모를 쓴 사람이 철제울타리를 녹색으로 칠하고 있다 가까이서, 무엇도 가두지 않으려는 자세로

녹색 칠이 마르기도 전에 장대벌레 같은 넝쿨이 오른다 속삭인다 이번 집은 어때

나를 괴롭히던 동창이 아이를 낳아 하루종일 사람을 안고 있는 사람이

되었어 나무를 잴 때처럼 모두가 안자, 안아보자 했지 예전 집은 헐렸어 그날 마을을 떠날 때 버스정류장 앞 당산나무도 속삭였지 원래 성장하는 광경은 조용하대 붉은 실에 매달린 소원들을 가늠하며

나는 쉽게 돌아가지 않을 거야
쉽게 빈 소원처럼 쉽게 떠난 돌아오지 않는 것들을 알아

집터에서 기억나는 건 침대와 새뿐이더라 새는 속삭이지 않더라 모두가 조금씩은 잠을 뒤척인 표정으로 삽질만 할 때 안대의 모양으로 날개를 펼쳤지

새를 좇으면 나무 전봇대 고압선 이어져 전국으로 전류가 진동하는 상상을 하면 오가는 고함으로 꽉 차는 도로 그럴 때 조금은 함께지

뒤집히는 매트리스 마르지 않는 풀 냄새

새집에 와서 가장 먼저 한 일은 장롱문을 여는 것
계절의 크기를 가늠해서 구겨 넣는 일

새집에 악의는 없어
빈방 한가운데 서서
팔을 펼치고 가구의 크기를 가늠해
— 성욱현, 「이사」 전문(『아토포스』, 2024년 여름)

한 사람의 성장 과정을 '이사'라는 형식으로 구성한 시다. 성장하면서 차츰 가팔라지는 한 인간의 생애 곡선을 두 개의 물적 공간에서 펼치면서, 수평적 이동이 아닌 하방성 이사가 뜻하는 바를 생각게 한다. 개와 관련한 두 개의 사건으로 성장통과 더불어 투쟁이 필연인 삶을 암시하는데, 하나는 개가 그를 문 일, 다른 하나는 그 개가 죽은 일이다. "내가 강해지기도 전에" 개가 죽음으로써 더 강해져 개에게 역전의 승리를 거두리라는 그의 벼름은

무효가 되고, 싸울 상대가 사라져 전의를 상실한 분위기가 감돈다.

그 집에서는 "무엇도 가두지 않으려는 자세로" "안전모를 쓴 사람이 철제 울타리를 녹색으로 칠하고" 있다. 개의 자유는 타자를 불안전하게 하고, 안전모로 무장한 자는 당연히 안전하며, 무방비 상태에서 개에게 물린 화자는 위험의 당연성을 현실화해야 한다. 이 같은 위험을 돌파하기 위해 남모르게 힘을 길러야 하는 그에게 닥친 현실이 그에게는 이사였다. 지금 이사라는 형식으로 현실의 협소함 안으로 들어오게 된 그는 두 팔을 벌려 "가구의 크기를 가늠"할 수 있는 좁은 방에서 다시금 성장통을 앓아야 한다. 작은 단위의 거주 공간을 "새집"이라 칭하는 그에게서 읽을 수 있는 마음은, 현실이 열어주는 만큼의 공간에 자신을 "구겨넣는 일"과, 쓸쓸하게 성장해야 하는 협소한 현실을 자각하는 일이다. 그러면서도 그는 예전 집으로는 돌아가지 않겠다고 말한다. 그 집은 당산나무에 소원을 써서 매단 실이 있는 풍경과 더불어 기억되는 곳이며, 지금은 헐리고 없다. 소원대로는 열어주지 않는 현실의 완고한 문을 두드리며 그는 그간에 수차례 이사를 했을 것이며, 당산나무가 있는 집은 꿈꾸기의 장소였다. 소원은 마음속의 현실일 뿐, 현실은 (개에게) 물리느냐, (개를) 무느냐로 요약할 수 있는 상호 투쟁의 현장이었다.

쓰린 속을 달래며 고작 한달살이처럼 살아가는 이들의 슬픔을 담아낸 김건영 시를 모토로 집에 깃든 정서와 현실감각을 읽어보았다. 잘못 읽었나? 의아해하며 재차 읽게 만드는 김건영 시인의 언어유희는 우리의 착각과 시인의 전략 사이에서 웃음과 눈물을 동시에 이끌어낸다. 자본을 앞세운 개발에 밀려 헌집이 된 그곳으로 발걸음을 옮기는 김명인 시의 화자는 소비재처럼 낡아가는 집 마당에 두고 왔던, 여전히 생생히 살아 있는 나무를 우두커니 바라본다. 신이인의 시에서는 동물원처럼 투명한 바라보기의 공간임에도 사람의 집이기에 가족은 서로 사랑을 나눌 수 있다. 가족이 이방인일 수 없는 건 구성원 모두에게 과거로부터 미래까지 공유하는 감정과 정서가 있기 때문이다. 과거의 시간을 나누지 못했고, 미래에도 그러할 타자를 우리는 이방인이라 부른다.

집을 쉴 만한 곳, 기억할 만한 곳, 다시 돌아가고 싶은 곳으로 여기는 봉주연·이대흠·성욱현의 시에서는, 이방을 떠도는 자들의 이동이 멈추지 않는 현대 도시의 정경을 읽을 수 있다. 김건영 시의 화자가 "즐거운 곳에서는 날 오랄하여도"(「No'Mad land」)라고 능청 떨면서 집 바깥의 모처에서 누리는 쾌락보다 쉴 만한 집을 원하듯이, 세 시인이 쓴 사람 냄새가 사라진 이 시대의 집들에서도 어떻게든 살아내리라는 단독자의 목소리가 들린다. '너와 나'의 집이나 '나'의 집은 가족 중심의 시끌벅적한 '집구석'이 아니기에 소란스러운 목소리가 밖으로 새나갈 틈조차 없어 보인다. 점차 협소한 의미로 세분되고 있는 집의 의미는 이제 단독자의 캐릭터를 닮은 목소리에 실려 우리에게 당도한다. 집 표상으로 계층 구조를 파고드는 리얼리스트의 패러디 화법도, 서정적 발화 이면에 현실을 감춰둔 시들도 금산(錦山)이거나 금산(金山) 아래 계층의 목소리 또는 여하한 이유로 집을 떠나야 했던 이들의 목소리를 담아낸다.

(2024.9.20)

시인의 거울은 어디를 향하는가
— 이승하 · 송찬호 · 정우신

1. 새로운 시인 되기와 시적 전회

리얼리스트들은 사회를 향하여 거울을 들고 다닌다. 서정시인들은 자신에게로 거울을 향한다. 이 시대의 신유물론자는 만유의 물질성 쪽으로 거울을 돌려놓는다. 이는 자연을 지구 위의 한 현상으로 보는 관점을 넘어 인간도 자연이므로 지구를 구성하는 물질이라는 사고에서 비롯된다. 사물에게 주권을 부여한 신유물론자가 인간중심 사유를 비판하는 것은, 인간과 관계를 맺어온 비인간까지도 공평하게 물질의 행위성을 근간으로 사유하는 차원에서다. 자연 안에서 하나의 일속이되 제각기 차이가 나는 다양성으로 존재하는 물질들의 관계성을 말하려는 시도인 것이다.

더 좁혀서 보면, 전통적인 유물론은 인간 · 자연의 대립에서 문명(문화)을 산출했다. 현시대의 사유는 인간 · 비인간의 행위성이 상호 스며들고 침투하는 양태로 동위성을 지닌다. 앞은 유물론, 뒤를 신유물론이라 할 때 그 준거는 인간의 신비를 보존하느냐 과학적으로 벗겨내느냐에 있다. 20세기 후반부터는 인지과학 연구에서 정신의 출처를 물질적으로 규명하려는 시도가 있어왔다. 유물론의 관점에서 인간을 바라보게 되면서 이러한 시도들이 포스트 휴머니즘 담론, 생성형 인공지능 논의로 확산했다. 이런 점을 신유물론과 연계해보면, 물질은 그 자체 행위성을 지닌 것이어서 사물화와는 다른 차원의 것이다. 일례로 1990년대 우리 시단에 독일 생태주의가 유입되었을 때 생명의 반대편에서 운위했던 사물은 신유물론에서의 물질과 동류는 아니다. 이때의 사물은 생명의 이항대립 요소다. 자본생산과 소비 체제에 종속된 상품화 기획을 고발했던 이 시기의 시는 생명의 사물화를 염려한다.

  서양 철학이 주도한 근대의 유물론에서는 고정되어 있던 인간의 지위가 현시대에 급속히 흔들리고 있다. 과학 기술체와 결합해온 인간에 대한 자각, 동물과 인간의 절대적 이분화에 대한 의심, 불시에 닥치는 재난과 재해의 위험성을 인간 중심 사고로는 돌파할 수 없다는 인식 때문에 생긴 일이다. 위험 요소들은 육안으로 보이지 않는 잠재성이어서 비가시적인 물질의 존재감을 무시할 수 없게 한다. 팬데믹을 기점으로 비인간 존재가 급부상하면서 물질성에 대한 질문이 다양하게 제기되는 건 여기에 기인한다. 비인간 주체의 위험성을 용인하게 되면서 인체도 물질로 바라보는 관점을 요청받은 것이다. 이는 인간이 유기체로서 우월성에 빠져 있지 않고 물질로까지 확장하는 수평적 사고라는 점에서 전환기적 인식이라 할 수 있다. 이런 점은 시인이 애초에 객관적 상관물을 빌려 말을 하면서 그 이름을 얻은 사람이기에 별다른 의미를 둘 수 없는 것인지도 모른다. 하지만 그 내면에 물활론이 아닌 물질론이 자리하고 있다면 사정은 크게 달라진다.

  최근의 이 같은 변화가 급작스러워 보이지만 사실은 이전부터 의문시해온 인간 중심 사고에 대한 회의가 현실 문제로 부상하는 데 그 이유가 있다. 신의 형상으로 빚었다는 인간 자신에 대한 존중을 이어오면서 외부의 생명체나 물질을 도외시했기에 인간 주도의 역사와 문명이 진보했다는 설을 마음껏 유포할 수 있었다. 팬데믹이 이 모든 나태한 인식들을 바꾸어놓았다. 우리 외부의 보이지 않는 힘들의 정체를 거대하게 대상화했으나 이것이 심대한 착각일 수 있다는 것. 도리어 미소한 생명체와 하잘것없는 사물들에 가없는 관심을 두어온 시인의 마음과 자세를 가져야 한다는 점이 시대적 정언에 더 가까워 보인다.

팬데믹이 몰아온 공포에 대한 대항 논리 중 가장 시급한 것이 에코 의식이라고 흔히들 생각한다. 온난화 단계를 지난 지구가 펄펄 끓고 있다면서 기후 위기를 염려하고, 입에 올리기를 꺼려했던 생태를 들먹인다. 자연과 달리 생태라는 말은 실천을 주문하는 인상을 안기므로 원격화할수록 의무감이 경감된다. 자연을 갈취하여 행복이라는 추상을 물질로 현실화해온 인류의 후예가 이제는 '하지 말아야' 할 것을 따져보아야 하는 처지가 된 것이다. 금지의 항목들이 증가한다는 건 지금 우리가 욕망이 좌초하는 현실에 직면했다는 말과 같다. 하지만 이것이 어떻게 가능한가라는 질문에 대한 답은 너무나 뻔하게도 사고의 전환밖에는 없다.

시인은 본디 인간과 인간 외 객체를 대등한 시선으로 대하면서 관계지도를 그려왔다. 양자 간 눈높이를 조정해갈 때 비로소 하나의 세계가 열리기 시작한다. 근원적 차이가 두드러짐에도 불구하고 공존할 수 있는 이유는, 인간의 외부자는 인간이 일으키는 분란의 이유를 알지 못한다는 것. 인간은 그 외부자에게 기여하지 않았으나, 발전과 진보라는 이름으로 행한 갈취와 착취의 문명사에서 인간에게 기여한 외부자는 다음 시에서처럼 곧 사라질 위기에 봉착한다. 자연을 가공하여 물건을 제작해온 호모루덴스의 발명품을 사용하기 위하여 "카드"를 긁어대는 자. 그의 이름은 '소비자'다.

  種이 사라지는 아픔은 없다
  코뿔소가 사라지는 아픔은 없다
  코끼리가 사라지는 아픔은 없다

  나 소비의 주체이니
  돈을 벌어 물건을 살 뿐
  나, 카드의 주인이니

> 카드를 꺼내 사인을 할 뿐
>
> 나, 승용차의 소유자이니
> 기름을 채워 운전을 할 뿐
>
> 때때로 자식을 데리고 대공원에 가면
> 코뿔소는 아직 코에 뿔이 달려 있고
> 코끼리는 아직도 코가 손이다
> 상아 있는 코끼리가 있다
> 코뿔 없는 코뿔소는 없다
> 種은 엄청나게 많고
>
> 나는 서서히 살아간다
> 생명에서
> 나는 부지런히 사라진다
> 물건의 사용자로
> 물건으로.
>
> ─ 이승하, 「생명에서 물건으로」 전문(『생명에서 물건으로』, 1995)

　1990년대 감각으로 소비경제를 비판하는 시다. 신자유주의 파고가 세계를 자본으로 오염시키며 소비를 부추기는 정황에 후불제로 상품부터 선점하는 인간은 물신의 지배 체제에 편입된다. 자본주의 생산방식에서는 "상아 있는 코끼리"라는 자연도 어느 날엔가 인간의 이익을 위한 상품화의 논리에 포섭될 것이다. 자본 생산성을 제고하는 물신의 유혹이 점증하는 세태에 인간마저 물건으로 사라져간다는 시인의 언명은 인간의 쓸모가 물신의 지배력으로 대체되어가는 소비경제 시대를 반영한다. "코뿔 없는 코뿔소는 없"는 자명한 이치가 정녕 파국일 수 있는 건, 인간이 자본생산의 원천인 코뿔소의 코를 남획하면서 상품 소비의 주체로 물화되어가고 있어서다.
　1990년대의 생태시는 인간과 생명, 자연의 생산성과 신비를 지켜내고자 하면서 문명을 비판한다. 이는 일원화한 생명성으로 자연의 사물화를 비판하는 감각에서 비롯한 시적인 전회라 할 수 있다. 생명을 지닌 유기체가 자본 체제의 셈법에 따라 사물화하는 정황에 인간은 소비경제의 도구가 되어간다. 이렇게 보면 이 시는 자연·문명의 이분법에 대한 묘안을 찾을 수 없게 된 시대, 인간이 자연을 침탈하여 문명을 일구었으나 그 폐해가 다시금 인간에게로 돌아오고 말았다는 보고에 가깝다.

이 무렵의 시에서 생태 인식은 생명 중심에 맞춰져 있고 자연(으로서 인간과 유기체인 동물 등)은 절대성을 지닌 것이었다. 하지만 유기체적 생태 담론은 유행처럼 번지다가 급속히 사라졌다. 생태시의 실천적 주문에 대한 버거움과 피로감을 망각해야만 할 문화 향유자로서의 감각이 여기에 한몫하지 않았나 생각된다. 농경문화와 생태를 연계하는 기저에서 움직일 수 없는 절대지(絕代地)인 자연은 휘황한 영상 문화의 가상 속으로 사라져버렸다. 그러면서도 이 무렵의 시는 인용 시에서 보듯이 생명체 간 위계가 없는 평등주의로 진전한다. 코뿔소가 사라지면 인간도 사라진다고 보는 지위의 동위성이 그것이다. 이번에 볼 시는 인간-동물-식물-사물 간 위계가 사라져 가는 2010년대의 감각을 실어낸다.

> 박카스 빈 병은 냉이꽃을 사랑하였다
> 신다가 버려진 슬리퍼 한 짝도 냉이꽃을 사랑하였다
> 금연으로 버림받은 담배 파이프도 그 낭만적 사랑을 냉이꽃 앞에 고백하였다
> 회색 늑대는 냉이꽃이 좋아 개종을 하였다 그래도 이루어질 수 없는 사랑에 긴 울음을 남기고 삼나무 숲으로 되돌아갔다
>
> 나는 냉이꽃이 내게 사 오라고 한 빗과 손거울을 아직 품에 간직하고 있다
> 자연에서 떠나온 날짜를 세어본다
> 나는 아직 돌아가지 못하고 있다
> ─ 송찬호, 「냉이꽃」 전문(『분홍 나막신』, 2016)

물질 존재론에 주목한 이 시는 비인간 사물들을 의인화하여 생기를 불어넣는다. 자연으로 돌아간 "회색 늑대"와 아직 복귀하지 못한 '나'의 경우를 냉이꽃과의 관계로 얽어낸다. 냉이꽃은 문명의 오브제들 — 박카스 빈 병, 슬리퍼 한 짝, 담배 파이프 — 로부터 사랑을 독점한다. 회색 늑대는 숲의 소산이지만 문명 속에서 피어난 냉이꽃을 사랑하여 회색분자가 되어버린, 사랑의 종교로의 개종자라 할 수 있다. '나'의 정체는 명료하지 않으나 이루어질 수 없는 사랑에 낙담하여 숲으로 돌아간 회색 늑대와 달리 문명 세계에 잔류한다. '나'는 자연 속의 냉이꽃이 사 오라고 한 빗과 손거울을 품에 지닌 채 문명 속에 피어난 냉이꽃을 향한 마음도 접지 못하는 정체성이다. 어쩌면 '나'는 회색분자인 늑대의 분열체인지도 모르겠다. 자연과 문명 간 상호 침투하는 활기에 매혹되어 여러 갈래의 마음을 지니게 된 주체이니 말이다.

문명의 잔해들이 '사물-권력'[1]을 드러내는 저 장면에서 물질의 지위는 인간의 위치로 조정된다. 무기질과 동식물의 행위성을 의인화하고, 빗과 거울을 구매할 수 있는 '나'를 냉이꽃과 수평적 위치에 둔다. 이는 제인 베넷이 사물을 죽은 것으로 아는 인간 주체를 통렬히 비판하면서 사물의 생동성에 주목한 경우를 떠올리게 한다. 그의 견해 중 사물-권력은 폐기된 생명, 그리고 자본생산과 소비에 포섭된 비생명으로부터 "미묘한 효과를 생산해내는, 활기 없는 사물들의 기이한 능력"을 보여주는 "사로잡힘"의 정동이라는 점과 비견된다. 버려졌으나 쉬이 썩지도 않는 물질들에서 발산하는 생기(生氣)는, 행위자인 냉이꽃 씨가 그 안으로 날아들어 꽃을 피워내며 전이된 생명의 기운이라 할 수 있다. 이 점에서 냉이꽃은 사물의 무력감을 활기로 바꾼 생기적 존재다. 이 일이 가능했던 건 그 사물의 빈 곳에 씨앗이 움틀 만한 흙이 있었기 때문이다. 모든 사물은 배치가 달라지면 다시 새롭게 태어

---

[1] 제인 베넷, 『생동하는 물질』, 문성재 역, 현실문화, 2020, 46쪽.

난다는 것이 베넷의 생각이다. 이 시는 사물과 생명체의 혼종적 배치를 가능케 한 경우라 할 수 있다.

베넷의 경험을 조금 더 따라가보자. 그가 '검은색 비닐장갑, 꽃가루 덩어리, 죽은 쥐, 병마개, 나뭇가지'[2] 같은 물질들을 첫 대면했을 때부터 이것이 그의 주의를 끌었던 건 아니다. 생명이 없는 물질이었고 인간이 사용하다 폐기한 쓰레기였을 뿐이다. 이후 그는 물질들이 촉발하는 정동을 물질 자체의 능동성으로 받아들이게 된다. 쓰레기가 인간의 소유 문제에서 발생한 것이라면, 관점을 바꾸어 인간의 소유물일 수 없는 사물 자체가 지닌 능동성을 인정하면서, 인간도 물질로 구성된 존재라는 점을 알게 된 것이다.

인간에게는 비인간 존재에 대한 불감증이 있으나 시인은 다르다. 베넷의 생기적 유물론은 사물의 생기를 써나가는 작업이 시 쓰기이기도 하다는 점과 공감대를 이룬다. 베넷의 주의를 끌지 않았던 것들이 사물-권력을 드러내며 어떤 신호를 보내왔을 때의 정동은 시인의 그것과 다르지 않다. 사물이 지닌 형언할 수 없는 본질을 말하고 싶다는 자극, 비인간 신체들이 지닌 복잡성에 대한 자각, 인간이 부여하는 맥락으로 환원하지 않는 그 자체 생생한 실체인 사물의 능력을 써나가는 이가 베넷만은 아니다. 인용 시에서 송찬호 시인도 주체와 객체 간 대립이 없는 사물의 능동성을 근간으로 자연을 이야기한다. 김종철 평론가가 "모든 진정한 시인은 본질적으로 가장 심오한 생태론자일 수밖에 없"[3]다며 심층생태론의 관점을 표명한 것처럼 이 시인도 사물에게 활력을 부여한다.

---

2 위의 책, 41쪽.
3 김종철, 『시적 인간과 생태적 인간』, 삼인, 1999, 7쪽.

2. '붙이'들의 횡단성

현시대의 생태론은 문명 진보와 행보를 같이하면서 혼종의 감각을 실어낸다. 포스트휴머니즘과 생기적 신유물론의 접합으로 종간 경계를 넘나드는 혼종성, 그 자체 역량으로 행위성을 지닌 물질성에 주목한다. 이는 물질 자체의 능동성은 물론이고 정동이나 수행성까지도 물질성과 연계하고자 하는 견해의 나타남이다. 인간 감정이나 행위의 근원까지도 물질적으로 규명하려는 시도로 볼 수 있다. 정동을 촉발하는 물질성, 수행성으로 나타나는 물질의 속성까지도 고려한다. 인간 위에 물질을 둔다기보다 그간에 배제되었던 물질의 가치를 인정함으로써 인간의 기대를 증진하고 실현한다는 차원이다.

인간-이성 중심의 존재론을 불경스럽게 인식하게 된 경위에는 그간에 절대적 지위였던 인간종에 대한 회의가 이 시대에 급격히 이뤄진 사정이 있다. 흙의 자식들이 영혼을 숭고하게 여기면서 누렸던 것은 다름아닌 정신의 신비성이다. 그러나 근대 이후의 인간인 포스트휴머니즘에 대한 견해는 교차하는 물질성으로 인간을 사유하면서 이전의 인간관과 다른 견해를 펼친다. 칸트로부터 드높아진 인간 이성의 위상이 인간중심주의라는 절대적 자오선을 만들었다면, 한스 요나스는 과학기술의 진보에 따라 만유의 생명성에 대한 새로운 윤리의식이 요구된다는 점에 사유의 초점을 맞췄다. 가까운 예로 안경·임플란트·철심 같은 보철물들만 보더라도 인간과 물질의 결합은 이전부터 매우 심상하게 이뤄져왔다. 자연을 떠나온 인간의 세계가 과학기술의 집적물로 이뤄진 것처럼 인간도 모종의 과학 기술체를 자기 신체의 일부처럼 붙이고 살아간다.

다음 시는 인간의 뼈를 연결하는 작은 금속 조각에 주목한다. 인간과 비인간의 경계, 신 중심의 관념론을 회의하면서, 포스트휴머니즘과 신유물론의 접합으로 물질 간 횡단성을 사유한다. 영성을 지닌 존재로 인간을 보면서 몸과 정신을 분할하는 정신주의와 달리 이 시는 인간과 물질 간 관계성과 행위성에 착안한다.

> 오리가 일어서면 두루미// 닭과 타조// 풀무치와 사마귀// 물과 풀에 얼마나 저항할 수 있는가// 자신이 가진 높이를 어떻게 고통으로 등분할 수 있는가// 사거리의 예수천국//오늘도 손을 흔들고 있습니다// 별일 없이 앞다리가 잘 달려 있다는 것// 생명은 재미있지요// 하나의 종種으로 썩거나// 변형되면서 부패되거나// 참돔과 도미// 물방개와 소금쟁이// 물맛을 알게 되는 순간// 비슷한 먹이가 되었습니다// 턱에 달린 주머니를// 머리 가슴 배로 옮겨봅니다// 슬픔을 삼등분할 수 있다면// 조금 더 가벼워질 텐데// 육체 주머니에 물을 넣고 다니지 않아도 될 텐데// 집회에 모인 무리들// 왜 앞발이 살짝 들려 있나요// 길바닥에 흩어진 울음들을// /왜 자신의 입속에 다시 집어넣나요// 대형 참사 현장을 지나갑니다// 할머니 화장火葬하고 남은 고관절 철심// 주머니에서 짤랑거려요
> ― 정우신,「인간붙이」 전문(『문파』, 2023년 겨울)

시 제목을 '피붙이'에서 변용하여 "인간붙이"라 쓰고 있다. 인간종과 비인간 종을 횡단하는 사유를 펼치면서, 피를 나눈 피붙이가 아닌 두 종 간 공유할 만한 물질적 특성을 바탕으로 교차적 존재론을 펼친다. 이는 종간 경계를 돌파하면서 이원론으로 환원하는 위험을 비켜간다는 의미가 있다. '붙이'들의 슬픔을 이야기하면서 종 분류법이 확연한 생명체들이 지닌 다리의 길이로 고통의 높이와 슬픔의 깊이를 가늠한다. 그 슬픔을 두 개의 국면으로 이야기한다. 하나는 "대형 참사 현장을 지나"가는 마음, 다른 하나는 할머니의 죽음 뒤에 남은 "고관절 철심"과 관련한 정동이다.

이 시에서 세 가지 생물종의 서식지는 각각 물, 풀, 땅이다. 오리·두루미·참돔·도미·물방개·소금쟁이는 물에, 풀무치·사마귀는 풀에, 닭·타조·인간의 서식지를 물이나 풀로 고정할 수 없으므로 땅이라고 해두는

편이 좋겠다. 여기에 "철심"을 더하여 이들을 하나의 생태 우산 속에 두고 "인간붙이"라 칭하면서 이들이 처한 조건이 곧 고통의 근원이기도 하다고 말한다. 이러한 호칭이 가능케 된 연원에 긴 다리나 짧은 다리를 지닌 동물 종이, 동물에게는 앞발에 해당하는 손을 가진 인간이, 그리고 인간의 고관절과 엉치뼈를 연결하는 철심이 있다. 오리나 두루미는 다리의 높이로 물의 수위를 가늠하는 일이 그대로 삶의 그대로 고통으로 이어진다. 물에 떠서 살아가는 종은 "턱에 달린 주머니", 즉 생명의 주머니가 고통의 근원이기도 하다. 이는 할머니의 "고관절 철심"에 삶과 고통이 맞붙어 있는 것과 같은 이치다. 금속은 할머니와 "하나의 종(種)으로 썩"지는 않을 이물질인데도 할머니의 몸에 배치되어 생기를 가능케 한 물질이었다. 금속과 인체의 교차성으로 할머니는 물질성의 연속체로 "변형"되어 살다 가셨다. 여기서 자연에 속한 물질계의 복잡성, 보철 기능으로 가능했던 교차성 존재가 부상한다.

신유물론에서 행위자는 인간만이 아니라 비인간 물질과 사물로까지 확장한다. 정신적 지향을 가진 인간을 '두꺼운 행위자', 물질과 사물을 '얇은 행위자'라 칭한다. 인용 시에서처럼 인간–물질이 결합한 경우를 '확장된 행위자(extented agent)'라 부르면, 양자 간 관계를 생명성의 원리로 이해할 수 있다.[4] 이렇게 물질로 구성된 인체가 이종(異種)의 행위자로 하여 수선이 가능해진 연한은 근대 이후 인체 해부학이 시행되면서 가능해졌다. '붙이'들과의 연합에서 물질을 죽은 것으로 본다면 그 이질성을 체화할 수 있을 뿐이다.

물이 삶의 터전인 생물에게 제각기 고통의 수위가 다른 것처럼, 인간에게 닥친 고통의 수위를 가늠하는 척도도 번번이 달라진다. 물에서 살아가는 종에게는 "물맛을 알게 되는 순간"이 고통의 시발점이기도 한 것처럼,

---

[4] 문규민, 『신유물론 입문 : 새로운 물질성과 횡단성』, 두번째테제, 2022, 52~57쪽 참고.

인간이 체감하는 고통도 몸소 처한 환경이 유발한다. 시인은 물과 풀이라는 삶의 조건이 저항 대상이기도 하다는 점을 들면서 슬픔의 수위를 다리의 길이나 관절의 문제로 사유한다. 이때 슬픔은 관절을 가진 모든 '붙이'들이 그것이 떨어져 나갈 때의 고통을 대신하는 감정이다. 시인은 고통의 실체나 슬픔의 대상을 구체화하지 않으면서도 절지동물의 관절과 인간의 그것을 교차시켜 고통의 실체를 추측하게 한다. 위험이 일상이 된 사회, 슬픔을 개인의 감정으로 돌리면서 표현을 금지하는 사회에서는 긴 다리와 관절은 안전한 것일 수가 없다. 그것은 꺾이거나 넘어지는 일에 무력하고 나약한 물질에 불과하다.

이 시는 보철 기능으로 활력을 얻었던 인체의 횡단성, 그리고 "고통"과 "슬픔"의 정동을 지닌 붙이들의 존재 이야기를 들려준다. 금속에도 물질의 활기가 있다고 한 들뢰즈·가타리의 언술을 참고하면, 할머니의 고관절은 철심과 인체의 교차성으로 가능한 하나의 행위소에 속한다. 물질계의 주체는 철심도 할머니도 아니며, 양자는 줄곧 상호 간섭자로 기능한다. 철심은 할머니의 보행을 실행케 한 물질로서 할머니에게 혼종의 생명성을 가능케 했다. 인간 뼈의 무기질과 접합했던 철심을 호주머니에 넣고 금속이 "짤랑" 거리는 소리를 듣는 화자에게서 사물-권력이 매개하는 정동이 읽히는 건 그런 이유다.

결구의 "할머니 화장하고 남은 고관절 철심"에서는 살아 있는 듯 짤랑짤랑 소리가 나는 것 같다. 철심으로 관절을 이어 붙이고 살았던 할머니의 죽음 뒤에도 저 소리는 차마 떨어져 나가게 두지 못했던 지체의 소중함을 일깨운다. 할머니의 삶과 연합했던 사물이 내는 소리를 듣는 화자의 슬픔, 다양한 생물종들의 조건을 들면서 시인이 말하고자 하는 정동이 서로 맞닿는다. 철심이 내는 소리는 인간의 다리와 연합했던 무기질의 발언이나 다름없다. 그런가 하면 "길바닥에 흩어진 울음들을" "자신의 입속에 다시 집어넣"

어야 하는 무리들에게 이 시대의 슬픔은 지체가 떨어져 나가는 듯한 막중한 고통임에도 그것을 표현할 길은 막막하기만 하다. 이렇게 이 시는 물질 간 관계성에 따라 인간의 정동이 촉발하는 지점에서 발화한다. 절지동물과 인간의 고관절을 횡단하는 사유로 인간과 인간 외부의 종 간 경계를 허물고 있다.

정우신 시인은 생명의 자오선을 인간 중심으로 긋지 않고 식물·동물·사물·인간 간 관계성으로 말하면서, 인간의 내적 특성을 생명성 자체에서 찾는다. 이종의 물질과 연합하여 신인류를 빚어내기에 이른 포스트휴먼 감수성을 시화하는 작업은, 죽은 자의 입을 벌려 그의 치아를 덮었던 금붙이를 떼어내는 것처럼 지금 이곳에서 흔히 일어나는 일이다. 이 시대의 혼종적 사유는 인체에 비인간 물질을 첨가하여 생기적 물질성을 내면화하는 과정을 거쳐온 것이다. 비인간 물질들까지도 하나의 생태계로 집체화하면서도 그 개체성을 승인하여 모든 생태적 구성물들을 수평적으로 배치한다. 정우신 시인의 거울은 자연계의 일부인 물질성 쪽으로 돌려져 있다. 그렇다 하여 그 물질이 온전히 신체인 것은 아니며, 신체가 온전히 물질인 것만도 아니다. 신체와 물질 간 경계를 구획화하기 어렵게 하는 것이 주머니에서 짤랑거리는 금속이다. 분명한 것은, 신체와 물질이 모두 변화하는 문화적 구성물이라는 점이고, 인간과 물질의 하이브리드는 여전히 진보 중이라는 사실이다.

(2024.1.30)

그러니까 그 모두를 인간처럼
— 김바다 · 이영은 · 신용목 · 남현지

  독서 경험에서 처음 만난 동물 중 개는 정의롭고 영성을 지닌 존재였다. 성장 구간에 함께한 개의 은유들과 더불어 인간으로서 자아도 성장한 점을 부인하지 못한다. 그 은유를 해석하고 이해하는 만큼 개와 다르게 인간으로 성장했다는 자기 신뢰가 우리에게는 있다. 인간에 비하여 결핍인 개가 인간을 비추는 거울이 되어주면서 동물 타자를 사유하는 연한이 오래된 만큼이나 동물 억압의 역사도 길다.

  최근 시의 동물과 인간의 관계에는 '함께 살기'의 기대가 담겨 있다. 야생을 길들이며 살아오는 동안 피억압자였던 동물 타자를 반려의 관계로 재사유한다. 동물 타자에 대한 우리의 지배 감정이 여전하고, 개의 삶도 같은 비중으로 실재할 때 인간과 개는 서로 응시의 주체가 된다. 인간을 바라보는 개의 눈에 영성이 깃든 이야기인 『눈먼 자들의 도시』를 쓴 포르투갈의 작가 주제 사라마구(Jose' Saramag, 1922~2010)도, "나한테 고양이 마이는 인간이나 다를 바 없다. 내가 마음 깊이 애착을 가진 인간, 우리 눈 아래 고통받는 모든 존재가 인간이다"라고 쓴 프랑스 작가 로맹 가리(Romain Gary, 1914~1980)도 인간의 고통 어린 모습과 영성을 가진 동물 타자의 고통이 공평하다고 쓴다.[1] 최근의 시에서도 동물이 느끼는 감정이 인간의 그것과 크게 다르지

---

[1] 로맹 가리, 『흰 개』, 백선희 역, 마음산책, 2012, 264쪽.

않다면서 인간과 동물 타자의 정동을 이야기한다.

여기에 이르기까지 시인들은 이 점을 절감했을 터다. 인간의 의식에서 타자성에 대한 지배 욕구가 좀처럼 소멸하지 않음을. 인간의 권력이 생명을 제한하는 대상에 인간만 있는 것은 아님을. 자연에 대한 인간 권력의 방종을 일깨우는 한스 요나스의 이 문장을 보아두기로 한다. "만약 그렇다면, 윤리의 토대에 있어서 적지 않은 사고의 전환이 요청된다."[2]에서 윤리를 묻게 하는 대상은 비인간 존재자다. '윤리의 나침반'이라는 것이 있다면 그것이 '미리 사유된 위험 자체'[3]를 뜻하는 것임을 시사한다. 아울러 그는 그간에 방종했던 인간이 부디 어떤 공포를 앞당겨 사유하기를 바란다. 자연을 해체하여 문명을 세우며 과학기술의 진보를 누려오는 동안 미래까지도 앞당겨 소비해버린 무책임한 인간에게 말이 없는 비인간 존재가 비로소 보이기 시작한다.

인간중심주의는 칸트 이후 인간의 직관·사유·이해의 방식 등을 타당하게 여기고 중시하는 인식론이다. 인간 외 종과의 분류 법칙에 따라 인간종의 우세를 믿게 하는 인간중심의 환원론이다. 생명 중심의 생태적 사유는 이와 다르다. 우리의 앎에 선행하는 것이 비인간 존재자들과 맺는 관계라는 점을 바탕으로 우리가 무엇을 해야 하고, 무엇을 해서는 안 되는지를 질문한다. 다시 말하자면 수행성을 중시한다. 상반되어 보이지만 인간에게서 출발하여 생태 전반으로 확장했다가 다시 인간으로 회귀한다는 점에서 양방향의 사유는 극복의 대상이면서 동시에 문제 해결의 단서가 되어준다. 비인간은 언제나 인간을 위하여 있어줘야 하는 존재였지, 비인간을 위하여 인간이 필요한 것은 아니라고 우리는 생각해왔다. 사고의 전환이 일어나야 하는

---

[2] 한스 요나스, 『책임의 원칙 : 기술 시대의 생태학적 윤리』, 이진우 역, 서광사, 1994, 36쪽.
[3] 위의 책, 6쪽.

지점은 바로 이곳이다.

전통적인 인간 중심 사유에서 가동하는 윤리는 일관되게 인간을 위한 것이었다. 사정이 이렇다 보니 자연과 문명, 인간과 비인간의 관계를 전지구적으로 사유하거나 미래 인류의 생존 조건을 앞질러 전망하지는 못했다. 후세대가 누려야 할 가치마저 성급히 사유화한 탓에 자연마저 총량이 급속히 소진되는 사태를 맞게 되었다. 생명 중심 사유에서는 인간과 비인간이 대등하게 생명 윤리의 상호 교환 대상이다. 비인간 주체를 우리의 편의에 따라 마음껏 이용하거나 조작하는 대상으로 보았으나 심대한 착각이었다. 시인도 언제나 유정물과 무정물 모두를 생명 윤리의 주체로 대한다. 윤리의 나침반을 인간 쪽으로 고정해놓고 절대적 지위를 공고히 하거나 책임의 대상을 망각하지는 않는다.

1. 함께 살기의 윤리

변화를 눈치채지 못하는 사이에 거리 풍경이 상당히 달라졌다. 산책로에서 만나는 비둘기들은 사람이 다가가도 피하지 않고 제 할 일에 골몰한다. 도나 해러웨이(Donna J. Haraway, 1944~)가 인간과의 사이에서 트러블을 일으키는 조류로 지목한 이 새[4]가 인간의 영역으로 들어온 때는, 기록물을 기준으로 보면 창세기의 홍수가 그친 뒤부터다. 목덜미에 줄이 감긴 채 주인을 앞서가는 개도 행인에게 달려들거나 짖어대지 않는다. 인간과 동물의 상호 길들임 과정에 놓인 대표 종이 비둘기와 개가 아닐까. 최근의 거리 풍경을 보면 그 누구도 이 동물 타자들에게 돌멩이를 던져 자리를 박탈하거나, 소

---

[4] 도나 해러웨이, 『트러블과 함께하기 : 자식이 아니라 친척을 만들자』, 최유미 역, 마농지, 2021, 32쪽.

리를 지르지 않는다. 인간의 음식을 던져주면서 저들의 야생을 침해하지 않으므로 저들도 위협적이거나 공격성을 띨 명분은 없어 보인다. 그래서인지 최근 인간의 마을은 양자 간 트러블이 없이 모두가 함께 살아가는 생명 공동체가 된 듯 보인다. 시는 어떤가. 개의 생명에 관여하는 인간, 인간의 감정을 움직이는 개에 관하여 쓴 시들은 한층 진전된 사유를 보인다.

    너의 웃음을 사용할 때마다
    추가비용을 지불할게
    기다렸다는 듯이 걷는다
    헐렁한 바지에 페인트 붓을 손에 쥔 톰
    지나가는 자리마다 새까매진다
    뒤돌아보는 혓바닥 번쩍 들린 손바닥
    데굴거리는 눈동자도
    증발한다
    북극해를 건너려 심장을 버리고
    불 속에 가부좌를 튼다
    개가 먼저 식사하기 전엔 수저를 들지 말며
    산책 중일 때엔 앞지르지 말고
    몸가짐을 낮추어야 한다
    톰의 이빨 사이로 눈부신 빛이 쏟아져 나온다
    기다렸다는 듯이 걷는다
    고장난 브레이크로
    이렇게라도 반항한다
    행방불명된 톰에게 가는 길
    교대할 시간이야
    노동의 고단함을 놀이로 기만하자 기다렸다는 듯이 걷는다
    디저트의 디저트
    블랙선데 아이스크림의 토핑
    종이 스푼 두 개

> 톰톰톰 톰톰톰
> 이건 먹고 가야지 맨 밑바닥까지 제대로 먹어야지
> 블랙 화이트 사이 층층 브라운 앤 핑크
> 우리의 지옥을 다시 한입
>
> — 김바다, 「실종」 전문(『백조』, 2025년 상반기)

타자의 웃음을 사용가치나 교환가치로 환산할 수 있는가. 물론 있다. 감정노동의 주체에게 지불하는 재화에는 상대방의 웃음 값이 서비스 명목으로 포함된다. 위의 시에서 "너의 웃음을 사용할 때마다"라고 쓴 부분이 그 증거다. 화자도 상대의 웃음에 걸맞은 가치를 지불했다고 생각하는 듯하다. 거품이 잔뜩 낀 교환가치로 그 웃음을 거래하지는 않았다는 의미다. 그렇다면 둘의 관계를 매우 건강하고 견실하다고 해야 하지 않을까. 그런데도 이 시는 자꾸만 석연찮은 기분을 몰아온다. 그 타자가 동물인데다 실종되었기 때문이다. 화자는 이전부터 줄곧 그 개에게 웃어주는 일을 업으로 알아왔다.

이 이야기에서 개-인간의 관계는 인간-인간의 그것처럼 자연스럽다. 그러나 이것이 인간만 지각하는 자연스러움이라는 점에 맹점이 있다. "아이스크림"과 "종이 스푼 두 개"라는 기표에서 번연히 보이는 것은 인간을 위한 간식, 인간을 위한 휴식, 그리고 그 틈새에 개를 위한 호사인 것처럼 끼워 넣고자 하는 인간의 욕구가 어른거린다. 개에게 자신을 낮추어 예의를 다 갖췄고, "개가 먼저 식사하기 전엔 수저를 들지 말며/ 산책 중일 때엔 앞지르지"도 않는다며 인간의 준칙을 말하지만 개는 번번이 화자와의 행보에 엇박자를 놓는다. 하여 개와 함께 걷는 일에 발생하는 노동의 강도와 비용이 만만찮아 보인다. 개가 "기다렸다는 듯이 걷는" 일이 화자의 태도에 따라 결정되는데, 심지어 개와 함께하는 일을 "노동"이 아닌 "놀이"로 바꾸어 즐겨야만 개가 발걸음을 떼어놓는다. 이는 번번이 "추가비용을 지불"해야 하는 일, 마음과 행위의 "기만"이 필요한 노동, 급기야 지옥처럼 여겨지는 관계에도 불구하고 같이 걷는 일을 도모하는 이상한 거래 방식이다.

시 현실에서 억압 체제는 이렇게 작동한다. 우선은 마음에 앞서 비용부터 치르면서 개를 대한다. '톰'이라는 이름의 어린아이에게 정성을 다하는 듯한 모습이지만 이는 개의 이름이며, 마음보다 정작 앞서는 것이 비용 치르기이다. 급기야 톰이 사라져버린 광경에서 읽히는 것은, 화자가 개에게 거는 인간성에 대한 집착이다. 인간의 음식인 아이스크림이 담긴 용기를 밑바닥까지 핥아먹어주기를 바라지만 그것을 거부한 개가 실종—이 행위를 인간에 빗대면 '가출'이다—된다. 동물이 인간의 통제를 벗어나는 돌발 상황 때문에 양자 간 관계가 무너지고 말았던 것. 이렇게 볼 때 통제 불능의 타자적 속성은 인간만의 특성이 아니다.

이 시는 인간성과 동물성 사이에 경계가 있다면 섭생의 문제가 아니겠느냐는 질문을 이끌어낸다. 그것은 매우 실제적인 경계여서 결코 허구일 수가 없다. 화자가 지불하는 비용과 노동의 강도가 개의 동물성을 위한 것이었을 때 개는 기다리기라도 한 듯이 화자의 동반자로서 산책을 이어간다. 그러나 인간의 음식을 남기지 말고 핥아먹어야 하는 상황에서 급기야 실종을 택한 톰은 인간과 동물 사이에 엄연히 경계를 두어 동물성으로 환원한다. 톰에게 결핍인 것은 인간성이 아니며, 화자에게 부족한 것도 동물성은 아니다. 상대의 결핍을 채워줄 수 없는 인간과 동물은 상호 타자로서의 지위를 지닐 수밖에 없다. 그 와중에 화자는 현실이 "우리의 지옥"이라 할지라도 함께 살아가는 일에 관하여 말을 하고, 상대를 비루하고 비천하고 가난한 동물로 격하하지는 않는다. 인간에 준하여 결핍된 동물이 아니라, 인간이 배려하고, 예의를 갖추고, 낮아지기의 윤리를 실천하는 반려로서의 의미가 그에게는 더 소중하다.

'동물'이라는 표기의 폭력적 방식을 비판한 데리다(Jacques Derrida, 1930~2004)의 사유에 기대어 이 같은 혼란을 직시해보자. 그는 독특한 개별성을 지닌 비인간 존재를 하나의 단위로 뭉뚱그려 '동물'로 지칭하는 폭력적 방식에 반감을 드러낸다. 이를 대체하는 용어로 '동물성'을 제안한다. 하나의 특성으로 통합되어 개별성을 인정받지도 존중받지도 못하는 동물을 '동물 타자'로 바꿔 부른 것도 같은 맥락이다. 대체 언어로 아니모(animot)라는 신조어도 제시한다. 이는 동물(animal)과 단어(mot)를 결합한 말이다. '동물'로 통합되어 개체의 특성이 상실되지는 않도록 '동물이라는 말'[5]에는… 이라고 전제할 수 있게 배려한다. 이토록 세심한 동물 타자에 관한 말하기에서 비인간의 존재적 지위는 인간 이하의 것이 아니다. 위의 시에서 화자는 톰의 실종을 계기로 동물과 함께 살아가는 인간의 윤리를 톰의 개별적 동물성을 바탕으로 재사유하게 되지 않았을까.

또 다른 시 「올바른 생활」에도 개를 잃은 사람이 등장한다. 개와 함께 있는 풍경을 "가족의 형상"이라 여기며 화폭에 담고 있던 참에 그에게 꼬리를 밟힌 개가 집을 나가버리고, 가족 범주는 와해한다. 이 시는 화자-개-친척의 관계에서 트러블이 어떻게 발생하는지, 동물과 인간 간 경계를 만드는 정동을 제한할 수 있을지를 생각게 한다. "친척"과 화자의 움직임을 따라가 보면, 개를 가족으로 여기는 화자는 이상하게도 개를 찾는 일에 소극적이고, 친척이 더 적극적이다. 심지어 화자는 개가 "아주 먼 곳으로 달아났길" 바란다. 왜 그런가.

"저 호수를 봐. 흐미가 빠져 죽기 딱 좋아 보여."

친척과 잃어버린 개를 찾고 있을 때였다. 동네를 열 바퀴쯤 돌았지만 흔적조차 찾을 수 없었다. 흐미는 쓰다듬으면 옅어지는 콧잔등을 가지고 있는 개. 앞발을 기울여 발등을 짓누르는 개. 조금씩 사물을 닮아 갔던. 우리는 매일매

---

5 임은제, 『데리다의 동물 타자』, ㈜그린비출판사, 2014(초판 2쇄), 22쪽.

일 원반던지기를 함께했다. 흐미가 사라질까 봐 제대로 칭찬해 준 적은 없다. 대신에 증오를 알려 주었으니 후회하지 않는다. 너는 알아들을 수 있을 거야. 꼭 이해해야만 하는 거야. 어설프게 설명해 주었지. 미움과 그것을 알아야 하는 이유에 대해. 그 이유를 가르쳐 주는 이유에 대해서도. 찬장을 열어 흐미를 위한 과자를 꺼내 주며

"인간과 산다고 해서 인간적인 마음을 가지면 안 돼."

충고하다가 과자가 담긴 병을 깨뜨리고 말았다. 금세 개미 떼가 몰려 부스러기를 옮겨 갔다.

영리한 흐미는 테라스에 꼬리를 말고 앉아 있다가 문득 이곳을 뛰쳐나갔다.

…(중략)…

잡으러 가자. 아직 멀리 도망치지 않았을 거야.

흐미는 아마 미움이 무엇인지 깨달은 게 분명하다.
그러니까 나는 흐미가 아주 먼 곳으로 달아났길 빌었다.

지구 반대편의 어느 성당에서. 스테인드글라스를 통과하며 제각기 쪼개지는 빛 아래 누워 있기를 바랐다. 불가사의하더라도 틀리지 않는 예감이 있다. 있기를 바란다. 개는 오직 개의 마음만을 가질 것. 어느새 나의 친척은 호수에 빠져 허우적거리고 있다.

모두 대낮의 일이었다.
— 이영은, 「올바른 생활」 부분(『시산맥』, 2025년 여름)

앞당겨진 미래를 보는 듯한 시다. "기계로 된 심장"을 장착한 동물-기계와 한가족이 된 경험을 이야기한다. 정체성의 무게를 기계 쪽으로 두면 "사

물을 닮아"가면서도 아주 영리한 존재. 동물 쪽으로 두면 "오직 개의 마음을 가"져야 하는 존재가 그 대상이다. 시 현실에는 개를 훈육할 때 해야 할 일과 하지 말아야 할 일이 있다. 앞은, 미움과 증오가 어떤 감정인지를 알려주는 것. 뒤는 칭찬이다. 개를 개답게 하는 것은 칭찬이 아니며, 칭찬은 오직 인간을 인간답게 만든다는 믿음 때문일까. 개가 어떠해야 하는지는 다음 문장 "인간과 산다고 해서 인간적인 마음을 가지면 안 돼."에 압축되어 있다. 화자는 개에게 미움을 가르쳐 야성을 유지할 수 있도록 충고와 훈육을 이어간다. 그럴수록 개는 "조금씩 사물을 닮아"가면서도 점점 영리해진다. 하지만 화자가 칭찬을 물리고 미움을 가르쳤더니 이 영리한 개가 "미움이 무엇인지 깨달은 게 분명하다"고 토로한다.

이는 결국 칭찬이 결핍된 개가 집을 뛰쳐나가버린 이야기다. 미움은 개와 인간 사이에서 의당 일어날 수 있는 속일 수 없는 감정이다. 개가 미움을 갖게 된 이유에 인간 타자가 있는 것만큼의 비중으로 화자에게는 동물과 달라야 한다는 자아가 있다. 가족 간에 트러블 없이 지내고자 하는 포부는 가족 구도가 인간-인간일 때도 성립하기 어렵다. 그래서일까. 화자가 '친척'이라 부르는 사람이 더 적극적으로 개의 행방을 좇는다. 그는 개를 길들이거나 각별히 책임감을 지닌 '가족' 범주에 있지 않다. 양가감정을 품고 개가 돌아오기를(/돌아오지 말기를) 바라는 가족과 달리, 친척은 개를 생명 공동체의 일원으로 대하고 있기에 적극적으로 개를 찾아 나선다.

도나 해러웨이가 비인간 타자와 친척(kin)을 만들자고 제안했을 때 이것은 "온갖 사람이 최선을 다해 길들이려고 하는 야생의 범주"에서의 발화다. 여기에 더하여 기이한 친척(oddkin) 만들기는 혈통이나 생물학과도, 인간이 실제로 책임지는 일과도 무관[6]하다. 그가 트러블의 어원으로 불러일으킴·방

6 도나 해러웨이, 앞의 책, 9~10쪽.

해·애매함 등을 들면서 현대의 혼란을 말할 때도 비인간 타자와의 친척되기는 혼란의 와중에도 함께 살아가야 하는 윤리의 일환임을 뜻한다.

시 현실에서 동물-기계를 길들이려는 인간의 시도가 반복될수록 개는 학습에 의해 점점 영리해진다. 인간이 인간 타자에게 품는 감정처럼 이 동물-기계도 인간에게 같은 감정을 품는다. 개의 감정도 기계장치에서 풀려나오는 것이 아니라 인간처럼 자신의 생명을 두르고 나타난다. 인간의 마음을 가져선 안 된다는 계율은 어디까지나 인간이 쳐놓은 구분일 뿐이다. 동물-기계도 인간 같은 마음과 감정을 자신의 생명에 들이고 살아간다. 우리도 가끔 자신이 실종되는 꿈을 꾸지 않던가. 시 현실에서의 개처럼 말이다.

2. 동그란 것을 보면 굽고 싶어진다

'동물'이라는 기표에는 인간 이성의 탁월성에 따른 분류 기준이 내재한다. 앞서도 썼지만 이에 반하는 '동물이라는 말'은, 동물을 인간 이하의 결핍된 존재로 보고 비하하는 현상에 대한 반작용의 고안물이다. 동물을 동물이라 직설하지 않고 그 본질을 규정하는 말의 쓸모를 문제삼은 또 다른 말이다. 식물학자 린네(Carl von Linné, 1707~1778)의 분류법은 인간 중심으로 기울어 있다. 이에 따라 인간으로 확정된 존재는 반드시 동물이 아니어야 한다. 같은 맥락에서 식물은 동물과 달리 움직일 수 없는 생명체를 이른다. 인간 중심 사유에서는 유독 인간에게만 자아가 있다고 보고, 동물과 식물의 본성을 원초적 번식력의 범주에 둔다. 그래서 번성하는 동·식물의 세계를 끝도 없이 포식할 수 있는 인간은 식욕을 제어할 필요를 알지 못한다.

다음 시에는 동그라미들이 만든 동심원이 여럿 겹쳐 있다. 동그란 것만 보면 고기를 굽고 싶은 사람, 음식을 데워먹고 싶은 사람, 자동차를 생각하는 사람, 식탁에 둘러앉아 환한 표정으로 음식을 먹는 사람들이 있다. 프라이팬과 전자레인지가 동심원을 만들면서 이 인공물 바깥의 세계인 자연을 밀어 올린다. 자동차까지도 사람들이 한 식탁에 둘러앉을 수 있도록 동그란 바퀴를 쉴새 없이 굴린다. 이 세계에 "자연"과 "생명"을 역으로 상기시키지 않는 동그라미가 없어 보일 정도다.

　　　동그라미는 자동차가 된다 검은 프라이펜 위에서 깨지는 계란처럼
　　　멈춰서, 주차장이 된다 전자레인지에서 데워지는 흰 밥처럼
　　　모여서, 집이 되는 귀가의 끝에서

　　　우리는 만나고, 식탁에 앉아 밥을 먹는다
　　　그것이 자연이라는 걸 잊고서
　　　불을 밝힌다 그것이 이파리라는 것을 잊고서, 어둠은 기둥처럼 서서 나무
　　가 되어간다
　　　숲이 되어간다 천천히

　　　우리는 울창해져서

　　　입술은 어느새 동그라미에 도착한다 둥근접시가 싣고 온 허기에
　　　몸은 제자리에서 자신에게 도착한다 식탁이라는 들판에
　　　환하게, 어둠 속에 파놓은 빛의 동굴에

　　　먹고 있는 생명에

　　　도착해, 고백한다 한 번도 포기하지 않았던 몸에 대해 하루도 멈추지 않았
　　던 마음에 대해

　　　한시도 죽지 않았던 우리는,

　　　바닥에서 익어가는 검은 프라이팬의 밤에
　　　돌면서 데워지는 전자레인지의 밤에

집을 허물고 주차장을 지우고 아득한 해와 달의 회전 속으로, 자동차를 보내고
닭 이전의 저녁과 수풀 이전의 식탁에

도착한다, 사라진 조상의 몸에
— 신용목, 「울창한 밤」 전문(『시산맥』, 2025년 여름)

  몇 개의 동심원이 겹치고 번지면서 파장을 만드는 듯한 장면이다. 죽은 생명체의 상위 포식자인 인간을 초점화하여, 자연이 '생명'이라는 사실을 잊을수록 문명인인 자신의 몸을 "포기하지 않"을 수 있고, "한시도 죽지 않"을 수 있다고 쓴다. 이 시도 그렇지만 대부분의 시에서 죽은 신체와 관련한 묘사는 생략된다. 식탁에 올리려고 절단된 닭고기의 살 같은 그것을 재현하는 일이 고통스러울 뿐만 아니라 죽음의 재현은 끝내 죽음일 수밖에 없어서다. 그러므로 죽음을 숨기면 고통도 많은 부분이 문맥 속으로 숨어버린다. 하지만 그것은 눈속임의 기술(skill)이 만든 경감된 고통일 뿐. 시인이 마음으로 기술(description)한 고통은 이것이 사라지기를 바라며 쓰는 것이 결코 아니다.
  우리가 입으로 누리는 미감과 생명체로서의 활력은 비인간 주체의 생명에 근거를 둔다. 이 시에서처럼 동그라미 형상들이 끝없이 파장을 만들면서 포식자인 우리의 입맛을 자극하고 허기를 들쑤신다. 인간이 만든 원형의 인공 주조물에서 동·식물의 고통이 번지는 얼룩부터 감지할 수 있다면 우리는 "닭 이전의 저녁과 수풀 이전의 식탁에", 나아가 "사라진 조상의 몸에" 잘 도착할 수 있을까. 집도, 주차장도, 자동차도, 닭도, 수풀도 기원의 시간으로 돌려보낼 수나 있는 것일까. 그러고 나면 휑하니 빈 저녁의 식탁 앞에 모이는 우리의 허기진 시간을 무엇으로 채울 것인가. 기원으로의 복귀가 이뤄진다면 우리의 식탁은 "울창한 밤"을 맞지 못하고 황량하기만 할 테니 말이다. 동그란 식탁 위에 펼쳐지는 풍요로움은 언제나 비인간 생명체의 죽음

으로 마련된 것이었다.

이 시의 화자는 비애를 감춰 두고 담담하게 말한다. 인간과 비인간 간 트러블이 없다 해서 후자의 고통이 소거된 것은 아니다. 인간의 제작물인 동그라미 형상과 관계를 맺은 생명체들은 인간과 어떤 트러블도 없이 일방적 관계 안에서 미움도 사랑도 없이 죽어간다. 반면에 번성하는 자연에는 비인간 존재들이 북적거린다. 인간과의 사이에 끊임없이 트러블이 일어나야만 자연은 건강을 유지한다. 식물도 예외 없이 가장 낮은 자리에서 생명의 파장을 만들고 있다. 그런데 아래 시에서 "작물"은 인간의 영역에서 관리된다. 이 식물은 정작 있어야 할 야생의 자리를 잃은 지 오래다.

3. 초록을 보면 나누어주고 싶어진다

그 사람은 떠나면서
농사를 지으러 간다고 했습니다

그런데 어째서 깻잎일까
감자도 아니고 깻잎이라니
그렇게 가벼워도 되는 것일까

밭을 갈아 이랑을 만들고
잎들깨를 심고
줄기가 자라서 잎이 나면 쉬는 날도 없이
자라나는 잎을 따고 하염없이 따고
한 장 한 장 차곡차곡 모아
화폐처럼 끈을 두르면서

이곳은 들깨밭이 아니고
잎의 밭이다

선언을 하며
어느 날 횡단보도에 서 있는데
당신이 다가와
깻잎을 잔뜩 안겨준 채 사라져 버리고
갑자기 그 많은 잎을 받아 든 사람은
떨어질까 봐 움직이지도 못하고

여러분 제발 깻잎 좀 가져가세요
날아갈까 봐 작은 목소리로

당신은 다시 들판으로 가
잎을 키우고 보살피고
내다 팔고
택배로 보내고
아무나 붙잡고 깻잎을 안겨줘버리고

사람들이 깻잎에 양념을 바르다 지쳐
잠을 자러 가면
한밤중의 식탁에서
둥근 초록의 잎사귀들이 잔뜩
솜털을 흔들고 있는 것입니다
작물로 다다른 곳에서

당신은 자기 말을 듣고 있냐고
정말로 떠난다고
　　　　　—남현지, 「당신의 다음 작물」 전문(『시사사』, 2025년 봄)

　어떤 이가 식물의 야생을 일깨우는 남다른 일을 하고 있다. '작물'이라는 기표에는 "깻잎"이 인간의 보살핌을 받는 객체라는 관점이 담겨 있다. 주체인 인간과 객체인 식물의 관계에서 상대를 길들이려면 주체의 주권이 절대적이어야 한다. "당신"과 "잎들깨"의 관계가 그러하다. 화자는 당신이 심어서 가꾼 것을 '작물'이라 부른다. 심겨지고, 길러지고, 팔려나가다 남은 것은 "아무나 붙잡고 깻잎을 안겨줘 버려"는 당신의 처분대로 이 식물의 존재 이유가 결정된다. 인간 주체에게 객체인 식물이 인간의 생명에 기여하는 구조 안에서 깻잎은 작물로 호명되고, 이 모든 일들이 주권자인 인간의 설계와 절차를 따른다.

화자의 다음 질문, "감자도 아니고 깻잎이라니/ 그렇게 가벼워도 되는 것일까"에서 '가벼움'의 현상은 자본과 엮인다. 게다가 당신은 상식선에서는 도무지 이해 불가의 인물이다. 한 장 한 장 손이 많이 가는 것에 비하면 환금작물로서 가치가 형편없는 깻잎을 재배하는 행위자인 것이다. 적어도 세속인으로서 자본 욕망을 구현하는 차원에서의 식물 재배는 아닌 듯하다. 향긋한 깻잎 반찬을 올려놓은 둥근 식탁이 있고, 그 앞에 둘러앉은 사람들의 평화로운 분위기에 일조하는 것이 이토록 가벼운 식물의 잎이다. 식물 존재의 야성을 깨우는 이 시에서 우리가 읽어야 할 행간은 바로 이곳에 있다. 인식론을 넘어 존재론 차원으로 접근할 때 비로소 깻잎의 존재가 깨어나기 시작한다. 인간종에게 작물로 호명되는 와중에도 야생을 잃지 않는 깻잎의 번성, 그리고 자신이 기른 깻잎을 행인에게 안겨주는 저 광경은 깻잎의 의미를 '마음'으로까지 확장한다.

그가 다음 작물을 찾아 이 마을을 떠난다는 점에서 그의 녹색 정치는 예사롭지 않은 반향을 지닌다. 그는 인간의 식탁을 식물성으로 바꿔놓으려는 꿈의 실행자, 깻잎은 그의 손길이 무색하게 야생의 본성을 발산하는 생명의 다른 이름이다. 푸르고 싱싱하고 향긋한 깻잎으로 평정된 세계에 육식성 얼룩 같은 것이 없는 것처럼 다음 장소에서도 그는 생명의 다른 이름들을 키워내지 않을까. 인간의 침탈로 야성을 잃어버린 식물에게 있을 자리를 마련해주고, 야생의 복원이 가능한 "밭"을 일구고자 하는 포부를 지닌 사람. 그는 "정말로 떠난다"는 말로 녹색 유포자의 정체성을 표명한다.

그러니까 인간은 언제나 비인간 타자에 의한 존재자였다. 타생명을 침탈하여 먹을거리로 삼고, 이 생명체들에게서 얻은 에너지로 생체 시계를 작동시키며 생명 연장의 시간을 벌어들인다. 최근의 시를 보면, 동식물의 세계가 온전히 인간 주도로만 구성되지는 않는다. 동물과 인간 간 이심전심이 가능하다면 여하한 감정이 인간만의 전유물일 수는 없을 테다. 식탁이 풍성해지는 시간에 더욱 깊어지는 인간의 정담도 비인간 생명체의 시간을 가로채서 얻은 것이다. 인간을 주체로 확정하고 비인간 생명체를 타자로 배제하는 세계에서는 보지 못하는 시인들의 내면 풍경을 만나보았다. 너나없이 평평한 지위를 지닌 생명체의 현재적 삶이 시인의 마음에 펼쳐져 있다. 모두가 인간처럼 아프고, 애착하고, 미워하고, 칭찬을 듣고 싶어 하는 마음을 지닌 생명체들. 그 이름은 '생명 공동체'다.

(2025.6.5)

생각을 낳는 다족류
— 유계영

  유계영 시인은 소리를 들으면서 또 다른 세계를 보는 다중 감각을 지녔다. 그가 몇 개의 이미지에 시달린다면서 딱따구리가 무수히 구멍을 뚫어놓은 외벽을 말할 때 어느 소설[1]이 떠올랐다. 딱 딱 딱 딱…… 외벽에 구멍을 내는 그 소리에 민감해진 감각은 글쓰기에 물질성이 틈입하면서 생각이 교란되는 점을 환기한다. "여백을 띄워 놓은 모니터를 쓰러뜨리기 위해" 실재와 무의식의 접경에 구멍을 내는 그 소리. 이것은 시인이 모니터 앞에 앉아 자판을 두드릴 때 수시로 난입하는 이미지의 방해를 뚫고 톡 톡 톡 톡…… 글자를 찍어낼 때의 소리와 유사하다. 유계영은 의식(생각)을 쪼아대는 온갖 이미지들로부터 도망치면서 시언어를 흩뿌린다. 이미지가 압도하는 세계를 깨고 나오면서 생각하는 일과 몸의 움직임을 분리하기 어려운 말을 구사한다.

  저 문장은 모니터의 여백을 응시하는 시인의 이미지를 선연히 밀어 올린다. 글쓰기 주체라면 자동적으로 자화상을 떠올릴 수 있을 만큼, 워드프로세서의 자판을 두드려 글자를 찍어낼 때 난입하는 이미지들은 "딱따구리가 감춰둔 도토리들의 융단폭격"[2]과도 같다. 그 와중에 유계영의 언어는 살아

---

[1] 백민석, 『헤이, 우리 소풍 간다』.
[2] 유계영, 「뿔뿔이 말하기」, 『현대시』, 2023.5, 85쪽.

남아 '시'가 되었다. 이런 점이 1990년대 전후 PC문학 세대로 불린 일군의 시인들과 상상력을 교환하는 것처럼 보이고, 그 이후 줄곧 변주되어온 PC문학의 변형물로 보이기도 한다. 첨단 문명이 쏟아내는 이미지들의 파상 공격 속에서는 올곧은 정신도 고정된 주체도 실종된다. 현대가 부산스러운 특성을 보이는 만큼 여기에 속한 현대인의 행동도 역시 그러하다. 그 자리에서 첫 기원으로 등장한 것은 산만한 분열체들의 움직임이다.

  2010년대 시들의 지리멸렬과 거리를 두고 급기야 산만해진 유계영의 활기찬 언어는 심지어 방향 상실의 언어처럼 보일 때가 있다. 의식 바깥의 현실 무대에서 상연되는 인물의 행동에서 보이는 연극성은 그의 시에서 형식과 내용을 분리할 수 없다는 인식을 안긴다. 말과 몸을 분리할 수 없다는 것이 유계영 시의 미학이자 그의 시를 대할 때의 독법일 수 있겠다. 이 세계가 부단히 움직인다는 감각으로부터 출발한 시인은 시언어도 인간의 행위 동작처럼 변화 일로에 놓여 있다고 본다. 시인은 생각이 생각을 낳는 과정의 파편적 이미지 배치로 번번이 낯선 세계를 그려나간다. 이미지의 공세를 벗어나려 하면서 언어가 의미화에 도달하기 전에 기표를 벗어나므로 주체도 의미 모를 행동을 하는 것처럼 보인다. 타자를 감옥으로 알아온 '나'야말로 타자의 타자임을 일깨우는, 정처 없는 언어들. 영문 모를 행위로 관계 형성을 방해하는 듯한 타자가 결국 '나'로 환원하는 이 현장에서 유계영의 시는 태어난다.

  첫 시집에서부터 시인은 부단히 태어나면서 오늘을 사는 주체를 그렸다. 갱신의 하루가 반복 도래하므로 내일은 단지 손이 닿지 않는 부위의 "가려움을 견디는 재미"(「생일 카드 받겠지」)로 감각된다. "손 닿지 않는 곳의 가려움"은 해소 불능의 욕구여서 다시금 오늘에 틈입하여 주체를 분열시킨다. 한순간 지나가버린 빛 작용만큼이나 금세 낡아가는 언어의 속성이 그의 시에서는 파편화의 양태로 나타난다. 하여 "빛은 어떤 경험을 만나 아주 특별

한 힘을 가지게 된다. …(중략)… 언어보다 강렬한 설득력을 가진 빛"(『꼭대기의 수줍음』, 183쪽)이라고 시인이 말할 때 빛이 비추어내는 만상과 이것이 지닌 물성을 간과할 수 없게 된다. 시인은 일찍이 "사물의 진실에 맞게 표현하려 하면 할수록 그 결과물이 더 이해하기 어려운 것으로 간주"[3]되는 현상을 경험했다. 어느 한 측면만으로는 보아낼 수 없기에 사물은 시시각각 다른 값과 의미로 존재한다.

두 번째 시집부터는 산문 효과를 빌려 의미화를 시도한다. 하지만 공감을 방해하는 이미지의 출현으로 의미는 줄곧 자명하지가 않다. 네 번째 시집에서는 첫 시집에서부터 밀고 온 의식의 문제를 반복과 차이의 화법으로 펼쳐낸다. 이 시집 출간을 기점으로 확연히 달라진 것은 코로나19 팬데믹을 경유하면서 우주 차원에서 생명의 문제를 사유하게 되었다는 점이다. "의식은 다족류"(『파이프』)라는 관념 안에서 주체의 움직임은 여전히 부산스럽지만 이것은 저마다 이유를 지닌 현현 방식이다. 자기만의 생각을 이어가는 시인은 "타인의 모자"를 벗기거나 서로 바꿔 써야 하는데, 이는 온전히 자기화한 언어는 없으며, 자아는 타자의 언어로 구성된다는 점을 시사한다. "동문서답"과 "동분서주"(「시」, 『지금부터는 나의 입장』), 입구도 출구도 분명치 않은 가운데 양방향의 통행이 가능한 토끼 굴처럼 어디로든 탈주할 수 있다는 가능성으로 존재하는 시. 이것이 유계영의 시다.

1. 고요하거나 소란스러운 이 세계에 귀를 기울이는 일

유계영은 아이처럼 순정하고 투명한 언어("양손을 공손히 모으고 "주세요" 하

---

[3] 테오도르 W. 아도르노, 『미니마 모랄리아』, 김유동 역, 도서출판 길, 2021(제1판 제2쇄), 138쪽.

고 말할 것. 누구에게? 어린이에게.")로 시를 쓴다. 미문(美文)도 미문(未文)도 아니지만 우리가 아직 들어보지 못한[未聞] 말로, 시시각각 변하는 세계를 현상적으로 보아내는 능동적인 '하기'의 주체다. 이 세계가 움직인다는 인식에 기반하여 자신이 밟고 선 땅이 멈춰선 적이 없다고 생각하므로 그의 움직임도 활기가 넘친다. 「시」라는 제목의 시론에서 시인의 생각은 널려 있는 언어들을 잘 가려내는("손가락으로 쓸어 담을 것") 작업과 동시에 일어난다. 시시각각 새로운 세계를 여는 이미지에 따라 생각도 변모하므로 이것을 온전히 문자로 붙잡아둘 수는 없다. 그가 부스럭대는 것처럼 보이는 이유도 여기에 있다.

> 미간과 콧등에 모인 생각이 많아서죠 앞으로 고꾸라질 듯 걷는 이유를
> 말하지 못했습니다 선생님도 그렇죠?
> 두루마리 문서처럼 안쪽에 쥔
> 말을 놓아주기 위해 언제나 투쟁 중이죠?
>
> 그러니까 놓아준다는 것, 말입니다
> 나는 이미지를 떠올리고 이미지를 받아들일 수 있을 때까지 기다립니다
> 죽은 채로 태어난 송아지의 붉은 핏기가 검게 마를 때까지 기다려주는 일처럼 말입니다
>
> 침대 위로 쓰러지기 전에
> 삽날을 세우고 발로 콱콱 밟는 이미지가 먼저 옵니다
> 어둑한 구덩이 안쪽에 발가락이 하나씩 착륙하는 이미지는 그다음
>
> 한 끼 식사 앞에서는
> 동물을 돌로 내리쳐 따뜻한 숨을 거두어 가는 손의 이미지로부터 시작합니다
> 이미지가 받아들여지지 않으면 기다리기
> 굶주림에 무릎이 꺾일 때까지요
>
> ─「요가원에서」 부분

동물성인 인간이 식물을 미메시스하는 장면이다. 당연하지만 식물-되기의 실패가 인간의 동물성에 연유하고, 중력의 불가항력도 인간의 식물-되기를 방해한다. 두 눈이 달린 방향, 즉 전면을 향해 가는 보행자가 "앞으로 고꾸라질 듯 걷는" 모습, 고개 숙여 일을 하는 습성이 몸에 밴 자의 어깨가 "안쪽으로 말"려 있는 자세에도 막강한 중력이 간섭한다. 이것이 육식종인 인간의 자세라는 점은 의심의 여지가 없다. 그렇지만 비육식자의 체질과 자세를 갖고 싶어 하는 '나'는 '나무'가 되어보라는 요가원 선생의 가르침을 따라 나무의 자세를 베끼는 일에 열중한다. 하지만 이는 애초에 동물이 식물의 자세를 만들어가는 일의 불가능성을 실행하는 것과 같다. 선생은 신체를 나무에 비유하면서 하체가 지탱해주는 힘 위로 상체의 유연성이 가능하다("뿌리는 단단히 박혀 있고 나뭇가지는 멀리 간다")고 말하지만 '나'는 "엉금엉금 기어다"닐 뿐이다.

더 한 것은 선생의 자세를 따라 하면서도 좀처럼 딴생각이 떠나지 않는 데 있다. 행위에 앞서 이미지가 먼저 '나'의 의식에 걸려온다. 잠을 자려고 침대에 눕기도 전에 어떤 생명체의 매장 순간이 이미지로 걸려오고, 동물을 살육하는 "손의 이미지"가 식사를 앞둔 시점에 생각을 압도한다. 그런데도 그는 동물의 피 냄새를 떠올리며 삶을 이야기하고, 정신 활동도 이어간다. 타 생명체를 살육하여 에너지원으로 써온 육식종은 제아무리 요가 훈련을 강화하더라도 식물성 신체로서는 불능을 앓아야 한다. 나무가 되어보라고 주입하는 선생과 나의 행동에 일치점이 조성되지 않는 건 그런 이유다.

생각과 말이 행동에 앞서는 것은 선생도 예외가 아니다. "말을 놓아주기 위해 언제나 투쟁 중"이지만 말이 말(horse)처럼 그를 끌고 다니며 행동을 앞선다. 그러니까 그는 행동에 앞서 말로 요가 동작을 가르치는 사람이다. 생각 공장이 가동을 멈춘 적이 없어서 인간의 "미간과 콧등"에 잡힌 주름도

펴질 날이 없다. 이는 생각하는 인간의 표지이기도 하므로 생각하는 주체에 부합하는 이미지이기도 하다. 무념무상을 조성하는 일의 불가능성은 곧 말(language)을 놓아주는 일의 불가능성을 뜻한다. 누구든 기계처럼 가동하는 생각 공장에 갇혀 살면서 여기에 숱한 이미지들이 첨부되는 지금은 영상 이미지의 시대다. 책을 "바닥에 활짝 엎어놓"은 그의 생각 속으로 틈입하는 이미지는 책 모양의 "기러기"이며, 초원에서 풀을 뜯어 먹으며 자란 송아지에게 미치는 이미지는 인간의 살기 어린 "손"이다. 인간의 손에 죽어나간 나무의 자세를 흉내 내고, 나무를 죽여 책을 만든 그 손을 생각한다. 하여 그는 아직 남아 있는 송아지의 온기를 만지려는 딴생각과 이미지에서 좀처럼 놓여나지 못한다. 다행히도 그는 "개미"가 기어가는 것처럼 얼굴이 가렵다면서 부끄러움을 아는 인간종이다. 식물의 자세를 연마하는 요가원에서조차 생각도 말도 많아져 "고요가 무엇인지 모르게 되"었으나 두 사람은 여전히 소란스럽게 나무 흉내를 내고 있다.

생각에 사로잡혀 사는 또 다른 인간은 "사물의 소리"에 귀를 기울인다. 왼쪽 귀는 "나무 책상의 고요"(「나의 괴로움을 대신 앓고 있는 리사이클러들에게 헌정함」)를, 오른쪽 귀는 외부로 열어놓은 채 "재활용품 분리배출 날"의 소란을 듣는다. 온갖 사물들 — 비닐·깡통이 부스럭대거나 부딪히는 소리, 동물의 발소리 — 의 소리에 밀착할수록 괴로움이 증폭한다. 밤만 되면 소리의 변화에 민감해지는 그가 양쪽 귀의 어긋난 감각을 통해 우리의 통각을 찌른다. 그의 왼쪽 귀로 들려오는 나무의 고요가 비로소 오른쪽 귀의 극심한 소란에 반하는 어떤 소리로 와닿는다.

왼쪽 귀는 성장의 메타포, 다른 쪽은 성장에 따른 폐기물의 은유다. 메타세쿼이어 우듬지의 화살촉 모양이 이 나무의 키를 가늠하는 척도인 것처럼 그도 "미래 생각"에 잠겨 꿈의 주인공으로 우뚝 성장하기를 기대한다. 그런데 그 촉이 자신을 지목하고 있다는 상상 속에서 양쪽 귀의 청력은 자꾸만

'양심적으로' 엇박자를 놓는다. 한쪽 귀로는 소리 없이 성장하는 나무의 기운을 누리고, 다른 쪽 귀로는 성장의 대가로 폐기물이 쌓여가는 쓰레기의 세계를 자각한다. 외부의 소리가 괴로운 생각을 몰아오고, 이것이 이미지를 밀어 올리면서 연쇄적으로 그의 의식을 학대한다. "멸종한 거대 동물 같은 트럭이" 온갖 소리를 "구겨 싣고 떠나는 소리까지" 듣는 동안 그의 의식은 좀처럼 현실과 분리되지 않는다.

소리가 밀어 올리는 이미지의 리얼리티는 눈으로 보는 것만큼이나 현장감이 있다. 하지만 그것은 들을 수 있는 귀에만 허락된 소리. 누군가에게는 번연히 눈을 뜨고 있어도 보이지 않는 이 세계와 같은 영역이다. 폐기물이라는 명명이 "재활용품"으로 갱신되었다 해서 거대한 트럭이 진입하지 않는 것은 아니다. 그러므로 "마주치지 않으려 새벽 때를 맞췄을 은둔자들"인 연약한 생명체들은 이 밤중에 몸을 사리며 발소리를 죽여야 한다. 저 거대한 포식자가 구겨 싣고 가는 산업화의 폐기물과 격리된 그들의 거처는 '나'처럼 한쪽 귀를 열어놓은 자에게만 상상적으로 허용될 것이다. 괴로움을 대신 앓아준 리사이클러들에게 헌정하는 이 시에서 분리 수거장의 행위자들은 '나'가 생각으로 그칠 법한 일을 몸소 실행한다. 시인은 이렇게 변화의 속도를 눈으로 좇아가는 감각을 잠시 물리고 사물의 소리를 들어볼 것을 제안한다.

2. 어둠 속의 빛은 아름다운 말을 낳지

유계영 시에서 빛의 감각은 한낮을 지나 밤까지 지속한다. 생각이 깊어지는 밤을 지나 한낮에 이르면 사물도 인간도 햇빛 아래 낡아가고 시들어가고 죽어가는 실상의 주역이다. 이 말은 생각도 시들어가고 죽어간다는 말과 다르지 않다. 한낮은 시각 범주에 인간을 가두면서 생각을 탈각시키고, 생각의 회복은 밤이 맡아 하는 일이다. "밤의 고속도로/ 탱크로리"(「은세계」)처럼 쉼 없이 공전하는 태양이 아침에 이르러 어둠을 밀어내지만 모든 사물은 이미 어제와 달라져 있다. 햇빛이 눈을 녹이는 은세계의 한낮처럼 태양 아래 여일하게 새것은 어디에도 존재하지 않는다.

제목을 길게 늘어놓은 시 「늘어놓기, 가로등이 꺼질 때까지 늘어놓기, 완전한 어둠 속에서 늘어놓기……」에서 시인은 누구에게나 안전한 빛을 길게 늘어놓아 본다. 근대의 거리를 밝혔던 와사등처럼 현대의 거리에는 가로등이 어둠 없는 밤을 조성한다. 빛바랜 이 세계의 낮을 지나 밤에 이르면 "가로등이 꺼지는" 아침까지 태양을 대체하는 인공 빛이 가로등이다. 자연광에서 인공 빛으로 바뀐 빛의 능력은 밤중에도 만물을 늘어놓으면서 입증된다. 만물은 지구의 지평에 공평하게 놓인 양태로 드러나고, 시인은 "길이 그렇게" 하는 것이라 말한다. 그러니까 이 길은 누구에게나 항상성을 유지하게 하는 공간이다. "가슴 가죽"이 땅에 닿을 지경이 되도록 바닥에 처한 자를 품어주고, 어둠 속을 걷는 이들을 기꺼이 안아들이며, 그들의 이마에 공평하게 가로등을 달아준다. 머리에서 악취가 나는 짱구가 "거지"인 양 흥청거리며 지나가도, 주정뱅이·고아 노인·겁먹은 선생·폭력배가 "비미"의 화신을 대표한다 해도 이들 모두가 "길이 사랑하는 학생들"이다. 그러니까 길은 불온한 자들의 교사, 심지어 이들이 사랑받는 이유조차 알 수 없게 만드는, 무한히 열린 관용의 공간이다.

"햇빛, 구름, 미래, 슬픔 같은 목록으론 그를 증언할 수 없다는 게" 언제나 큰 문제인 비미의 당사자들이 시의 화자를 웃게 만드는 이 세계에 길은 무심한 듯 놓여 있다. 길은 타자의 삶에 관여하지도 결정권을 갖고 있지도 않다. 그저 열린 공간으로 기능하며, 제각기 다른 행위 동작을 내보이는 행인들이 점차 사라져가는 퍼포먼스의 현장이다. 바라보는 관점에 따라 "자꾸 음악이 발생하"거나 "폭소"를 유발하는 공간이며, 탐미 쪽으로도 비미 쪽으로도 기울지 않는 미감을 발생시키는 장소다. 이는 팝아트 감상자가 현장에서 즐거움을 누릴 때의 감정과 유사한 기분을 자아낸다. 길 위에서 모두가 행위 예술자의 감각을 발휘하는 것처럼 보이는 이 시에서 우리는 그 어떤 폭력의 증후도 결핍도 포착하지 못한다. 우리의 눈이 보아낸 그대로 길의 표면에 놓인 사람들. 시인은 '것이지'의 축약형일 수 있는 '거지'라는 기표를 세 차례나 반복하여 쓰면서 짱구를 거지로 재단하는 시선에 반어적으로 제동을 건다. 그가 "어디서든 원하는 만큼은 잘 지내길" 희구하면서 행인을 함부로 "염려하지 않는" 길의 마음도 읽어낸다. 모두의 안전을 바라는 마음이 그것이다.

이는 아래 시에서 세 인물이 단 하나의 문장을 고민하면서 타자의 행운을 빌어주는 형식과는 상당히 다르다. 범람하는 언어에 되레 맹인이 되어버린 이들의 눈을 뜨게 만드는 건 마지막에 남을 단 하나의 문장이다. 그 문장이 맹인의 눈을 틔울 수 있다고 그들은 믿는다. 하지만 이러한 동맹에서 태어난 말들이 조금도 새롭지 않고 익숙하여 오히려 상식적으로 여겨질 만큼 의외성이 있는 시다.

  바로 옆의 친구는 정면을 가리키며
  "행복하세요!"
  를 남기겠다고 한다

  일전에 편의점에서 마주친 거지에게 들었다고

  거지의 두 눈이 너무 활짝 열려있어
  상점 안의 모든 사람이 동시에 대답했다고
              ―「세 사람」 부분

  잉걸 속에는 불씨가 목구멍 속에는 목젖이, 자연이라면
  슬픔에 대한 시는 자연에서 빠져나와 반대로 걷기 아니냐고. 슬픔은 목구멍

안쪽에서 열점을 기다리는 관악기가 아니라고. 꼭 너에게만 말하려고 했어.
— 「고양이 목에 방울 달기」 부분

앞의 시에서 세 사람의 마지막 문장을 가능케 할 말들은 타자의 행복을 바라고, 말하기보다 듣기를 좋아하고, 타인의 손을 잡아주는 일과 관련한다. 거지의 입에서 튀어나온 '행복'을 편의점의 방문객들은 허기증의 표현으로는 듣지 않는다. 그들 모두가 어떤 대답을 동시에 하는 정황으로 미루어 거지의 덕담은 긍정을 이끌어내는 말이다. 행복에서 소외되었을 법한 자에게서 행복에의 허기가 읽히지 않는, 전도된 세계다. 이곳에 있는 "모든 사람"이 거지가 행복을 오용한다고 오해하지 않는 것은, 그가 바라는 것의 실상이 행복 공동체라는 점을 간파했기 때문일지도 모른다.

「고양이 목에 방울 달기」에서 시인은 이와 다른 공동체 의식을 해부한다. 모두의 안전을 위하여 그 일원 중 하나는 위험을 감수해야 하는 딜레마 속에서 "고양이 목에 방울 달기"라는 기획은 한낱 선포에 그친다. 공익을 앞세워 개인을 희생하는 공리주의 기획은 그 누구에게서도 긍정적인 답변을 끌어내지 못한다. 강고한 공리주의 강령은 다만 "얇고 투명한 발음… 아니"라는 부정어를 생산할 수 있을 뿐이다. '아니지' '아니란 거' '아니!' '아니냐고' '아니라고'에 강세를 두고, 심지어 고양이를 '아니'라 부르며 하염없이 사랑해주는 처음이자 끝인 이 부정어들. "자연에서 빠져나와 반대로" 걸으면서 혼자 누리는 "감미로운 바람"의 상쾌함을 아는 자는 저러한 위험을 자처하지 않는다. 일상 문화 속에서 자유를 구가하는 개별자이기를 꾀할 뿐이다.

유계영이 "아름다운 통각(統覺)과 조화와 영원과 귀결을 찾지 않으려"(김수영, 「구슬픈 육체」) 할 때의 어긋난 감정은 이 세계와의 비동일시를 통하여 어떤 지점을 응시하려는 의도가 아닐까. 자연 공동체는 통일된 감각으로 조화로움을 꾀하며 공동체의 안녕이 영원토록 지속하기를 바라지만 그곳으로부터 도망치는 문명사회의 일원은 목적적 질서와 획일화를 거부한다. 하여 그는 "귀여운 내 고양이"를 '아니'라 부르며 모든 획일성의 기획과 불화한다. 고양이의 이름 '아니'에 실린 부정성은 타자를 위한다는 명분이나 가장된 이타심을 벗어나 각자도생의 탈주선을 그린다. 어우러져 살아가는 자연을 빠져나온 인류의 조상 이후 그도 슬픈 육체의 주인공이지만 동물 동반자와 살아가면서 자연과의 동일화 기획을 매우 개인적으로 수행하고 있다.

「물 위에 지어진」에는 어항의 투명한 유리를 박차고 나가려 헛된 몸짓을 하는 거북이 세 마리가 있다. 부단히 움직이며 새로운 세계를 대면하고자 할 때 앞뒤 없이 투명해지는 경험을 하고, 전능을 불신하면서 가슴에 "사원을 지으면" 자신을 가둔 구조가 "무한"해지면서 비가시적인 것이 되기도 한다. 구조주의자들의 사유가 보여주듯이 구조는 없는 것이 아니라 어항의 유리처럼 투명하기에 그 구조가 무한할 수 있다는 가능성. 앞뒤 없이 투명한 세계에서 살고자 하는 바람을 "거북이 세 마리"의 느리지만 지속적인 움직임에 투영하여 "이런 조촐한 곳"이 우리 삶의 조건임을 시사한다.

그 와중에도 자신의 자리를 견고하게 구축하려는 자는 「모래톱 읽기」에서처럼 지반, 즉 "주춧돌"부터 살핀다. 그에게는 사람을 놀라게 하는 위력이 있어서 담벼락의 실금을 벌려놓거나, 물속에 잠긴 어떤 자연물을 눕혀놓을 수도 있다. 그런데도 자신이 지닌 능력으로 자신을 해체하지 못하는 그는 남모르게 한 알씩만 모래를 옮겨야 하는 난관에 처한다. 그가 일시에 모래톱을 옮긴다면 사람들이 크게 놀랄 것이므로 그렇다. 그런 그가 무능력자·미달자처럼 보이지 않는 건 왜일까. 요컨대 이곳은 모두 잠이 들어야만 모래 한 알의 자리를 잡아줄 수 있으므로 전제부터 잘못된 세계다. 모두가 잠든 밤은 인간에게 마지막 밤일 것이기에 그 밤은 모래 한 알을 옮기는 일을 쓸모없게 만들 것이다. 그것을 책상 위에 올려둘 수 있을 뿐, 제자리를 찾지 못한 물질이 "난수표"처럼 해석 불가능으로 치닫는 세계에서 그도 모래 한 알의 정체성으로 존재한다. 세계 개조자로서 "새로운 짜임새를 구상하면서" 새판을 짜려는 시도는 이전에 어떤 이가 놓아둔 주춧돌을 찾아야만 가능한 일이다. 실존적 개인은 이렇듯 자신의 지반이 되어주는 타자들의 세계에서 한 알의 모래처럼 존재한다. 모래톱을 일거에 옮길 힘을 갖고 있다 할지라도 이 세계가 도와주지 않는다면 그는 파괴력의 소지자일 뿐, 모래톱을 옮기는 이변의 이유를 자신의 능력으로는 해명하지 못한다.

3. 광채가 도는 얼굴

「드리머(Dreamer)」의 동화 상상력에는 번번이 꿈조차 빼앗길 법한 현실이 담겨 있다. 양을 세면서 잠이 오기를 기다리던 아이가 잠이 들면 푸근하고 보드라운 양 꿈을 잃어버린다. 꿈 잃기는 양 잃기이며, 양 잃기는 더 이상 숫자를 셀 수 없는 상황을 이른다. 안온한 꿈을 꿀 수 없는 세계는 잠이 드는 바로 그 순간부터 펼쳐진다. 이때는 비유컨대 "들개"의 시간이다. 양의 수를 세다가 놓친 순간을 화자는 들개가 양을 물어간 것이라 여긴다. 꿈꾸기의 위험성을 말하면서 자신의 내면이 "뼈가 다 드러난/ 허수아비"와 다르지 않다고 하지만 이토록 앙상해진 자의식은 "내일"이면 다시 눈부심으로 바뀐다. "빨간/ 사과 한 알" 같은 해를 물어다 놓은 들개의 아침에 그는 잃는 것과 얻는 것의 차이와 경계를 알 수 없어진다. 어제의 꿈은 어제의 것이어서 어제의 들개가 그것을 잡아먹고, 오늘의 들개는 어제 먹은 그것을 빨간 사과 한 알로 뱉어낸다. 오늘의 모습으로 언제나 다시 나타나는 이 포식자는 오늘이 가기 전에 다시 나타나 미래를 함부로 꿈꿀 수 없게 하면서 현재적 시간 속으로 뛰어들 것이다. "드리머"는 껍질을 깨야만 씨앗을 얻을 수 있는 사람이어서 자신이 바라는 바를 위하여 눈과 가슴으로 기꺼이 꺼내기・쪼개기・짜내기를 한다. 꿈속까지 따라붙은 시인은 어제의 수고와 꿈이 오늘의 에너지로 이어지는 세계를 이렇게 경유한다.

시인은 이제 「체리 향기」에서 리얼리즘 한 도막을 상연한다. 문어빵을 구워 파는 여자가 틈틈이 "뇌졸중 걸린 남편"의 얼굴을 닦아주는 광경, 아버지가 사람의 "얼굴을 닮"은 "기암괴석"을 정성껏 닦아내자 윤기가 나는 장면을 교차하면서 손이 만들어내는 어떤 '빛'을 이미지화한다. "검은 것을 오랫동안 문지르면 빛이 난다는" 말이 가설로 그치지 않고 경험으로 육화하는 장면에서 보이는 것은 한 사람의 손이 부단히 다른 이의 얼굴 형상을 만들어가면서 거기에 생기를 불어넣는다는 점이다. 검은 돌과 빛의 관계처럼 서로 만날 수 없는 지점에서 일어나는 이 경험은 나의 "얼굴"이 결코 나의 전유물이 아닌 타자에 의한 얼굴, 타자의 환대로써만 광채가 도는 얼굴인 점을 표상한다.

유계영은 생각만 많은 인간에 대한 의심을 시작으로 고도의 비유로 실천의 문제를 환기한다. 시시콜콜 미시사를 말하는 것 같지만 정작 그의 의식은 리얼하면서도 심원한 세계와 맞닿아 있다. 한낮의 감각을 발휘해온 이전의 시에 비하면 밤의 감각이 우세해진 시편들은, 눈을 감아야만 더 잘 들리는 사물들의 소리에 귀를 기울이게 한다. 그간에 눈으로 보려고 애썼던 사물의 외양, 그리고 청각을 열어놓고 듣는 사물의 소리는 확연히 다른 세계를 점유한다. 밤 고양이의 발걸음 소리를 듣는 감각으로 생태 사슬의 아슬아슬한 경계를 넘나드는 시인의 상상력은 현실과 접속한 감각으로 구체성을 입는다.

유계영 시의 주체는 이 세계가 변하는 만큼의 속도를 의식하므로 생각마저 부산해진다. 세계의 변화, 생각의 변화, 시언어의 변화가 연쇄적으로 발생하는 이유가 여기에 있다. 생각이 시인을 "생각 자체가 될 때까지 생각으로 끌고"(「미래에 관한 네 가지 입장」)간다는 문장은 몸-생각 주체의 경험을 고스란히 반영한다. 고정된 주체도 현실도 사라진 세계에서 자기 생각이란 타자의 생각과 변별되는 '다른 생각'이며 이것이 주체의 개별성을 확립한다.

그가 모래 한 톨을 책상 위로 옮기며 낮 시간을 소비할지라도 그 일이 무용하다며 나무랄 수는 없다. 그에게는 오직 경험이 중요하므로 모래 한 알을 옮기기가 세상을 옮기는 일일 수 있고, 이토록 미소한 경험으로도 그는 어느 하루가 살 만한 날이었다고 말할 수 있다. 이는 의미보다는 경험에 속하는 문제, 즉 경험이 반드시 의미와 연동하지 않는 이 세계의 개별자들이 삶을 대면하는 방식이다. 이 세계가 움직이고 변하는 것처럼 그들도 그러하고, 시언어도 이러한 자장 안에서의 움직임일 테다.

(2024.11.25)

슬픔을 맡아놓은 사람
— 신용목

1. 바람이 환기하는 것

　신용목 시인이 순결한 자아와 더불어 다다르는 곳은 표면으로만 보면 대부분 자연 표상이다. 등단 이후 시인은 줄곧 보이지 않는 세계의 이치를 품은 등가물로 자연을 비유해왔다. 그러면서도 그의 시는 유목 서정이나 낭만 서정을 구가하지 않는다. 정주자의 자의식이 선명한 초기 시에서는 자연물들의 자리도 분명하지만, 제3시집 『아무날의 도시』(2012)에 이르면 빵 봉지가 날리는 도시 골목이 현실을 품은 상상 무대가 된다. 자연 그 자체인 바람결의 느낌과 섬광 같은 어떤 기억이 바람결을 타고 오는 느낌은 사뭇 다른 것이다. 제4시집 『나의 끝 거창』(2019)에서 다시금 정주지를 회복하지만 이전의 상처에 대한 기억이 틈입한다. 본원인 자연을 제1 텍스트로 하여 이야기를 펼칠 때 지금은 사라져버린 사람들이 흔히 등장하는 건 그가 그 사람들을 되찾지 못했다는 방증이다. 이 말은 그가 회복하고자 했던 것이 바로 그 사람들이라는 말과 같다. 따라서 이 시인에게 제1 텍스트는 어느 날 사라지고, 이별하고, 죽어버린 이들에 대한 기억의 근원 바로 그것이다. 이러한 기억 되살리기가 잠과 꿈의 역학으로 구현된다는 점에서 잠과 꿈은 제2 텍스트라 할 만하다. 그의 시에서 잠과 꿈, 그리고 상징질서의 관계는 거울의 앞면과 뒷면처럼 구조화한다.

시인이 등단한 2000년대 초반은 후기적 사유를 지원받은 젊은 시인들의 언어유희가 외견상 현대시의 특성을 대표하는 것처럼 보인 시기다. 문자로 시를 쓴다는 관념마저 의심해야 할 만큼 기표들이 생경하고 난해하고 심지어 불경스럽기까지 했다. 이들의 언어가 돌발성 포탄의 기능을 했다면, 서정시는 그 포탄이 해체해야 할 대상물과 다름없었다. 물론 이 말의 의도가 공세와 수세가 확연했다는 식의 문단 스케치를 위한 것은 아니기에 여기서 중요한 것은 서정시의 존립이 전방위적으로 위기였던 사정에 관한 것이다. 표면의 글쓰기에 대한 반작용으로 새로운 서정시의 출현을 기대하던 무렵에 신용목은 등장했다. 대부분의 시인들이 서정성을 견지하면서도 새로이 등장한 시인에게 더 큰 기대를 건 데에는 서정시의 변화를 목적적으로 수행하지 않아도 될, 즉 시인이 지닌 본연의 동기가 시를 자연스럽게 밀어내는 신진의 등장이 절실해진 사정이 있다. 의도된 몸 바꾸기로 서정시의 쇄신을 꾀하거나 외부에서 가하는 포탄에 의해 해체되는 서정이 아닌 본래 내성화한 것을 당대 감각으로 풀어내는 서정이 그것이다.

　신용목에게 '바람'은 아주 오래전 기억을 환기하는 동시에 자신도 다 알지 못하는 감정의 은유다. 그 기억에 새겨진 삶을 꿈속에서 복기하면서 이별과 사라짐의 사건들에 동반된 내밀한 슬픔을 이야기한다. 기억과 회상으로 과거를 현재화하는 작업에서 그 분리선을 지우는 '바람'이 있기에 이전과 현재 간 분란이 조정되는 듯 보이지만 결코 이것으로 종결되지 않을 이야기가 이어진다. 살아 있는 한 타자의 사라짐과 죽음을 말해야 할 기억 작용, 숱한 죽음의 사건들이 삶에 포함되어 있기에 과거 · 현재 · 미래로 쪼개진 시간 단위로는 결코 그 내면을 말하지 못한다는 인식을 그의 시는 반영한다.

　그러면서 자연 서정에 머무르지 않고 미시역사로까지 비등하는 상상력을 펼칠 때 바람 한 줄기의 의미는 벤야민이 역사철학에서 썼듯이 "우리가 귀를 기울여 듣는 목소리들 속에는 이제는 침묵해버린 목소리들의 메아리가 울리고"[1] 그들과 "우리 사이에는 은밀한 약속이 있"기에 "우리는 이 지상에서 기다려졌던 사람들"이 된다. 요컨대 우리는 기억 작용을 통하여 그들을 환대하는 사람이고, 그들은 우리의 인식이 붙들 수 있는 과거의 사람이다. 신용목 시의 화자는 순간적인 바람의 움직임에서 섬광 같은 기억을 만나고, 이전에 사라지거나 죽어버린 사람들의 침묵 위에서 무언의 약속을 피워 올린다. 그것은 자신과 한 시대를 같이했던 이들과 나눴던 마음을 기억하는 일이며, 오직 기억함으로써 가능한 사랑하기의 윤리다.

레비나스도 썼듯이 타자의 죽음 뒤에 남은 주체는 형언할 수 없는 책임감을 지닌다. 그와 연관되는 정감 때문에 "살아남은 자의 유죄성"[2]이 개별화하면서 그가 자기에게 호소하는 신호들에 응답해야 한다는 책무가 주어진다. 하지만 응답이 불가능한 상황에서는 타자에게 갚을 수 있는 것이 없기에 그것은 시종 자기에게 '맡겨지는' 형식으로 도래한다. 잠과 꿈의 연관으로 그것을 맡아놓는다는 점에서 신용목 시는 심리적이고 심미적이다.

2. 가상-현재에 맞붙은 기억

우리 앞에 펼쳐진 현상은 수시로 변한다. 거기에 다양한 맥락이 있다. 그래서 일원화한 바라보기나 해석은 가능하지가 않다. 하지만 저러한 현상을 인지하는 과정은 오롯이 일인칭 관점을 따른다. 이런 점이 시인을 시인답게 한다. 어느 계간지에서 나는 신용목 시 「부여라는 곳」이 "책 속의 사람과

---

1   발터 벤야민, 『역사의 개념에 대하여 | 폭력 비판을 위하여 | 초현실주의 외』, 최성만 역, 도서출판길, 2015(1판 4쇄), 331쪽.
2   에마뉘엘 레비나스, 『신, 죽음 그리고 시간』, 김도형 외 2인 역, 그린비, 2013(초판 2쇄), 25쪽.

헤어지지 않기 위해 자신조차 그들처럼 사라지기로 결단한 역사 체험의 방식, 패망도 이별도 없는 세상에서의 노을-되기는 해가 뜬 날에 틀림없이 그것이 저문다는 순환의 법칙에 기반한다."고 썼다. 지금 읽는 다섯 편의 시에서도 시인은 사유의 주요 거점 중 하나인 '노을'을 "사라지는 과정을 보여주는 게 아니라 사라질 수밖에 없는 시간을 보여주는 거"(「타인의 시간은 빠르게 지나간다」), "매일 매일 졸업식을 치르는"(「긴긴 밤」) 대상물로 본다. 의자가 등장하는데, 어린왕자가 여기에 앉아 지는 해를 바라보는 광경을 연상시킨다. "매점 앞에 내놓은 파란 의자"는 열아홉 살 화자와 친구들의 일과가 마무리되는 시간에 함께했던 사물이다. 이렇듯 '바라보는 시선'이 분포하는 신용목 시에서 노을 너머의 시공간은 잠과 꿈의 이미지로 내걸린다.

잠을 깬 나는 오랜 형의 번호를 찾아보고는 다시 내려놓았다.

화장실에 앉아 물을 세 번 내렸다. 화장실에는 창문 대신 거울이 열려 있었고 전등이 환하게 비쳤다.
　　　　　　　　　　　　　　　　　　　—「타인의 시간은 빠르게 지나간다」 후반부

위의 상황은 꿈 외부에서 화자가 한 일을 기술한다. 이 말인즉슨 그가 지금 막 꿈에서 깨어났다는 의미다. 형과 노모와 화자가 각각 분리된 이유가 기억으로 되살아나면서 이것이 잠과 꿈의 역학에 따른 것임을 시사한다. 잠에서 깬 화자가 본 것이 창문이 아닌 "거울"이고 전등 불빛도 환하다는 것으로 보아 시 후반부는 거울 앞면의 상징계로, 생략된 시 전반부에 이미지로 걸린 것은 의식 이전 캄캄한 꿈속의 대리 표현으로 보면 될 듯하다. 시인의 상상이 회화 작용으로 나타나는 것이 이미지이고 그것이 우리의 눈앞에 걸릴 때 시인이 보아낸 세계가 문자로 변환되었다는 사실을 우리가 잠시 잊고 있었을 뿐이다. 자신의 경험을 이야기 형식으로 인용하는 시 세계는 꿈속과 그 외부 간 경계선이 사라진 것으로 우리의 눈에 비친다.

"화장실에 앉아 물을 세 번" 내릴 정도면 대체 얼마나 오래 울었던 것일까. "진즉 떠나 없"는 형의 거취를 알 턱이 없는 어린 자아가 꿈속에서 우는 장면, 오래된 전화번호를 뒤적이다 마는 꿈 바깥의 화자가 꿈을 매개로 노모를 만나 형의 부재를 확인하는 형식들에는 이별에 대한 깊은 슬픔이 녹아 있다. 초기 시에서 보인 형의 출가를 서쪽과 노을의 연관으로 읽으면, 위 시에서 노을은 형이 사라지는 과정에 드리운 배경이기보다는 단 일회적 필연인 어떤 절대적 이별 현상처럼 보인다. 아이였을 때의 기억을 현재화할 때 맞붙어 있는 과거는 이처럼 백일몽과 같은 질량을 지닌다. 단 한 차례의 이별로도 그간의 숱한 만남은 한날의 노을처럼 사라지고, 다음 날에는 반대편 하늘에서 새로운 해가 돋는다. 시간은 형을 타자화하면서 과거와 거리를 벌려놓지만 화자의 잠과 꿈은 잃어버린 사람을 현재화하는 기억 작용으로 과거와의 분리선을 지운다. 과거-현재를 포함하는 꿈 작용이 가상-현재를 가능케 한다.

3. 주소지를 옮기는 마음

마음의 주소를 탐문하려는 시도를 지속하는 한 서정시는 언제 어디서든 출현한다. 구심력으로든 원심력으로든 서정시인은 마음의 거처가 자신에게 있다는 추정을 포기하지 않는다. 따라서 서정시가 존속하는 한 마음의 위치와 위도를 찾는 일도 종결되지 않는다. 그런가 하면 마음과 몸을 분리하여 마음의 위세를 공고히 하는 관념주의자들은 마음의 구심력을 강조한다. 마음과 이성을 동일화하여 몸의 감각과 비동일시를 꾀하면서 마음의 위상을 고고하게 드높인다. 그러나 1980년대 후반 무렵부터는 상황이 달라졌다. 마음 현상학과 인지과학 또는 인공지능 과학이 만나면서 의식의 현상학이 부상했다. 몸과 마음을 분리할 수 있느냐는 질문이 힘을 얻으면서 마음 이론들이 전통 심리학을 인용하게 된 것이다. 이는 시를 예로 들더라도 충분히 납득되는 경우다. 마음이 가는 곳에 몸도 가지 못할 때 발생하는 언어가 '시'라는 사실을 부정하는 이는 많지 않을 것이다. 갈 수 없는 몸에서 이탈한 마음이 몸을 끌고가려 하면서 몸이 묶여 있는 세계의 규준들을 위반하는 것이 '시'다.

신용목 시에서 '마음'은 어두운 방에 스스로 갇힌 자의 그것을 지칭하지 않는다. 그의 시는 신체화한 의식을 사물에 투사하여 그 움직임을 언어로 옮긴다. 그것은 마음이 가는 곳으로 갈 수 없는 몸의 언어여서 그 몸이 있는 자리에서 발화한다. 잠과 꿈이 그 장소 중 하나다. 「타인의 시간은 빠르게 지나간다」에서 화자가 노모를 만나 진즉 떠나고 없는 형 소식을 들은 것도 그곳이다. 다음 시 「마모」에서 보는 것처럼 마음은 몸과 함께 태어났으나 부단히 몸과의 비동일화를 꾀하는 어떤 움직임이다. 시인은 이를 두고 "자신이 있는 곳을 부인하기 위"해서라고 쓰면서 마음이 잠시 머물렀다 떠나는 곳을 '정류장'으로 비유한다. 어딘가를 지향하는 마음들이 교차하는 곳에서는 다른 이름을 가졌을 뿐인 마음들이 몸–정류장에 아주 잠시 머문다.

    같이 태어났는데, 왜 마음은 매번 몸을 무너뜨리는 것일까.
    몸으로부터 점점 멀어지는 것일까.

    이 많은 마음이 흩어져 있는 하나의 몸.

    지금 그것은 정류장에 있다, 자신이 있는 곳을 부인하기 위하여 자신만의 이름을 가진 정류장에

    버스 안에 있다, 제자리에서 끝없이 이별을 시연하기 위하여 꼼짝없이 앉아 있고,

> 버스는 정류장에 멈춘다.
> 그것은 내린다. 다른 이름을 가진 같은 장소에
>
> ―「마모」 부분

이 시에서처럼 늘 떠나기만 하는 사람은 이전과의 "이별을 시연"한다. 마음의 향방은 몸의 위치라는 지정학을 따르지 않는다. 지각의 지향성을 설명하면서 그것의 무매개적 특성을 말한 메를로퐁티 이론의 실행자가 이 시의 화자라 해도 좋을 것 같다. 그는 마음이 가는 곳으로 몸을 끌고 간다. 마음이 먼저이고 몸은 그 후발 현상이다. 몸과 마음을 분리하여 마음을 이성 편에 두는 관념대로라면 마음과 대상 사이에 매개물이 있게 마련이다. 그런데 화자가 "감자탕 집"으로 "축축한 몸을 이끌고" 가는 마음과 감자탕집 사이를 매개하는 것은 없다. 마음의 향방이 곧 몸의 지향이며, 자신조차도 그 마음의 위치를 정확히 짚어내지는 못한다. 감자탕의 빨간 국물을 노을 바라보듯 하는 것도 어디까지나 마음의 자유가 하는 일이다. 화자의 위치는 마음의 움직임과 함께 지정되면서 부단히 수정되기 때문에 자신도 알지 못하는 마음을 지녔다는 자의식을 낳는다.

> 나는 겨우 하루를 살았는데, 생각 속에서 삼십 년이 지나가고
> 넌 그대로구나
> 꿈에서는 스물하나에 죽은 친구가 나타나, 우리가 알고 지낸 삼 년을 다 살고
> 깨어나면 또 죽고
>
> ―「긴긴 밤」 부분

시간은 누구에게나 공평하고 가혹한 벌칙이다. 보이지도 않으면서 모든 것을 변화시킨다. 신용목 시의 인물들은 하루에 삼십 년을 살 수도 있으며, 그보다 더 깊은 수직적인 시간도 현재에 나란히 둘 수 있다. 위의 시는 30년 전인 열아홉 살로 돌아가 30년 후의 미래를 보는 꿈 작용으로 지금 이곳을

가상-현재화한다. 내용을 부분 예시하는 데 그쳤으나 그 삼십 년의 축지법이라 할 수 있는 시간을 150행 남짓의 기나긴 시행에 담아놓았다. 이야기를 담아 산문시의 가능성을 보여주는 이 시의 시간 속에는 열아홉 살 무렵의 교실, 스물한 살에 죽은 친구, 영원히 졸업하지 못하는 학교가 붙박여 있다. 죽은 친구가 잠시 꿈속에 나타나 화자와 삼 년을 살지만 꿈에서 깨면 그가 다시 죽는다는 전도된 생사의 이치를 꿈의 연금술로 펼쳐낸다. 과거-현재-미래가 서로 포함된 잠과 꿈에서 시간은 어느 쪽으로도 쏠려서 흐르지 않는다. 오늘 하루의 단위를 현재라 할 수 있다면 과거의 재생 또는 가상적 미래를 상연하는 일은 꿈속에서 이뤄진다.

접합부가 사라진 시간 구성에서 화자는 "현재는 어디에도 없"다는 인식에 도달하고, "죽은 자들의 삶"을 상연하는 장소가 꿈이며, 이를 뒤집어보면 "죽은 자들의 꿈을 보여주는" 것이 삶이다. 잠의 세계에서는 삶과 죽음의 경계가 사라지며, 시인이 꾸려 내놓는 세계에서는 "분실된 시간은 모두 잠 속으로 흘러"든다. 그래서 열아홉 살의 교실에서 시간을 함께했던 타자들이 삼십 년 후 화자의 꿈 무대로 흘러들어 그 시간을 재연해주고 있으므로 크게 애석해하지는 않으면서, 열아홉 살의 시간을 다시금 분할해주는 잠 속에서 '기억'이라는 이름의 "긴긴" 30년을 화자는 건너간다. 꿈속에서 "넌 그대로"이지만 타자의 시간은 그를 붙잡을 수 없기에 빠르게 흘러가는 것처럼 보인다. "현재는 어디에도 없는데" 타자는 늘 시간 속에 도래한다. 하여 "시작도 끝도 없는 무한한 존재의 씨줄에 생겨난 하나의 균열"[3]이 현재이고 그러한 갈라짐은 좀처럼 종결되지 않는다.

이렇게 볼 때 "정오의 단단한 시간을 갈라/ 잠시/ 내 인생을 전부 보여"주는 동안 "까무룩 잠들었다 깨어"난 시간 바깥을 현재로 보는 관념도 무용

---

3 에마뉘엘 레비나스, 『시간과 타자』, 강영안 역, ㈜문예출판사, 2015(제1판 17쇄), 47쪽.

해 보인다. 죽은 자도 산 자도 잠과 꿈의 무대에서는 다양한 에피소드들 속에서 모두 되살아나 과거-현재-미래의 구분이 사라진 시간을 재연한다. 우리 곁에서 수없이 사라지거나 죽은 사람들과 공유한 시간은 나의 것임과 동시에 타자의 것이며, 타자의 죽음이 나의 삶을 구성하므로 삶과 죽음의 경계도 사라진다. 호접몽 같은 가상 현실을 살(면서 또는 죽으)면서 "태어나지 않은 사람의 죽음"까지 더듬는 가상의 현재화가 우리에게 내성화되어 있을 뿐이다. 레비나스가 쓴 것처럼 존재를 제한하는 차원이 아닌 무한과 맺는 존재의 관계가 '시간'이며, 죽음과 사라짐은 무화가 아니라 질문, 즉 시간이 생산되는 데 필수적인 질문이다. 다시 강조하면 그 시간은 무한과 관계한다. [4]자신이 살아 있는 한 타자는 무수히 질문을 품은 채 도래하여 우리를 무한한 존재로 이끈다. 신용목 시인이 일인칭 주어를 강화하는 데 머무르지 않고 부단히 타자에게로 나아가는 이유가 여기에 있다.

4. 시인은 신의 요일을 징검다리 삼아 건넌다

'시인'을 짧게 발음하면 '신'이고, 방심한 채 허술하게 '신'을 발음하면 '시인'이 된다. '신'은 최종까지 신이어야 하며, 시인은 시 이후의 인간에게 붙인 이름이므로 신에도 시에도 앞서지 못한다. 시의 화자는 어느 날 신이 신이어야 하는 이유를 알아보기로 마음먹었다. 이 세계의 창신이라는 자격을 존중하면서 그가 화요일에는 하늘을, 수요일에는 바다를, 토요일에는 "우리"를 만들었다고 전제한다. 무엇보다 화자는 슬픔이 삶의 조건이 된 사정을 알고자 한다. 바다와 하늘이 그의 사유 거점이 된 것은 바다가 하늘을 투영하는 장소라는 사실을 번연히 알고 있어서다. 맞붙은 듯하지만 사실상 분

---

[4] 에마뉘엘 레비나스, 『신, 죽음 그리고 시간』, 34쪽.

리된 두 개의 공간에서 신이 벌이는 거울놀이의 진상이 궁금하기만 하다. 신의 작업실이 바다에 비친다는 상상은 신이 자연을 빌려 무슨 말인가를 한다는 가정에서 비롯한다.

> 많은 이야기를 잊었지. 신을 예배당 첨탑에 가두고 쉬는 날에만 깨워서 일을 시켰어.
> 마침내 기도라는 언어를 발명했지. 그것은 토요일의 시인이 일요일에 신이 된 이야기.
>
> 서로를 보자 나는 알아버렸네. 사랑을 만들기 위해 신은 인간이 필요했다.
> 그에게는 늘 이별이 부족해서 여전히 자신의 전능이 인간의 슬픔인 줄 몰랐다.
> 사랑 안에서만 믿을 수 있는 우리는
> 사랑 밖에서는 믿을 수 없는 우리는
> 수요일에 끝나는 이야기가 있어서 썰물을 등지고 돌아섰다. 비명을 기도 속에 남기고
>
> 인간에게는 늘 기적이 부족해서 누구나 자신의 삶이 슬픔의 종교란 걸 알았다.
>
> 사랑해. 다른 사람에게 말해도 같은 목소리가 재생된다. 세상의 모든 전화기는 전염병을 앓고 있고 지금 그것은 우리 손안에 있다.
> ─「수요일의 주인」부분

이 시는 창신의 작업실을 비추는 바다를 그가 수요일에 만들었다는 가정 하에 작업실 엿보기를 시도하면서 신의 무능과 유능을 분별하게 된 내막을 전한다. 전능자인 신도 자신의 얼굴은 보지 못하므로 인간의 얼굴에 어른거리는 표정을 자기화하면서 슬픔에 대한 지식을 얻은 사실을 놓고 화자는 신이 이별에 무지한 전능자라고 생각한다. 신이 인간의 얼굴에서 자신의 표

정을 읽는 행위는 외부를 향해 거울을 들지 않고 자기 바라보기로 일관한다는 의미로 읽힌다. 인간에게 자신을 투영하는 나르시시즘으로 전능을 확인하려 하지만, 슬픔이 인간의 지배적인 정념이라는 것을 알게 되면서 인간이 비전능한 것만큼이나 무능한 자신을 노출하고 만다. 하여 시인은 "슬픔은 신이 자신을 그리다 망친 그림"이라고 쓴다. 자화상을 그리다 실패한 뒤의 정조가 슬픔이라는 언명은 신의 작업인 온전한 '우리' 만들기가 실패했음을 뜻한다. 토요일의 실패작인 우리에게 일요일을 지나 수요일로 향하는 미래 감각은 없을 것이기에 토요일을 등 뒤에 두고 수요일로 향하는 기억 작용을 거친다. 신의 작업실을 비춰주는 바다를 향해 가는 우리는 신의 요일들을 징검다리처럼 디뎌 가면서 요일놀이를 즐긴다.

슬픔에 겨운 삶을 영위하는 화자는 이렇게 생각한다. 인간에게 결핍인 것을 신이 "기적"으로 채워준다는 우리의 믿음이 신을 전능자로 만들었다고, 이별 감정이 결핍된 신이 미완성 자화상인 '슬픔'을 인간에게 전가한 사태야말로 결정적이었다고. 하여 삶을 "슬픔의 종교"라고 믿을 만큼 슬픔이 절대적인 것이 된 세계에서 일요일은 신이 쉬는 대신에 시인이 이 세계의 슬픔을 이야기하는 날이라는 것이다. "토요일의 시인이 일요일에 신이 된 이야기"에 감춰진 진실이란, 시는 신이 사라진 자리에서 시인이 쓰는 언어이며, '시인'은 '신'을 허술하게 발음할 때 새어 나오는 발성일 수만은 없다는 점이다.

신이 망쳐버린 자화상이 '슬픔'이라는 데서 인간의 슬픔이 비롯되었다면 인간 삶의 조건이 슬픔이라는 사실도 변하지 않는다. 그래서 신은 인간의 슬픈 삶을 위로할 기적적인 '사랑의 종교'를 발명했을지도 모른다. 하지만 그 사랑마저도 사물화한다는 사실이 우리를 슬프게 한다. 화석화한 전화의 기계음이 전파하는 사랑의 말들이 진정한 마음을 실어내지 못하는 박애주의자의 것일 수 있음을 이 시는 시사한다. 사랑이 시대의 "전염병"으로 지목되는 세계에서는 진정한 슬픔이 들어설 자리가 사라지면서 그 누구도 타인을 위해 진정한 눈물을 흘리지 않는다.

따라서 눈물이 메말라버린 사람들이 사는 세계에서는 「고요」처럼 마음에서 마음으로 전달되는 합주가 이뤄지기 어렵다. 시 현실은 "밤하늘을 가득 메운 악단"인 별이 "물속에서 건져 올린 악기"여서 고요하고, 슬픔이 출렁거리는 삶에서 건져 올린 시인의 목소리도 더불어 고요하다. 자신의 인생을 노래하지 않고 소리 없이 가사로 써내려가는 어부처럼 시인도 자연물의 움직임에 마음을 의탁하여 시를 쓴다. 물고기가 올 때를 기다리며 수평선이 시작되는 지점에 눈길을 맞춘 어부처럼 시인도 비늘을 세우고 물살을 헤치며 오는 언어를 기다린다. 그것은 거창한 철학으로는 구사할 수 없는 것으로서 이별과 사라짐으로 균열된 기억을 감싸안으면서 어느 날 문득 도래하는 타자처럼 온다. 죽거나 사라져버린 이들이 시인에게 맡겨놓은 그것. 끝없는 정감 때문에 사라질 줄 모르는 슬픔. 그토록 안타까운 기억이 쉼 없이 밀려오는 시간을 그는 마주하고 있다.

(2023.11.1)

일인칭의 슬픔
— 김경미

1. 슬픔이 나를 이끈다

　시는 시인의 방식으로 이 세계를 바라본 언어다. 패턴화한 언어를 비시(非詩)라 한다면, 시는 패턴을 일껏 흐려놓는다. 해석하려 할수록 의미가 빠르게 사라지는 이 언어는 읽는 것이기보다 듣고 느끼는 것이다. 그 의미를 밝혔다 하더라도 동시에 이 각주들이 사라져야만 시가 된다. 김경미의 시 중 해석을 거부하는 시가 우리에게 올 때도 이 같은 경로를 따른다. 말은 가라앉고 감정이 대신 그 말을 전하는 듯한 시에서 주요 정동은 슬픔이다.

　슬픔은 예전의 기쁨으로부터 생기는 거라면서 슬픔이 슬픔을 변화시킨다는 횔덜린 식의 인식은 김경미의 초기 시에는 부합하지 않는다. 고통은 타인의 것일 뿐이라며 그 고통에 무감한 인간을 성찰한 아렌트 식도 아닌, 고통은 타자에 의한 것이라는 인식이 우세한 편이다. 달콤함이나 평화·안정을 구하기보다 불행하다는 감각과 자괴감으로 얼룩진 주체의 내면을 보건대 슬픔은 그 자체로 고스란히 그의 삶이 된 것처럼 보인다. 이후 진전된 의식으로 슬픔의 연원을 사유하게 되면서 자신과 타자 사이, 시인과 생활인 사이에서 일어나는 이 감정이 눅진하지도 참담하지도 않게 시종 시에 어룽거린다. 시적 주체는 슬픔으로 하여 삶을 실감하고, 타자가 있기에 자기를 알게 되지만, 동시에 타자와의 거리 두기로 상처를 방어해야 할 때도 있다.

슬픔이야말로 정화된 기쁨을 위해 청명해지는 일이라고 한 횔덜린 식 사유[1]는 최근의 시에서 읽을 수 있다.

2024년 김종삼문학상을 수상한 김경미 시인은 문학 내적으로는 모더니즘이, 외적으로는 라디오 방송 종사자로 생계를 꾸렸다는 점이 김종삼과 비견될 만하다. FM 라디오 구성작가인 김경미(시인이자 아나운서인 김경미는 동명이인이다) 시에서 주체는 번번이 이 세계의 중심에서 떨어져 나가고, 일상사에도 줄곧 슬픔이 배어 있으나 그 상황이 구체적이지는 않다. 특히 초기 시는 시 현실에 범람하는 슬픔을 영문도 모른 채 바라보게 한다. 출판사 편집부 직원, 음악 방송 종사자라는 전기에 비추어 시를 읽으면 구체성이 은폐된 정황을 어느 정도 짐작할 수 있다. 그렇다 하더라도 전기와 시를 매개하는 언어가 있는 한 시적 진실과 사실은 무난히 일치하기 어렵다.

시는 시일 뿐. 한 편의 시는 시인의 사유 과정에서 어느 한 부분을 떼어낸 언어다. 김경미 시에는 슬픔이 살아서 움직인다. 슬픔이 삶보다 강하고 죽음보다 깊다. 신이 사라진 시대의 비극을 새겨 넣은 듯한 시에 넘치는 슬픔이 막상 자본주의 물신이 팽배한 시대를 노골화하지는 않아서 그 의미를 명쾌하게 추려내기도 어렵다. 시인이 정신적으로는 신앙을 계승하는 것 같으면서도 경험적으로는 회의적인 경우도 마찬가지다. 직접 경험과 슬픈 생각이 수시로 전도되는 도정에서 그의 시가 태어났다면 얼추 맞는 말인지도 모르겠다. 이 시인은 사회적·개인적·철학적·종교적 사유들이 누락해버린 슬픔의 심리적 표현을 두루 가능케 하는 시를 쓴다.

첫 시집(『쓰다 만 편지인들 다시 못 쓰랴』, 1989)을 출간한 1980년대에는 사실주의와 모더니즘을 섞어, 슬픔을 말하기보다 당대인에게 익숙한 절망, 그리고 행복·안정·평화에 좌절하는 불행의 감각을 사실적으로 묘파한다. 공

---

[1] 마르틴 하이데거, 『횔덜린 시의 해명』, 신상희 역, 아카넷, 2009, 49쪽.

포 정치, 여성 노동자에게 가하는 자본 주체의 폭력, 성고문 사건을 비호하는 법질서의 역행을 제시하고, 귀부인이냐 하녀냐 매춘부냐는 3분법으로 여자의 성분을 판별하는 시대를 들추는 등 직정적인 언어로 사회적 근육을 지닌 시를 썼다. 시인이 요약한 대로라면 이 시대는 회색 인간 또는 오입쟁이의 검은 속이 횡행하던 무렵이다. 병중인 아버지, 그의 사후 어머니 중심의 신앙 가족 구도가 선연한 이 무렵의 시에서는 관계들 간 상호 작용도 매우 사실적이다.

6~7년의 시차를 두고 일곱 권의 시집을 내면서 자타 간 관계의 산물인 고통과 슬픔을 다양한 사건들에 녹여낸다. 첫 시집의 구체성은 『이기적인 슬픔들을 위하여』(1995)에서 은폐로 바뀐다. 1980년대로부터의 출구 전략이라고나 할까. 이전 시대를 털고 나와 서정적 모더니즘의 세계로 진입하면서 매우 낯선 어법을 구사한다. 이는 타자적 속성을 지닌 모든 개인·가족·종교·직업 공동체와의 관계에서 발생하는 슬픔에 관하여 랑그를 흐려놓고 파롤을 구축한다는 의미가 있다. 그러면서 타자에게서 받은 상처를 주관화하여 그에 따른 고통을 일반화하기는 어렵다고 전한다. 자기화한 고통이야말로 진짜 고통이라는 것. 고통을 앓고, 고통을 살면서도 고통 때문에 죽지는 않게 되므로 고통이야말로 삶의 동력인 셈이다. 자신을 움직이게 하는 엔진을 '슬픔'(「귓병」)이라 하면서 이 감정이 자신에게서 나와 생애를 휘젓는다고 쓴다. "누르면 아무 데나 물 나오는/ 친수성"(「멸치의 사랑」)이 그 슬픔의 성격이다.

시적 화자가 먼저 전화를 걸지 않고 "매일 전화기 옆에 산처럼 쌓여 슬픔을 집대성"(「소식」)하는 심리를 보더라도 상처받는 것에 대한 두려움이 자기 방어를 더욱 굳건히 부추기고 있다. 자유를 얻기 위한 행위가 스스로 무서워져 울기도 하고(「출분」), "사랑도 오늘은 너나 혼자 해!"(「슬픔이 너무 큰 날은」)라고 말하는 근거도 타자와의 관련으로 깊어질 상처를 서둘러 차단하는 행위다. 이 같은 사정의 발단은 사회의 어느 뒷면을 보게 된 날에 있다고 시인은 말한다. "진심이/ 둘 이상"(「하이힐」)인 분열사회에서는 유일한 진실은 실종되기 때문에, 진실 찾기는 두 개의 진심이 몸 바꾸기를 하는 기만으로 나타난다. 특히 두 번째 시집은 슬픔의 이유를 기표화할 수 없는 사정이라도 있는 듯 고통의 이유가 음소거된 채 감정으로만 언표된다. 어쩌면 이는 "팔공년의 나라"와 "구공년의 나라"(「틈에서」)의 틈에서 찌꺼기처럼 누적된 구습이나 악습에 기인하는 것인지도 모르겠다.

흔적으로 어룽거리던 슬픔이 다시 구체성을 입고 나타난 것은 『쉬잇, 나의 세컨드는』(2001)부터다. 자아의 속성을 지뢰에 비유하면서 타자 파괴를 자행하는 자아에 자기혐오를 느낀다. 타자에게서 받은 상처를 아파하던 자아가 역으로 상처를 주는 자라는 인식에 도달하기까지, 그런 이유로 직접적인 대면을 대체하는 상상적 만남의 장을 마련하지만 그의 내면에는 여전히 단독자 의식이 자리잡혀 있다. 시인은 여기에 머물지 않고 의식이 사회로 확장하면서 무력 앞에서 촛불의 힘으로 맞서는 조용한 항거의 방식을 시화하기도 했는데, 이는 자아의 객관화와 사회화를 가능케 한 것이 마이너리티 의식임을 뒷받침하는 부분이다.

고통의 연원을 타자와의 관계에서 찾았던 시인이 신에게로 시선을 돌린 건 매우 당연한 일일 테다. 시인은 애초에 신에 속한 사람이었으나 신이 그를 돌보지 않았을 뿐이다. 『고통을 달래는 순서』(2008), 『밤의 입국 심사』(2014)에서 이뤄지는 신에게로의 도약은 상처와 슬픔을 이겨내고자 하는 초월의식의 반영이다. 사과 대상이 인간이 아닌 신이라는 점에서 이 슬픔은 일반적이지 않다. 근심하는 자만이 오직 슬픔이 웃음보다 낫다는 것을 알게 된다고 쓴 경전을 들면서 슬픔의 연원이 "근심"에 있음을 시사한다. 근심이 많은 자의 내심에는 서로 오간 말이 양면 거울을 사이에 두고 상흔으로 잠재해 있다. 관계들 간 가학과 피학이 교차할 때의 슬픔이 그를 아프게 하고 깨어 있게 한다. 육식종 인간의 잔인성, "한 장의 활엽수"(「진화론」) 같은 푸른 지구를 발견한 뒤 눈이 맑아지는 경험을 하기까지 시인은 무수히 분열하는 타자와 사회를 경유했다. 타자와의 차이로 존립하는 자기, 타자에게 늘 거슬리는 자기를 발견한 시인이 시 바깥의 직업인이기도 하다는 경계인의 인식도 표명한다. 빠르게 지나가는 시간 속에서도 천천히 숨을 쉬며 말을 아껴 시를 쓸 수 있는 힘, 오후 네 시 정각에 어김없이 직업인의 자리를 벗어나 시인의 자리로 돌아오는 것도 시를 쓰는 사람이기에 자처하는 외로움이다.

클래식 FM 구성작가 시절에 써서 송출한 시를 묶은 시집(『카프카식 이별』(2020), 『당신의 세계는 아직도 바다와 빗소리와 작약을 취급하는지』(2023))은 방송 문화와 결합한 시 장르의 출현을 선도한다. 자아에 함몰된 채 슬픔이 자신의 삶을 이끈다고 믿었던 시인은 이제 이유 없는 슬픔을 함부로 말하지 않는다. 어지럽던 머릿속이 말끔해지는 경험을 누군가 자신을 용서한 덕분에 알게 되었고(「용서의 냄새」), 사람을 그리워하면서도 간격을 유지하는 이유는, 자신의 기분은 모두 자기 사정에 따르고, 친구가 없더라도 맑은 하늘은 열리며, 넘치는 약속보다 한갓진 고독이 더 즐거워서다. 슬픔의 근원이 인간이 아니라는 점에서 홀로 있는 이 시인의 쓸쓸함은 초월적이다. 혼탁하고 어지러운 세상과 거리를 둔 사람이 우울에 빠지지 않고 "고독해서 재밌는"(「약속이라면」) 자신을 고백할 때 그에게는 외부와 수신을 끊은 채 홀로 처해야 하는 사정이 개재한다. 특정 학설에 대한 신봉, 의미가 고정된 세계에 반발하면서 매우 개별적인 언어로 이런 점을 전달한다. 탄생·삶·죽음으로 이어지는 행로에서 그 누구도 홀로인 존재 조건을 벗어날 수 없다는 단독자 의식을 바탕으로 슬픔이 삶의 조건이 된 사정을 김경미 시인은 이야기한다.

2. 신이 사라진 곳에 오는 시

하이데거가 찬양한 횔덜린이 시인 중의 시인이었던 건 그가 존재의 본질이 투명하게 드러나도록 순수성과 성스러움을 자신의 시에 담아낸 데 연유한다. 시인이 "이 땅 위에 시적으로 거주한다"고 한 횔덜린 시에서 거주의 의미를 하이데거는 "신들의 현재 안에 서 있으면서 사물들의 본질 가까이 관련되어"[2] 있다고 풀이한다. 신이 사라져 궁핍해진 시대에 시인이 쓰는 말이 성스럽다는 의미는, 시인의 언어로 근원에 가닿고자 하는 데 있는데, 신의 결여가 시인을 도와 그 일이 가능해지므로 선물과 같다는 의미다. 있으나 멀리 있어서 성스러움이 결여된 신 대신에 시인이 성스러운 말을 쓴다는 것이다. 만유를 마음에 품은 횔덜린의 정감, 근원의 자연을 향한 회귀 의식 등은 김경미의 최근 시에서 두드러지는 특성이다. 시인은 등단작 「비망록」에서 인간을 버렸거나 방치하면서 무관심해진 신, 더불어 슬픔의 근원인 타인도 철필로 긁어 쓰듯이 기록해두었다. 등단작에서부터 신이 사라진 시대의 세계관과 대타 의식을 표명한 셈이다. 그는 일찍이 근본적인 결핍에 민감한 시인이었다.

비극을 하나의 놀이라고 한 루카치가 비극을 신이 구경하는 놀이라 했을 때, 신은 인간의 비극을 관람하는 관객에 불과하다. 그 신은 인간의 언행에도 개입하지 않는다.[3] 신이라는 전체 속에서 낱낱이 부분일 뿐인 인간이 슬픔의 연원을 찾게 된다. 그는 「비망록」에서처럼 신과 숨바꼭질 놀이를 했기 때문에 생애를 적시는 슬픔의 이유를 알게 되었다. 파스칼이 "숨은 신"의 뜻을 "현존하며 동시에 부재하는 신"[4]이라 했을 때의 상황을 묘사하는 듯한

---

2 위의 책, 79쪽.
3 루시앙 골드만, 『숨은 신』, 송기형·정과리 역, 연구사, 1986, 50쪽.
4 위의 책, 49쪽.

장면이 아래에 펼쳐진다.

> 끝내 아무 일도 없었던 스물네 살엔 좀 더 행복해져도 괜찮았으련만. 굵은 입술을 가진 산두목 같은 사내와 좀 더 오래 거짓을 겨루었어도 즐거웠으련만. 이리 많이 남은 행복과 거짓에 이젠 눈발 같은 이를 가진 아이나 웃어줄는지. 아무 일 아닌 듯 해도
>
> 절벽엔들 꽃을 못 피우랴. 강물 위인들 걷지 못하랴. 문득 깨어나 스물다섯이면 쓰다 만 편지인들 다시 못 쓰랴. 오래 소식 전하지 못해 죄송했습니다. 실낱처럼 가볍게 살고 싶어서였습니다. 아무것에도 무게 지우지 않도록.
>
> ─「비망록」부분

여자는 스물네 살. 신과 숨바꼭질도 하고, 사내와 거짓 겨루기도 해보았다. 직무를 수행하지 않고 관심조차 놓아버린 듯한 "거만한 술래"인 신은, 또 다른 시 「귀가」(『쓰다 만 편지인들 다시 못 쓰랴』, 1989)에서 "가난과 싸움과 기도 소리만 들끓는 집"으로 들어가기 싫은 주체가 지닌 어린 시절의 무서움·불안·절망과는 다른 감도를 유발한다. 비망록의 여자에게 신은 놀이 상대이므로 그녀가 버려지고 방치되는 비극을 만든 장본인이다. 반면에 숨어 있던 아이들이 모두 집으로 돌아가버려 외톨이로 남은 「귀가」의 주체는 외로움을 상연한다. 비망록의 여자는 신이 사라진 세계에서 기다림과 고독의 화신이 되었으나, 「귀가」에서 단독자는 환경이 결정하는 범주에서 공포의 주체다.

비망록의 여자는 "사내"와 거짓 겨루기를 하면서 사랑의 외장을 두른 어떤 게임을 벌이기도 한다. "굵은 입술을 가진 산두목 같은" 타자가 없이 "석류 속처럼 붉은 잇몸을 가진 아이를 낳고 싶었"을 여자. 이는 스물네 살에 성모 같은 여자가 되고 싶었던 상상이 낳은 아이일 것이다. 어쩌면 여자는 사랑이라는 이름으로 사랑과 닮은꼴의 감정놀이를 그 사내와 했을지도 모

른다. 곧 녹아버릴 "눈발 같은 이를 가진 아이"처럼 순결한 사랑을 말이다. "아무 일 아닌 듯"과 "해도"의 간격을 훌쩍 벌려놓은 데서 보듯이 마음의 공터에는 여전히 "행복과 거짓"의 자리가 비어 있다. 하여 거짓을 써 없애며 행복을 구하지는 않았던 투명한 자아가 그 자리를 자신의 마음으로 채울 편지글을 쓰고자 한다.

 김경미는 신이라는 전체성 안에서 미물에 불과한 인간 개체의 슬픔을 매우 실존적으로 언표한다. 어린 시절에 내면화한 버림받은 자라는 절망, 돌아갈 곳이 없다는 막연함이 이 슬픔의 근원이다. 자기 안으로 도피하여 외부를 만들면서 안전하게 자기 안에 거하는 여자이면서도 이 미약한 존재자는 「파트모스」 송가에서 "심연 위에 가볍게 지어진/ 난간 다리를 건너"(횔덜린)는 것처럼 기적을 꿈꾼다. 이는 잃어버린 신으로 하여 불신이 깊어지면서 더불어 삶도 깊어졌다는 반응일 테다. 그러므로 절벽에 꽃을 피우고, 강물 위를 걷는 기적을 이루겠다는 상상은, 신이 사라진 시대의 증상을 앓는 자의 포부라 해야 한다.

 이제 우리는 이 여자가 시인이라는 걸 알고도 남는다. 기껏해야 행복의 뒷면만 보았거나, 써 없애지 못한 행복이나 거짓이 지금도 많이 남아 있으므로 그 앞에서 사심 없이 웃어줄 줄 아는 자는 곧 녹아버릴 "눈발 같은 아이"처럼 마음이 투명해야 한다. 신이 사라져 궁핍을 절감하는 시인은 신의 사멸이 아닌 부재의 궁핍을 앓는다. 신이 사라져 캄캄해진 밤에 슬픔의 근원인 타인이 있어 시인은 모든 "이유 없는 눈물"조차 마를 날이 없다. 마음을 다해 철필을 꾹꾹 누르며 새겨 쓴 편지를 누군가에게 보내고 싶어 하는 시인의 마음은 다중을 향하지 않는다. 시인의 말로 쓴 편지가 시임은 너무도 자명하며, 이것은 어느 쓸쓸한 한 사람의 가슴에 당도할 것이다.

   머리 좀 다듬어 주세요, 말한다는 게

머리 좀 쓰다듬어 주세요, 말해버렸는데

왜 나 대신 미용사가 주저앉아 울었는지 모르겠습니다

잡지를 펼치니 행복 취급하는 사람들만 가득합니다
그 위험물 없이도 나는
여전히 나를 살아 있다고 간주하지만

당신의 세계는
어떤 빗소리와 작약을 취급하는지
오래도록 바라보는 바다를 취급하는지
여부를 물었으나

소포는 오지 않고

―「취급이라면」 부분

  잘못 발음한 말이 이 세계를 순식간에 개조할 때가 있다. 마음의 위안이 필요했던 주체와 미장원에 온 의도가 상충하는 지점에서 마음 깊이 내재된 말이 튀어나온다. 그가 아는 세계는 "행복 취급하는 사람들만 가득"한 곳이다. 그의 시각대로라면 미장원에 놓인 잡지는 현란한 이미지로 행복의 표상을 만들어, 채도가 낮은 흑백을 불행의 표상으로 대비하고 있는 것 같다. 행복이라는 환상을 부풀려 물질의 세계로 그를 현혹하지만, 그는 잡지가 취급하지 않는 것 쪽으로 한층 마음이 기운다. 빗소리, 바다, 그리고 작약 같은 것들. 그에게 작약이나 빗소리는 오래 바라볼수록 바다와 구분되지 않는, 자신과 혼연일체의 사물이다. 하지만 이것을 소포로 부쳐주는 사람은 어디에도 없다. 빗소리와 작약과 바다의 세계가 커질수록 자아는 희미해져 사라질 테고, 자상을 입은 치욕도 심연으로 가라앉을 테지만 이것이 불가능하므로 꿈을 꾸거나 기대하는 마음의 자리를 스스로 만들어 나간다.

주체에게는 지금 이 질문이 가장 절실하다. 당신의 마음은 요즘 무엇을 취급하나요? 쓸쓸한 사람을 쓰다듬어줄 묘약을 자연에서 찾을 수 있나요? 김경미에게 슬픔의 변증법은 있으나 없는 신에게서 출발하여, 그 근원에 대한 긍정과 부정이 서로를 포함하는 원칙 아래 가동한다. 있으면서 없는 모든 존재와 관념들이 만드는 비극적 세계관 속에 슬픔의 근원으로 향하는 다양한 질문들이 놓여 있다. 행복을 취급하는 자가 세간에 내놓은 물신이 "잡지"인 점을 들어 아주 작은 단위로 행복을 질문한다. 근원으로 향하는 이 물음은 막중한 응축력을 지녔다.

3. 신생의 하루를 맞이하는 감각

시원으로 향하는 시인의 사유가 모든 '시작'들 쪽으로 관심이 기우는 건 당연한 일이다. 「안녕 월요일」에서는 월요일을 "비애" 감정으로 맞이하는 주체가 월요병을 앓는 정황을 이야기한다. 하지만 그 병을 타자 존중으로 치유할 수 있다는 감을 안기면서, 신생의 하루는 "처음 만나는 나이 든 월요일"로 변주된다. 이 월요일은 어김없이 처음 맞이한 날이면서도 나이를 먹었는데, 이는 회귀하는 시간을 반복 경험하는 또 다른 하루의 표상이다. "진정한 인생은 월요일로부터" 시작하므로 이날은 "제2의 인생"을 시작하는 날이며, 그런 이유로 월요일을 "인생의 천직"처럼 기꺼이 맞이하게 된다. 새날처럼 도래하는 월요일에 도처에서 일을 시작하는 이들의 분주한 움직임 속에서 타자를 존중하는 마음을 가져보라는 요청으로 이 시를 읽을 수 있다. 「기념 타월」에서처럼 쓸쓸한 사람은 이 기분을 기념한다면서 성실하게 쓸쓸함을 닦아낸다. 하지만 슬픔의 근원에 플러그인된 자에게는 이것을 말끔히 닦아내겠다는 기대와 시도가 오히려 이것을 지속하는 아이러니로 이어진다.

그래서일까. 그는 이제 날마다 닥치는 슬픔이 필연인 "하루"를 다행이라며 기꺼이 맞아들인다. 이제껏 한 번도 있어 본 적이 없는 시간을 그는 하루라 부른다. 변하지 않는 것이 안정과 안전을 보장한다고 믿든, 변하는 것만이 살아남는다고 믿든, 어느 쪽도 이 새로운 날이 필연이므로 여기에 무감할 수는 없다. 아래 시는 하루하루가 벼락 치는 모습으로 닥치는 인간의 시간을 그린다.

벼락을 맞았습니다
단 하루 만에

가을로부터

다행히 목숨은 건졌습니다
길쭉한 소매 덕분에

기차를 발견했습니다
창가 좌석
이제 단풍들 앉을 차례인데

순식간에 또 벼락을 맞았습니다
다행히 또 목숨을 건집니다
오늘은 두터운 양말 달린

크리스마스 캐럴 덕분에

슬픔과 우울을 발견했지만
미운 곳이 하나도 없는 저녁

덕분에
매일 건지는 날들
버릴 데가 하나도 없습니다

―「근황」 전문

무언가 순식간에 지나가버린 듯한 정경이 눈앞에 있다. 시 현실에서 벼락을 맞는 일과 하루는 등가다. 존재론적 주체는 기차가 시간 표상으로 나타났다가 사라지는 순간처럼 신생의 하루가 도래할 때 다행히 "또" 목숨을 건졌다며 안도한다. 하루는 새로이 시작하는 시간에 대한 명명이며, 그 하루가 "매일"이 되는 이치는 이것이 언제나 시원으로서 시간을 뜻한다는 데서 찾을 수 있다. 하루하루가 새날의 현현이므로 그도 거듭 목숨을 구해낸다. 그의 어제는 죽었으므로 오늘 태어나 갱신의 하루를 맞이한다. 사라짐과 도래가 동시에 벼락같이 닥치는 틈에서 간신히 자신의 시간을 건져낸 것이다.

더불어 슬픔도 사라지지 않는다. 어제의 슬픔은 어제의 것, 오늘의 슬픔은 오늘의 것으로 다시금 도래하여 마를 날이 없다. 그 본질을 알게 되었기에 우울을 유발하지만, 알고 보면 "미운 곳"도 "버릴 데"도 없는, 존재의 시원에서부터 이미 친숙해진 감정이다. 슬픔이 삶을 이끌 것이라는 그의 기대는 계절이 바뀌어도 유지된다. "길쭉한 소매"를 타고 흐르는 가을 기운을 살갗에 새기고, 어느결에 거리에서 울리는 "크리스마스 캐럴"을 들으며 자신이 누린 모든 "덕분"의 가치를 헤아려도 본다. 그런 그가 자신의 근황을 하루의 구원, 하루의 희망, 하루의 기대로 전하고 있다.

이렇게 읽고 보면 김경미 시에 흐르는 쓸쓸함과 슬픔은 자신이 살아 있다는 실감에 따른 것이다. 이 실감이 얄따란 기쁨으로 끝나지 않도록 비축해 두고 슬픔을 말하는 방식으로 그는 시를 쓴다. 하루분의 목숨은 하루분의 슬픔과 같은 값으로 주어지고, 시인의 말이 지닌 근원적 울림은 슬픔과 연접한다. 삶을 버티게 하는 완벽히 독자적인 생명력이여, 해맑은 슬픔이여. 오늘도 "안녕"!이라고 인사를 건네면서.

(2024.12.1)

소진을 모르는 트릭스터들
— 김근, 『당신이 어두운 세수를 할 때』

1. 욕망의 지도 그리기

근대의 파고는 신화를 추방하고 자연도 배격하였다. 자연의 명령대로 순응하는 일을 고통스럽게 하면서 정작은 더 큰 고통을 생산하게 했다. 거역할 수 없는 자연의 힘을 통제할 이성에 대한 믿음을 가지라고도 강권했다. 자연 속의 인간이라는 신화를 깨고, 자연을 원격화하면서 스스로 자연의 지배자로 부상하게 했다. 자연으로부터의 탈신비화, 합리적이고 효율적인 세계로의 진보 체계에서 그 모든 자연스러운 욕망과 이끌림들은 비판의 대상이 되었다. 하지만 인간은 자연 상태의 야만과는 또 다른 야만에 빠져들고 말았다. 아도르노와 호르크하이머가 『계몽의 변증법』에서 이러한 근대 이성을 비판한 바 있다. 근대의 야만성에 대한 담론이 상당 부분 자연으로서 신화와 접속한 곳에서 발화한다. 이는 자연을 갈아엎어 문명을 일구는 노동에서 오는 고통, 예측 불허의 재난과 재해 등을 극복하려고 인간이 복종시킨 자연에 대한 저항이다. 사회 체계가 이성적으로 작동하면서 자연은 자본주의 생산체제에 기여하는 재료로 사용되어왔다. 자연과 신화는 이제 더 이상 인간에게 동일성의 미학을 안겨주기 어렵게 되었다. 자연과 분리되어야 했고, 자연을 잊기로 마음먹었으며, 자연에 대한 죄책감을 둔화시키면서 인간 스스로 상위체계를 고수하게 되었다.

김근 시인은 신화 공간을 벗어나기만 하는 인간이 아닌, 신화 공간으로 미끄러져 들어가는 인간을 그릴 줄 아는 흔치 않은 시인이다. 그곳은 현대인이 발전과 성장의 비전을 정당화하면서 잃어버리기로 작정했던 곳이다. 그런 이유로 그의 시는 지금 여기서 남다른 개성을 발휘한다. 문명인이 노동에서도 재난에서도 전염병에서도 대항력을 갖게 되었다고 믿는 근거는, 자연-신화의 공간이 환원 불가능성으로서의 그것이기 때문이다. 하지만 김근 시의 인물은 문명의 상대적 공간인 그곳으로 별안간 미끄러져 들어간다. 준비도 의도도 없이 벌어지는 이런 일들을 통해 우리는 대립항으로서 인간/자연의 경계·위치들을 수정할 필요를 느낀다. 노동 집약 산업의 발달, 재난예측의 과학화와 최첨단 장비 개발, 신약 개발 등으로 인류는 자연과 현격히 멀어졌으나, 최근에는 거꾸로 자연이 우리를 역습해오고 있다. 자연은 결코 억압할 수 없는 욕망이었으며, 스스로도 그렇거니와 인간이 간여하거나 침탈할 수도 없는, 본질적으로 고유한 영역이었다. 이때 자연과 인간을 같은 품에 안아 들이는 것이 생명 윤리의 생생한 움직임이다.

『당신이 어두운 세수를 할 때』(2014)의 캐릭터들이 펼치는 둔갑술과 변장술에는 이유가 있다. 본래 자연에 흐르는 기운을 바탕으로 모든 존재자가 수시로 자리바꿈을 한다는 정신 내용이라든지, 모든 생명현상은 일회성에 그치지 않고 변신과 승화 과정을 거친다는 고대의 생명관에 김근 시를 붙박아 둘 수만은 없다. 저절로 변하면서 이형(異形)을 만드는 주체의 정신 이면에 흐르는 것은, 근대 이성이 억압한 본연의 욕망이다. 이 시인이 그려나가는 욕망의 지도는 길을 잘못 들었을 때 벼락같이 닥치는 다른 세계와 연루된다. 이는 아주 순식간에 일어나는 일이며, 이때 희미한 중에도 인물이 움직이는 자력선을 따라 새로운 지도가 생긴다. 길 잃기나 추락 같은 쇠락의 느낌이 무섭게 쇄도하는 순간 어느새 재생의 시간이 도래해 있다.

시인은 그 인물들의 행위를 문자로 기술하려는 욕망을 관리하면서, 변화의 시간이 인물에게 밀려오는 광경을 활발한 동사적 움직임에 담아낸다. 이 인물들은 독특한 행위소(行爲素)로 인격화를 이뤄가는 어떤 모델들이다. 이 시집을 발간한 후 김근 시는 잡종의 이미지를 그로테스크하게 발산하며, 죽음과 생성에 관한 사유의 지점을 갖고 있다고 평가받아왔다. 인물의 외모나 표상은 기이하고 성격은 호방하며, 죽어도 살고 살아도 죽는 역설을 읽어냈던 것이다. 이런 논의의 맥락 위에서 이 시집을 읽더라도 재독의 여지는 있다. 신화 상상력과 접속해온 읽기 방식 위에서, 그러나 이 지점에서 다시 탈주하는 독법으로 그것이 가능하다. 시적 인물은 말해지는 대상이며, 시인은 그가 움직일 때 생기는 자력선을 따라간다.

김근 시를 읽다 보면 이 세계는 그 어떤 완성품도 아닌 기형일 뿐이라는 생각이 든다. 태어나고 또 태어나는 만물과, 죽고 또 죽는 일(죽음은 삶을 전제하므로, 죽고 또 죽는 일 사이에는 필연적으로 삶이 실재한다.)이 반복되는 인격체는 사회에 온전히 통합되기 어렵다. 이전의 현실로부터 이탈하여 새로운 지형을 그려나가려는 욕망으로 부단히 어떤 문턱을 넘어가기만 한다. 그는 반복만이 차이를 생성할 수 있다고 보며, 이때 반복은 세계와의 동일성을 벗고 새로 태어나 존재하는 일로 이어진다.

흔히 신화를 태초의 공간에서 화석화한 것으로 인식하지만, 김근은 신화의 인물을 살려내어 그를 해체적으로 변용한다. 근대인이 사형한 신(神)들 대신에 재간둥이 어른을 불러내어 이 세계의 지도를 다시금 생경하게 현출시킨다. 이 인물은 신화의 방식으로 존재를 드러내면서 동시에 이전의 신화성을 벗어난다. 천성이 무구하여 합리성에 구속되지 않고, 악의 없이 재간을 부리는 인물이다. 현실을 바꾸려는 계산된 의도는 없으나 그가 출현하면서 기존 질서가 변형된다. 되고 싶은 대로 변하고, 그때마다 새로운 정체성을 얻는다. 끊임없이 사건을 만들어내는 바람에 이야깃거리들이 무수히 태어난다. 기이한 짓을 하는 것 같지만 실상은 남다르게 행동할 뿐이다. 그는 번번이 이전 세계를 이탈하고, 다면체 인격으로 거듭 변이한다.

이 재간둥이 어른은 '트릭스터'라는 이름의 캐릭터와 유사하다. 아이와 어른의 특질이 혼재된 채, 외모에서도 언행에서도 눌어붙은 듯한 시간 작용이 나타난다. 예컨대 할미의 외모로 악동처럼 까불거나, 할애비에 걸맞은 행동 특성을 보이지 않고 철딱서니 없이 굴기도 한다. 사회 통일체에 묶이지 않는 이 분방한 캐릭터는 흔히 온라인 게임 서사에 활용되어왔다. 이때 구축되는 가상과 현실 사이의 인터페이스가 시인이 그려나가는 시적 공간과 비견된다. 여기서 온라인 환경은 인공 환경(artificial environment)이어서 김근 시의 문자 환경과는 그 본질이 다르지만, 트릭스터의 특성만 놓고 보면 그 존재론이 매우 유사하다. 꼬리가 아홉 달린 여우의 전설, 동물로 둔갑한 캐릭터가 어린아이 앞에 나타나 위협하는 광경을 상상할 수 있다면, 김근 시의 허물을 벗는 뱀 이야기는 오히려 현실과 가장 근접 거리에 있다. 김근 캐릭터의 '몸 바꾸기'는 전설-동화-시 장르로 전이하면서 재현적 가상 세계를 구성한다.

그렇다면 김근 시인이 그리는 아이 같은 욕망이란 대체 어떤 것일까. 들뢰즈를 빌려 쓰면, 어른이 된다는 것은 통합 사회로부터 욕망을 거세당하는 일이다. 따라서 어른은 욕망을 억압하면서 은밀하게 그 발현을 꿈꾼다. 반면에 어른이 아닌 아이는 거세 이전의 존재자다. 아이는 욕망대로 움직인다. 목표 지점과 무관해 보이는 걸음걸이로 두리번거리며 이탈의 선을 그려나간다. 목적지는 관심 밖이라는 듯, 헤매는 자의 그것처럼 욕망의 선을 그린다. 그런가 하면 어른의 행위를 결정하는 것은 목적지에 대한 강박이다. 이제 비로소 김근 시의 캐릭터가 그리는 선이 희미하게 보이기 시작한다. 인물의 탈주선이 그어지면서 새로이 생성되는 장소이므로 이곳을 시적 인물의 영토라 해두자. 그가 움직일 때마다 그려지는 지도는 또다시 새로운 지도를 향해 가는 과정으로서의 선이다. 이렇게 몇 가닥의 생각을 거치다

보면 김근 시의 캐릭터를 트릭스터로 바라보게 된다. 말하자면 이 명칭은 김근 시의 인물들이 몸 바꾸기를 한다는 기존의 논의 위에 전변하는 캐릭터로서 트릭스터의 의미를 얹어놓은 것이다.

김근 시에는 인물이 처한 사회적 조건과 실존 바탕 같은 것들이 어떤 형태로든 살아 있다. "신화는 문학의 시녀"(벌핀치)라는 말을 떠올려볼 수 있지만, 김근은 신화를 그의 상상력 안으로 복종시키거나, 특정 지역의 신화를 시에 덮어씌우지는 않는다. 이 시인은 아마도 뮈토스 정서를 체화하면서 줄곧 성장했을 것이다. 따라서 다음 같은 일은 그다지 기이한 것이 아니다. 신화에서 거듭 부활하는 생명체와, 그 이야기를 재생하는 시간에 가졌을 법한 기이한 감정들을 자신이 쓰는 시에 어떤 식으로든 기입해 나가는 일 말이다. 때문에 그의 시에서 뮈토스는 실재를 이해시키려는 어떤 방편들이라 해도 좋을 테다. 이렇게 신화 요소가 우리에게 제공하는 상상 범주는 결코 만만치가 않다. 김근 시인의 경우 신화는 진리나 역사의 모습으로도, 합리적 가치로도 설명할 수 없는 허구의 진실을 시적 파토스로 변용한 이야기다. 이것이 허구의 형식을 빌려 허구를 재생산하는 방식일 수만은 없는 이유가, 허구이기만 한 것은 우리와 아무런 관련이 없으며, 허구에서 진실의 효과를 찾을 수 있을 때에만 의미가 있기 때문이다. 따라서 신화 요소로 현실을 이해하는 방식은 신화시대에 이미 완성된 것이 아니다. 어떤 시인은 지금도 그것을 현실의 접촉면으로 불러내어 이곳을 이해하기 위한 근간으로 삼는다. 김근이 바로 그런 시인이다.

2. 트릭스터의 몸 바꾸기

김근의 신화 상상력을 껍질 벗기의 메타포를 중심으로 보면 오이디푸스의 살부 의식과 가장(家長) 되기, 프레이저의 사제를 죽이고 사제로 등극하기, 박상륭의 스승을 죽이고 스승 되기 등 제의 상상력을 경유하면서 인물들이 생성되는 것처럼 보인다. 그러나 이렇게 끔찍한 살인 행위가 시인의 지향과 전적으로 부합하지는 않는다. 제의주의와 피의 계승이라는 메타포 안에 인물들의 정체를 가둬 놓을 수는 없다는 얘기다. 껍질 벗기와 재생은 이전 것이 사멸한 자리에서 생기는 현상이어서 합리적인 개념은 이를 자기 살해라 규정한다. 그런데 김근 시에서 인물들은 제의의 특권이 완화된 가운데 신화를 개방적으로 변용하는 역능으로 움직인다. 이 신화는 정신을 향상시키는 데 필요한 상징들을 실어내며, 그럼으로써 시인은 인물들을 과거에 다 묶어두는 어떤 환상에 대응할 수가 있다.

김근 시의 정신적 지향은 신화의 환상 요소를 그대로 차용하지 않고 현재성을 상징화한다. 이는 서양 신화의 공간에서 아버지나 사제를 죽인 자가 신성한 제의를 거쳐 죄 없는 자로 인정받는 절차의 상징성 같은 것만으로는 이해가 되지 않는다. 껍질을 벗는 자는 지금 이 세계의 매우 개별적이고 유일한 변이종으로서 하나의 인간 개체다. 명령을 내리면서 일방향으로 유지해온 강고한 권위도, 세습되어온 지식 체계도 지나간 시간과 함께 죽어버렸다. 이렇게 시인은 과거와 현재를 잇는 의사소통의 화소로 신화를 호출한다. 제의 행위의 상징성마저 소통의 근거로 삼아 거듭 재생하는 만유의 생명현상을 시의 정신 내용으로 기입한다. 아울러 근대적 주체의 내면적 동일성을 해체하면서 타자의 목소리를 빌려 끊임없이 다른 목소리를 낸다. 그 목소리의 주체는 시간차로 변하는 비동일자여서 다중성을 띤다. 부단히 모험하는 가운데 생이 펼쳐지기 때문에 그의 행동은 퍼포먼스처럼 보인다. 그에게 중요한 건 언제나 발걸음을 떼어 어딘가로 향하고 있다는 사실뿐이다.

오래된 기억이 저장되면 무의식이 된다. 이것이 인간 심리를 억압한다고 믿어온 심리주의는 지금도 통용된다. 프로이트 이후의 정신 심리 연구자들이 증명해온 그 시간은 매우 길다. 무의식은 억압할수록 더욱 강한 욕망으로 변장하여 귀환한다고 그들은 말했다. 들뢰즈 · 가타리 이후 욕망은 생성하고 횡단하는 개념으로 전환하였다. 되기의 과정에 참여한 존재자들은 무의식을 존재 전환의 에너지로 삼아 무언가로 형성되어가는 과정에 놓인다.

> 사내는 어느 밤 길을 잃었다 길이 한번 그를 뱉어내자 골목도 가로등도 보이지 않게 되었다 그를 뱉어낸 것이 길의 주둥이인지 길의 똥구멍인지 사내는 알지 못했다 길을 벗어나자 그는 축축해지고 금세 짓물러졌다 모든 단단한 것들은 길 위에 있다 나무들은 썩은 뿌리를 드러내고 겨우 서 있었다 사내는 흐물흐물해진 손으로 겨우 나뭇가지 하나를 붙잡았다
>
> ―「푸른덩굴사내」 앞부분

성장하는 동안 시인이 숱하게 들었을지도 모를 길 잃은 사람에 대한 이야기를 다시 쓴 듯하다. 이 시는 단지 그의 어수룩한 면모를 보여주는 데 그치지 않는다. 아이가 아닌 '사내'가 '어느 밤' 길을 잃었다는 위의 보고문을 보자. 그가 단지 술에 취했을 뿐이라면 저렇게 캄캄한 골목에서 흥청대는 모양새가 그다지 기이하게 여겨지지는 않을 것이다. 자기도 모르는 이상한 사태가 벼락처럼 닥치면서 사내는 길을 잃었다. 길이 그를 뱉어냈고, 몸은 "축축해지고 금세 짓물러졌"으며, 손도 '흐물흐물' 해졌다. 사내를 뱉어낸 길 위에는 단단한 것들이, 사내가 돌연 들어선 곳에는 습기가 배어 있다. 길 밖으로 던져지자 몸의 형질이 변한다. 짓물러지고 흐물흐물해져서 반죽처럼 주물러도 좋을 상태가 된다. 그는 경화된 현실에서는 방황만 일삼았으며 사멸이 필연인 자였다. 그런 그가 이(異)세계와 접속하는 순간 잠재성의 생명체로 급전환한다. 이렇게 느닷없이 길을 잃고 미망에 빠져드는 설정은 신화나 전설 · 동화에서는 범상한 것이다.

무거운 공중을 흘러다니던 개구리밥이 사내의 아직 겨우 형체를 유지하고 있는 몸에 달라붙었다 몸에 온통 푸른 비늘이 돋아난 것 같았다 사내는 제가

> 푸른 도마뱀이 될 거라고 생각했다 혀를 날름거려도 보았는데 으허허허 웃음소리만 몸 안쪽에서부터 울려 나오는 것이었다 내장이 웃다니 사내는 배를 움켜잡았다 멈추지 않는 웃음소리는 그러나 사내의 입 밖으로 흘러나오지는 않은 채 사내의 몸 곳곳으로 퍼져 나갔다 웃음소리 때문이었는지 사내의 몸이 길고 가늘어졌다 사내는 덩굴이 되었다 푸른 비늘 같은 이파리들이 사내의 몸을 덮었다 사내는 겨우 가지 하나를 뻗어 길을 더듬었다
> ─「푸른덩굴사내」 중간 부분

 이 이야기의 핵심은 '길'이 사내를 살려내지 못한다는 점이다. 지상의 법칙은 알고 보면 관습적이어서 몹시 빤하다. '길' '길 위'라는 표면에서 살아가는 생명체는 나날이 굳어가기만 한다. 방황하지 않기 위해 정신을 똑바로 차리고서, 생명이 경화되어가는 것을 염려하지만 그것을 막을 묘책에는 무지하다. 그러나 사내가 그곳을 벗어나자 희한한 세계가 펼쳐진다. 급박한 상황과 공포 속으로 속수무책 빠져들면서 사내가 나뭇가지를 움켜쥔다. 그가 이탈한 습관적인 '길'과 축축한 이세계의 경계에 있는 나뭇가지다.
 현실의 표면에서 이면으로 밀려온 사내에게는 이제 환상이 현실이 된다. 그가 자발적으로 탈출한 것이 아니고 길이 그를 이세계로 데려다 놓았으므로 무의도적이다. 전복되고 도치된 세계에서 사내의 현실은 여전히 혼돈 자체다. 뿐만 아니라, 인간 외 생물 종에 둘러싸여 있어서 그가 대체 인간인지, 그 모든 미물과 잡물의 혼합종인지조차 구분하기 어렵다. 그의 살갗에 징그럽게 달라붙는 개구리밥(수생 잎 식물)의 생리도, 그의 몸이 덩굴로 변태하면서 마구 번어가는 것도, 그가 배를 움켜잡고 웃어대는 저 광기의 몸짓에서도 사멸의 세계를 벗어난 생명체의 쾌락 감정이 넘쳐난다. 삶과 죽음의 극점에서 만나는 고통─쾌락의 감정, 양성(兩性)적 창조의 시간, 환상에 실재가 버무려져 이 세계가 대체 어떤 기반 위에서 작동하는지 혼란스러워진 장면이다. 이렇게 이 시는 김근 시의 개성을 가장 특징적으로 보여준다. 덩굴이 된 사

내는 혈관에 간질간질 피가 도는 기운을 본능적으로 기뻐하면서, 동화를 망각하고 살아가는 우리 앞에 구화(口話)의 주인공으로 불쑥 나타난다. 이(this) 세계와 이(異)세계가 대칭으로 놓인 곳에서 이(異)세계로 온 그는 불모지에서 생명의 공간으로 왔고, 그 분할선에는 '가지 하나'가 있을 뿐이다.

> 사내가 길 위로 다시 돌아왔는지는 알 수 없다 다만 이따금 밤이면 으허허허 막다른 길 담장을 덮은 덩굴의 이파리들에서 웃음소리가 흔들리며 흔들리며 들리고 들리고 할 뿐이다
>
> ―「푸른덩굴사내」 뒷부분

자신이 왜 이 세계에 던져졌는지 그 이유를 명쾌하게 아는 자는 과연 누구인가. 그간 동화에서 미아 모티프를 흔히 봐온 탓에, 이 시에서처럼 장성한 사내가 길을 잃는다는 발상은 판타지로 여기게 된다. 여기에는 우리가 봐온 세계도, 믿을 만한 어떤 구석도 전혀 없다. 그런데도 우리는 이 세계를 믿고 싶고, 거기에 잠겨 있고 싶어 한다. 시인이 전경화한 판타지와, 가짜세계를 생명의 진실로 환치하는 형식 실험으로 흔쾌히 용납하고 싶어진다. 삶의 바탕은 이 세계이지만, 사내는 이곳을 자꾸만 벗어난다. 그러니까 그의 몸 자체인 덩굴은 무수한 탈주선, 푸른 기운은 생명성의 표상이다. 그래서 이 세계가 불모라고 생각하는 자들은 언제든 '길을길을'(「길을길을 갔다」) 가야 한다. 걸어가야만 길이 생기고, 그 길이 지도를 만든다. 끊임없이 이탈하는 욕망기계만이 생명의 지도를 그릴 수 있다.

3. 온몸으로 웃는 사람

길을 잃은 익명의 사내는 모든 것이 없고, 모든 것을 모르는 조건을 두루 갖춘, 미래가 불투명한 자다. 그런데도 그는 본래 없는 그 무언가를 찾아야

만 한다. 개구리밥·푸른 비늘·푸른 도마뱀이 내뿜는 것이 무섭도록 건강한 다산성의 기운이라면, 덩굴 사내는 이후 무엇으로도 변신할 수 있는 가능성과 잠재성의 존재다. 사내는 겉늙어버린 젊은이여서 진정 젊은이다운 기운을 회복하고 싶은 자일지도 모른다. 젊을수록 방황하는 것은 그들의 욕망선이 그만큼 왕성하게 움직인다는 뜻이다. 그 사내의 "으허허허 웃음소리"나 다족류 할미의 "으헤헤헤"(「섬」)에서는 늙지도 않고 죽지도 않는, 또는 늙어도 젊은 자들의 에너지가 피어난다. 내장을 웃음 기관으로 달고 나타나 몸속에서부터 웃는 그들은 사는 일이 간지러워서 웃고, 계산도 의도도 은폐도 없이 거리낌 없이 까불어댄다. 사내와 할미의 탈을 쓰고 나타난 이들에게서 트릭스터의 발랄한 재간이 엿보인다.

김근 시의 기저에는 대우주의 향일성이 깔려 있다. 바닥을 기는 덩굴은 밝은[光] 기운과 축축한[水] 기운이 교합하여 태어난다. 남성-여성의 본성적 교호를 거쳐 그렇게 된다. 필멸이 운명인 존재자가 우주적으로 순환하는 기운을 받으면 새살이 간질간질 돋고, 그때마다 웃음이 터져 나오고, 생명은 재생성된다. 인간의 몸에서 나는 소리 중 웃음소리는 빛의 성질[光學]을 설명하기에 좋은 기호다. 우선은 파급력에서 그렇고, 상향성과 충만성에서도 그러하다. 사내는 뒤집히고 교란된 세계를 생명의 공간으로 바꿔놓는다. 이 세계의 어떤 공포를 초월한 초자연적인 천진성, 무한한 생명성을 향해 열려 있는 낙관성이 저 웃음소리에서 풀려 나온다. 그 웃음은 빛의 파장을 가진 청각 기호로 이 세계를 울린다. 빛에 소리가 섞여 있어서 기이하게 들리는 그것은 듣는 이에게 이중 감각을 선사한다. 필사의 음울과 공포를 벗고 필생의 낙관으로 전환하는 천진한 세계 속에서 그 웃음소리가 공명한다. 길을 가다 튕겨나간 자가 내장까지 간지럽도록 웃으면서 사멸의 세계를 탈출하는 광경을 우리는 보았다.

「멈춘 사람」 세 편의 연작에는 범상치 않은 또 다른 캐릭터가 있다. 그는 멈춰 서 있다. "답답한 우두커니 씨의 세계"에서 걸쩍하게 "껄껄껄 소리를 내면서" 말이다. 이 문제적 캐릭터는 자신이 언제부터 멈춰 서게 되었는지조차 잊은 자다. 망실된 기억이 이 사내에게 삶의 조건이 되었으므로 그것은 영영 해결하지 못할 일이다. 김근 시에서 기억과 시간의 문제는 이렇게 좀처럼 해소되지 않는다. 이는 기억의 지배력을 믿으며 현재를 몰각하는 신뢰할 수 없는 그 모든 기획들에 대한 김근식 저항으로 읽힌다.

> 지금에서 기어이 놓여나게 될 언젠가 허공에 들린 내 한쪽 발이 길바닥에 닿을 날이 오리란 기대는 여직 버리지 않고 있다네 답답한 우두커니 씨의 세계를 벗어나 다시 아무 씨들의 세계에 몸을 섞을 그날이 오기를 꼽을 손도 멈춰버리긴 했어도 손꼽아 나는 기다리고 기다린다네
> ―「멈춘 사람 2」 부분

이처럼 시인은 정지와 나아감의 태도로 청년 세대의 현실을 직시한다. 멈춰 서 있는 행동 특성으로만 보면 사내는 지금 아무것도 할 수 없는 무능자다. 걷는 자만이 "아무 씨들의 세계에 몸을 섞을" 수 있다는 당위성은 다행히 학습되어 있다. 타자와의 공존을 꿈꾸면서 그들과의 결렬 상태를 직시 중이고, 자신이 정지해 있는 지점도 확인한다. 무명씨가 또 다른 무명씨인 이 사내에게 붙여준 '우두커니'라는 이름도 타자와의 관계에서 얻은 것인만큼 그것조차 소중히 여긴다. 그가 세상으로 나아가는 방도에 무지하거나 그것이 막혀버렸다면 어떤 해법을 마련할 수 있을까.

김근은 여기서 걷는 사람의 자세로 해법의 단초를 마련한다. 모든 사물들은 일쑤 소실점으로 사라지지만, 사내의 발걸음은 세상의 '아무씨'들을 향한다. '클클클'. 동결된 마음부터 먼저 푸는 시간의 트릭스터가 속 깊고 걸쩍한 울음을 날린다. 그가 그동안 "저 앞통수의 날들"(「휴일」)을 보지 않아서 놓쳤던 것, 즉 시간이 그의 눈앞을 휙 지나간 뒤 뒤통수만 보여주는 것을 멀뚱히 쳐다보지는 않고자 한다. 다가오는 시간(앞통수의 날들)을 예견하고 준

비하면서 그 앞통수를 놓치지 말아야 하는데, 그것이 곧 미래를 마중하는 일이 될 것이다. 걷는 자만이 미래를 반가이 마중하고, 훼절되고 굴절되고 훼손되는 시간의 기획에 젊음을 저당잡히지 않을 수 있다. 그 일은 '두 늙은이'도 힘차게 내딛는 첫 발걸음처럼 "한쪽 발이 번갈아 허공에 걸쳐"(「멈춘 사람 3」)지는 자세가 촉발한다. 타자로의 지향은 한 걸음부터, 그 한 걸음은 '멈춘 사람'의 자세로부터, 그렇게 걷는 사람은 세계를 향하여 나아간다. 김근 시가 일정 지역의 신화에 매몰되어 고리타분하게 호랑이 담배 피우던 시절의 이야기나 되뇌는 게 아니냐는 반응 같은 것은 그래서 진정 '옛말씀'이다. 연료를 다 태워버린 아궁이 같은 도시에 "어둡지도 밝지도 않은 시간"이 깔릴 때 시인이 바라는 것은, 늙어 사라져버릴 것 같은 도시의 밑바닥에서 실린더들이 "힘찬 피스톤 운동"(「화부(火夫)」)을 하는 시간과의 만남이다.

물질이 풍요로운 시대일수록 여하한 정신의 결핍은 필연이다. 범람하는 물질이 인간의 삶에 침윤할 때 정신의 물기를 빼앗기는 일에 대해 김근은 다산성 식물의 생명력으로 응답한다. 이 시인은 모름지기 남의 정신을 함부로 복사하지 않는 진정한 정신주의자일 것이다. 창조적 상상력이라는 신비한 정신의 힘으로 불모의 세계를 밀고 나가는 시인. 캐릭터들이 자신의 껍질을 벗어내면서도 알맹이는 고이 보존하고, 새살이 돋는 살갗의 간지러움에 겨워 웃음을 날리는 장면은 저러한 정신의 기원을 보여주는 듯하다.

> **긴 더듬이만으로 나는 아주**, 주렁주렁, 달아나지는 못하고, 가까스로 시인인 것들로부터, 살아나는, 되살아만 나서, 가까스로 죽음인, 점점 **뻣뻣해지는 몸, 똥이**, 주렁주렁주렁, **그랬으면, 있다고도 할 수 없게, 더듬이도 나도 당신도 젖꼭지도 깃들일 세월도 뼛가루 날리는 바람도, 영영**, 썩어 흐물흐물 시인인 줄도, 잊고, 어둠 따위는, 거느리지도 않고, 웃음소리만, <u>ㅎㅎㅎㅎ</u>, 시인인 채로, 대낮처럼 눈을 찌르며, <u>ㅎㅎㅎㅎ</u>, 밤으로, 가지는 않고, **영영**, 오기만, <u>ㅎㅎㅎㅎ</u>
>
> ―「죽은, 시인」 뒷부분

이 시에는 죽음이 닥치는 시간에도 흐벅진 웃음을 날리는 자가 있다. 눈물을 함부로 흘리지 않는 그는 이 세계가 부단히 변하고 순환하는 것에 희망을 품는다. 동물 가죽을 뒤집어쓰고 제 모습을 숨긴 바쿠스처럼 음성모음에다 어떤 의도를 숨겨 놓은 것 같은 저 경사진 웃음소리 '*ㅎㅎㅎㅎ*'에서 다음 같은 것이 보인다. 기원의 시인. 고정된 정체성을 잊어야만 또 다른 존재로의 갱신과 분열이 가능해지는 자의 광기가 시인의 그것과 경이롭게도 닮았다. 무수한 환유를 거치면서 시인의 정체를 더듬어가는 김근의 언어가 지금 "대낮처럼 눈을 찌"른다. 여기서 뻔한 주의사항 하나를 달아두자면, 햇빛에 눈을 찔린 자는 그 빛의 근원을 바로 볼 수 없다는 것. 지나친 광도 앞에서 시력은 도리어 캄캄해진다. 그러니 광명과 암흑이 시인에게 대체 무슨 차이가 있을까.

김근 시의 바탕인 빛 이미지의 이면에는 어둠이 층층이 서려 있다. 빛을 욕망하는 자들이 도리어 맹인이 되는 일에 대하여 시인은 '긴 더듬이'를 내려 그 정신을 탐색하면서 시의 알맹이를 보존한다. 그러면서 명암을 초월하고, 만물의 귀청을 울리는 캐릭터를 주물러 빚어낸다. 시력을 필요로 하지 않는 더듬이들과 웃음소리들을 말이다. 여기에 사용되는 감각기관은 알다시피 촉각과 청각이다. 알고 보면 어둠은 오히려 빛이었다. 김근 시의 '빛'은 그것에 쏘여 눈이 멀어버린 자, 밝음과 어둠이 한 겹으로 묶인 웃음 "*ㅎㅎㅎㅎ*"를 글자체처럼 기울여 비틀비틀 웃으며 세상살이에 취해보고 싶은 자들에게 공평하게 분배된다. 그는 타자들이 선점한 길로부터 배척당해 대상화되었을지라도 덩굴 같은 정신의 더듬이로 기어가면서 기어가면서 생명의 싹을 틔워내는 창신(創神)이다. 거침없는 문명사의 틈새에서 본래의 인간 정신을 회복하기를 바라며 그는 오늘도 변신을 꿈꾼다. 길이 지워진 시대를 살면서도 정신 하나는 또렷한 청년이지만 할애비나 할멈처럼 지레 겉늙은 것처럼 보인다.

(2021.3.30)

괜찮지 않은 세계에서 살아가야 할 때
― 권혁웅, 『세계문학전집』, 박세미, 『오늘 사회 발코니』

1. 아낌없이 염려하고 사랑하기 : 권혁웅

우리의 삶은 연속되는 투쟁의 흔적으로 얼룩져 있다. 누군가 괜찮아?라고 물어 올 때 괜찮아!라고 답하며 자신은 안전하다는 믿음을 주입해본다. 그럴 때 안전을 믿는 것에 그치지 않고 이것이 자기 내면의 소리임을 알게도 된다. 위험이 일상이 된 사회에서는 안전은 위험의 반대말이 아니다. 위험은 무기력증으로도, 희망을 말할 수 없는 분위기로도 전해지는 괜찮지 않음의 증상이다. 위험과 가혹성 그 자체가 삶의 조건이고, 모든 불안정·불편·결핍들을 견디면서 자신이 과연 괜찮은 상태인지를 물을 때 자기 내면의 소리인 '괜찮아'를 이끌어내는 일. 이것이 오늘의 사회에 속한 우리의 자기 위안이자 하루의 안전을 확인하는 방식이기도 하다.

『세계문학전집』은 열렬한 텍스트들로 묶여 있다. 세계의 "문학전집"과 "사상전집"에 현전하는 위대한 사유의 내면을 뒤집는 방식으로 현 세태를 실컷 조롱하고 패러디한다. 말하자면 시인에게 '세계'란 전집에 등재된 언어를 독자적으로 재해석하고 재구성할 때 태어나는 이 시대인의 활약 무대다. 지금 이곳의 사회와 세계가 얼마큼 괜찮지 않은 곳인지 질문하는 이 시집은 오늘의 사회에 속한 모든 '나'들을 향하여 열려 있다. 그만큼 오늘이라는 단위는 우리에게 한층 촘촘하게 그날 하루에 일어난 일의 국면을 들여다보게 한다. 사회를 탐색하는 눈이 다면체인 이 시집에는 코로나 펜데믹을 경유하여 포스트코로나 시대를 살아가는 이 시대의 3인칭들이 출몰한다. "바글바글"한 그·그녀·그것들의 부산한 현존과 관련하여 오늘의 사회에 의해 조립되어가는 인간형상을 보여주면서 이 3인칭들에 속한 '나'의 현재 상태는 과연 어떠한지를 역으로 질문한다.

권혁웅 시인은 2020년을 기점으로 급속히 달라진 세계를 이 시집에 옮겨 놓는다. 그 성격을 한마디로 요약하면, 3인칭의 인간학과 세태론이다. 여기에 '동서고금'이라는 보충어가 필요하다. 시공간을 지우며 한데 얼크러진 군상들이 난립한다. 일상을 그린 시에서 인간은 결코 일상적이지 않은 변태의 주체다. 시인은 3인칭 주체들의 욕구를 소란스러운 목소리에 실어내면서 삶이 불안전·불안정한 이유를 파고든다. 권혁웅의 시문학은 역사·철학·과학 등을 혼합한 상상력으로 현대 인간을 사유하면서 혼성의 언어를 비벼낸다. 정전(canon)이 된 언어의 집적물들을 일껏 해체하면서 그것을 재의미화하는 작업이 이 세계의 온갖 정전들을 호출하면서 이뤄진다. "기계신"이 "세계의 내력을 밝힌 한 권의 책"(「서시와 서사시」)을 쓰려는 의도를 간파하고 그것을 가로채어 한 권의 시집에 먼저 압축한 인상을 준다. 우리가 알 만한 텍스트들에서 뽑아낸 제명을 콜라주·패스티시 등의 기법으로 변주하기도 한다. 철학은 고상하고 문학은 위대하여 현존재의 자질구레하고 구차한 삶을 온전히 반영하지 못하지만, 권혁웅의 시문학은 너끈히 그것을 감당하면서 바닥까지 낮아진다. 육식성 인간을 동물종의 근성을 지닌 자로 패러디하기도 하고, 동물을 살해하면서 게걸스럽게 식생을 유지하기 때문에 동종 살해의 주범으로 조롱당하기도 한다. 역사적 측면에서 보면 인간은 경쟁자를 처단한다는 사명에 종속된 자이고, 심리적으로는 거울단계에서 타자와 상상적으로 통합되어 허구화한 존재자다.

이 세계에 대해 불편을 말해야 할 때 '괜찮지 않음'의 이유가 "또 다른 그와 그녀, 그것들이 바글바글"(「시인의 말」)한 때문이라면 이 3인칭들의 활약은 우리가 기어이 이 시집에서 눈여겨봐야 할 부분이다. 이런 점을 축약하면 이 시집은 '괜찮지 않은' 감정과 의식들에 눅진하게 붙들려 사는 3인칭들에 관한 이야기다. 그 인물들이 현존재인 화자 또는 시적 주체일 때 시인이 섭렵한 수다한 텍스트들이 시언어의 부름을 받는 것은 매우 자연스럽다. 뿐만 아니라 시인은 자신의 시가 애초에 허구와 환상에 기반을 둔 것임을 천명한다. 세속과 세태를 이야기하는 방식에서 허구적 진실을 추구하고, 현존재를 말하기 위해 과거의 텍스트를 불러내는 일도 언어로써만 가능하다는 점을 시사한다.

시인이 자신의 『시론』에서 썼듯이 의식이 시를 낳는 것이 아니라 시언어가 의식을 낳는다. 현재 시점에서 과거는 없지만 그 과거를 분리하고서는 현재도 없으므로 양자 간 관계는 모종의 인과성을 필요로 한다. 이때 원전인 세계문학전집·세계사상전집 등의 제목에서 차용한 고유명들을 어휘 사전에서 단어를 의미 풀이하는 방식으로 자신의 시에 재의미화하는 데서 이 시집의 독자성을 찾을 수 있다. 일례로 작품명 '소리와 분노'를 "쉿, 1401호 할아버지 올라올 시간이다"라며 전작(前作)의 원저자인 윌리엄 포크너의 의도를 자의적으로 전복하여 상호텍스트성을 구축하는 경우. 그리고 우리가 모르는 사이에 놓쳤을 법한 숱한 에피소드에 기입된 활극 같은 세속사들. 이 같은 시적 전략을 시 전편에 구사하면서 전작을 은폐하는 동시에 드러내는 기법을 능청스레 구사한다.

> 눈꺼풀은 몸이 우리에게 선물한 이불이죠
> 그것도 두 장이나
>
> 그가 이불 한 장을 뺏어 갔어요
> 오늘 밤

나는 편히 자기는 틀렸어요

―「윙크」 전문

이 시집에서 가장 짧으면서 맨 앞머리에 놓인 시다. 불면의 이유를 양쪽 눈을 감지 못하는 "윙크"로 표상하고 있어서 웃음을 자아낸다. 윙크의 원관념은 그에게 빼앗긴 화자의 마음이다. 이를 두고 성급하게 사랑이니 그리움이니 속단하지 않으면서 자신의 마음을 너끈히 전한다. 잠들지 못하는 이유가 두 개의 이불이 없어서가 아니라 그에게 빼앗긴 마음 때문이며 그를 생각하느라 밤잠을 쉬이 이루지 못하는 정황을 표정으로만 보여준다. 낭만-서정을 품은 이 시편 뒤로 이어지는 시들은 간명하지 않은 이야기 형식을 취한다. 육식성 현대 인간을 사유하고, 개인의 안전을 중시하면서 급격히 해체되어버린 하나의 '단위'들과 공동체를 직관한다.

현대 인간을 사유하는 방식부터 보면, 소와 인간("이 동물")의 관계로 인간을 새로이 발견케 하면서 서식지, 식생의 잡종성, 성체가 겪어야 할 직장 생활·결혼·육아·군대 경험·식곤증·월요병 등을 통하여 동물성과 구분 못 할 증상들을 내보인다(「동물의 왕국」). 중국백과사전의 환상동물을 빌려와 말하는 듯한 「환상동물사전」 연작에서는 육식 냄새를 풍기는 치맥·삼소 등으로 타 동물종을 먹이로 취하는 종에게만 천적이 있다는 설을 짐짓 유포한다. 또 다른 시에서는 소와 "남자사람"의 등치로 동물과 인간 간 경계가 분명해지는 것이 아니라 되레 모호해지고 만다. 남자사람의 별명으로 보이는 "구미호"가 이름값을 하는 때는 피가 뚝뚝 흐르는 생간을 게걸스레 섭생할 때이며, 그런데도 그가 진정 인간이 되고 싶어하는 마음은 행운의 편지 한 장이 모자라 인간으로 변태하지 못한 것을 안타까워할 때 여실히 드러난다(「전설의 고향」).

이렇게 사람이 되고자 하는 과정의 존재자들이 바글거리는 세계에서 우리가 읽는 것은 사람처럼 살고 싶어 하고 그렇게 살아야 하는 자들의 열망이다. "배달의 민족"의 라이더들이 증가할수록 "돼지 뼈 닭 뼈 무덤"도 늘어가지만 누구든 현실감을 잃은 채 "무덤덤"하기만 하다(「배달의 민족」). 이 시는 120여 나라 출신 수련생 500만 라이더를 배달의 기수로 패러디하여 단군 이래의 민족정신을 퀵서비스로 배달하는 이들의 활약상을 그린다. 그러면서 민족적 차원에서의 이 같은 거사가 일자리 창출에 앞장선, 너끈히 위험천만한 일이었음을 전한다. 특강 초청을 받고 KTX를 타고 내려간 지역에서 참석자가 단 한 명도 오지 않자 "진짜 말세가" 닥친 듯한 포스트코로나를 절감하고(「최후의 심판」), 팽창우주처럼 멀어짐이 필연인 현시대의 가족은 급속히 핵분열 중이다(「가훈은 가화만사성」). 그렇다면 사람은 왜 자신을 동물이라 격하하지 않는 장본인으로서 부단히 사람으로 거듭나기를 바라는 걸까. 시인이 펼치는 상상적 인간론은 "엄지"를 지녔느냐 아니냐에 따라 엇갈린다.

> 인간이 멸종한 이유는 돌연변이로 인해
> 고양이에게 엄지가 생겨서다
> 참치캔을 따기 위해 더는
> 인간의 손을 빌리지 않아도 되었기 때문.
> ―「구운몽 1」 부분

참치 캔을 매개로 인간종의 멸종을 말하는 이 시는 엄지의 기여로 인간화가 가능했다는 생물학적 견해를 펼친다. ~할 거야라는 의지가 간절하게 대상을 향할 때 그것을 움켜쥐어 소유할 수 있게 되었다는 것이다. 그런데도 인간은 새들이 "쥘 수 없는 휴지를 들고", 그러나 새처럼 "종종걸음으로" 화장실을 향하면서도 새를 부러워하지 않는다고 말하는 종족이다(「날아가는 새들을 부러워하지 아니함」). 이 시집에 출몰하는 3인칭들, 더 좁히면 주거 문제로 밤잠을 설치는 주역들은 대출 빚과 금리 때문에 밤잠을 못 이루는 하우스 푸어, 세입자들, 고시원살이에 묶인 자들이다. 그 밖에도 골목식당 살리기에 참여한 노모와 아들, 명퇴자, 웨이터, "만화방 유령들", 편의점 카운터를 지키는 젊은 계산원들이 깨어 있는 심야는 인간답게 살고자 하는 주역들의 시간임에도 이들의 의지대로 움켜쥘 수 있는 자본의 두께는 얄팍하기만 하다(「귀신들」). 그렇다면 이들은 인간으로서 존재감이 희박해지고 있음을 운명으로 감수하고 있는 건 아닐까. 시인의 일설에 따르면 이들은 분명 물질을 움켜쥘 힘이 소진되어가고 있으니 말이다.

"몸이 집"인 자가 "고기 구울 적(炙), 머리 감을 목(沐),/ 두 글자로 나흘을" 버티는 막막한 현실(「내 몸이 집이라면 이사한 다음에 나는 어디로 간 것일까」)은 굴비 한 마리를 벽에 걸어 두고 끼니때마다 침을 삼키는 옛이야기 속의 선비를 연상시킨다. 세입자와 맺은 계약갱신청구권을 무시하고 내쫓은 집주인의 갑질(「엄마야 누나야 카프카야」)도 결국에는 상대적 약자에게 귀속권이 있다. 이때 하룻밤에 아홉 번이나 꿈을 꾸는 주체에게 현실이 수시로 꿈속으로 들어와 온전히 꿈 영역을 누릴 수 없게 하면서 자각몽과 현실 간 경계는 사라진다. 차라리 군대에 재입대하는 편이 나은 현실(「구운몽 2」)은 전세 재계약에 실패한 자나 노숙자라 해서 별반 다르지 않다. 하여 「세계문학전집(1차분)」이라고 "시의 제목을 잘못 정했다"며 자책하는 시인의 목소리는 주거 문제에서 파생하는 이 시대인의 난관이 이 세계에 존재하는 세계문학전집처럼 "써도 써도 끝낼 수가 없"는 상황임을 뜻한다.

권혁웅의 시를 읽으며 슬금슬금 웃는 우리는 즐거움으로 그러는 것이 아니다. 인간 흉내를 내는 유인원이 우스워 보이듯이 인간이면서 인간이 아닌 자들이 인간이 되려고 발버둥치는 모습이 우스운 것이다. 바로 자신도 동류라는 발견은 인간인 한 최대한 유예해야 마땅한 자각에 속한다. 인간이 인간을 직시하지 않는/못하는 이치대로 나는 나를 똑바로 보지 않으려 한다. 인간은 여일하게 인간-타자를 보며 웃을 것이고, 자신을 허구화하는 상상 속으로 부단히 도피하면서 자신만의 안전을 내면화한 낭만 감정을 누릴 것이다. 그렇다면 위의 시에서처럼 인간의 발명품인 참치 캔이 고양이를 인간답게 진화시켜 인간이 멸종하고야 만다는 가설 속에서 사라져버린 인간은 과연 무엇일까. 권혁웅 시가 다양한 외부 텍스트로 독단적인 사변과 계몽을 넘어서고, 시집의 뒤편에 주석처럼 첨부한 산문으로 시언어의 확장을 실험하는 것은 상호 넘나드는 읽기로 이 세계를 이해하는 하나의 게시로 보아도 좋을 테다.

웃음이 슬픔을 불러내는 시 읽기 뒤에 남는 것은 수다한 배우들이 활극을 펼치다 퇴장한 멀티플렉스 스크린의 엔딩 장면 같은 이미지다. 글자들이 순차적으로 빠르게 올라가며 사라지지만 끝내 그 속내를 다 헤아리지 못할 인물들의 전언에 대한 막막함 같은 것. 시인은 바로 그 막막함의 현상을 세계문학전집·세계사상전집이라는 환유로 통합하는 기지를 발휘한다. 따라서 이 시집에서는 문학을 장르로 범주화하는 것은 그다지 소득이 없다. 시냐 산문이냐는 질문 이전에 선결해야 할 것이, 수다한 등장인물들의 난립상을 활극처럼 시화한 시인의 현실감각이다. 인물이 없는 역사는 없기에 역사를 말하는 권혁웅의 시 형식에서는 다양한 인물들이 출몰하고, 이 주체들의 움직임이 곧 3인칭들의 현재적 움직임이다. 이들이 교차하고 격돌하는 생존의 장(場)이 지나간 역사를 가능케 한 것처럼 현존재인 인물들 간 생존 투쟁도 필연이지만, 이러한 현장의 바깥에 있는 초월자들의 눈에는 우스꽝스럽고 터무니없는 활극처럼 보인다. 정복자들이 찾아가는 곳이 사람이 사는 곳이라는 점에서 역사는 인간 정복의 역사, 인간과 유사해 보이는 "침팬지와 고릴라"까지도 깡그리 정복하고야 마는 역사(「양념게장과 간장게장」)라고도 할 수 있다. 강한 인간이 상대적 약자를 부단히 만들어내는 정복자의 역사만을 정사(正史)라고 확신한다.

이로써 권혁웅의 시는 3인칭 주체들의 삶을 양식화한 것으로 우리에게 전달된다. 특히 장시에서 인물들의 관계성이 복잡한 이유는 그들의 삶을 상상 적으로 구성하여 현존재들이 처한 삶의 국면을 역으로 개시하는 차원에서 이뤄지고 있어서다. 예컨대 인물들과 칼의 연관을 의성어 '뎅강뎅강'으로 언표하는 일은 당대의 어떤 부정의를 향한 발언이다. 시인은 유명 문학작품 을 패스티시·패러디하고, 전통철학과 현대철학을 사유의 근간으로 삼아 자기 조롱을 이어간다. 익히 알고 있는 것 같으나 정작은 읽지 않았거나 읽 었다고 착각하는 문·사·철이 교차하는 시 텍스트는 끝이 없는 서사시 쓰 기처럼 보인다.

태곳적 지구의 판(板) 구조로까지 치닫는 시인의 상상력은 까마득한 지구 의 기원으로까지 가닿아 지구의 심장인 "아마존"(「남미 기행」)의 아픔을 쓰다 듬는다. 그러면서 이 시대의 제4차 산업혁명은 바로 그 심장의 기능이 쇠약 해진 증거임을 뒤집어 보여준다. 과학기술을 혁신하는 데 기여했다면서 예 수·공자·부처의 말씀들을 패러디한 「4차 산업혁명 위원회」는 피싱에 농 락당하거나 사물인터넷의 명령을 수행하는 하위 주체로 전락한 현대인을 자조한다. 시인은 지금 이곳의 정치적 삶도 간과하지 않는다. 이를 위해 과 거 인물들의 이동·출몰 등 활약상을 경유하면서 검(儉)·검(劍)의 변별을 요청하는 이유는 이 문자들의 상형에서 언어가 스스로 말하는 자의성을 간 파해달라는 주문에 가깝다.

"데카르트 비판자의 대열에 합류"한 근대의 물리학자·공학자·철학자 들이 신을 온전히 증명하지 못할 때도 시인은 미약한 새싹에서 "신의 숨결" 을 느낀다. '새싹'의 비유가 '아이들'일 때 이 존재자들은 "신의 아이들"임이 자명하며, 시인이 몇 편의 시로 독자에게 건넨 결혼관과 부합하는 생명 활 동을 새싹인 아이들이 이어간다고 볼 수 있다. "성찰을 잃어버"(「성찰」)린 이 들을 흔들어 깨우는 이 말. "사랑한다, 내……"(「서시와 서사시」)에서 생략한 3 인칭 타자가 누구인지 생각하는 일은 이제 우리에게 필연적인 과제가 되었다. 괜찮지 않은 세계에서 살아가는 지금 우리가 해야 할 일에 대하여 시인이 말줄임표로 여백을 두고 있어서다.

2. '끝'에 선 사람들 : 박세미

거대 구조에서 상처를 입었거나 소외된 자는 시의 초대를 기꺼이 수락하는 편이 좋다. 시는 우리를 미시 세계로 이끌면서 거대 구조에서 상처입은 마음을 다독여준다. 박세미 시인은 『오늘 사회 발코니』에서 "오늘"의 위험한 "사회"에 속한 주체의 삶에 주목한다. 그들은 도시에서 태어나고 자랐을 뿐만 아니라 직장인의 일상도 이곳에서 영위한다. 일하는 주체와 글 쓰는 주체의 자의식이 팽팽한 이 시집에서 사회는 주체가 부단히 이동하고 변모하는 공간으로 현시된다. 내부와 외부 간 경계를 만들고, 상승보다는 추락하는 꿈의 위세가 더 공고하며, 비밀스럽고 음습할 뿐만 아니라 불순한 동기가 침윤된 건축물을 미학적으로 설계한 내부를 들추기도 한다. 이는 박세미의 공간 감각에 날카로운 시대 인식이 담겨 있다는 방증이다.

시인의 발코니 상상력에는 건축가-시인의 자의식이 녹아 있다. 시인도 밝혔듯이 튀르키에 작가 오르한 파묵의 의식과 접속한 감각이다. 그의 소설 『새로운 인생』에서 주인공은 건축 전공의 대학생이지만 전공보다는 자신이 읽은 책 한 권의 영향으로 삶이 바뀐다. 건축 전공으로 대학에 들어간 오르한은 2년 만에 신문방송학과로 전공을 바꾸어 소설가 되기의 과정에 들어선다. "누가 발코니의 철제 난간들을 저렇게 찍어낸 듯 똑같이 만들라고 명령했을까 하고 생각했다."[1]라는 오르한의 문장은 시청에서 건축업무에 종사하는 작중 인물 오스만의 목소리를 담아낸다. 지난 시대 획일화 정치의 경

---

[1] 오르한 파묵, 『새로운 인생』, 이난아 역, 민음사, 2015(2판 19쇄), 359쪽.

직성을 비판하는 이 목소리는 그 밖에도 광고판의 악쓰는 듯한 선전·선동 문구, 광장의 나무를 모조리 베어버리라고 명령하는 광장 정치의 일면, 백인 미녀들이 자동차 타이어를 다리 사이에 끼고 있는 달력을 언명하면서 튀르키예의 동양 문화에 덧씌워진 서양문화의 현실을 비판한다.

이런 점은 오르한의 자전적 회고록 『이스탄불—도시 그리고 추억』[2]에서 그 리얼리티가 한층 구체적으로 드러난다. 이 같은 사태들을 납득할 만한 근거로 그림과 사진을 첨부하여 세계대전에서의 패배, 종교 전쟁을 포함한 잦은 전쟁—심지어 "선포되지도 않은 전쟁"[3]까지—, 오스만 제국의 패망으로 폐허가 된 도시 이스탄불에 감도는 음울한 기운과 당대인의 비애를 기술한다. 오르한과의 영향 관계를 전제할 때 박세미 시의 현실 인식이 명확해질 뿐만 아니라 한층 돋보인다. 상세한 이력은 공개하지 않았으나 박세미를 건축가이자 시인으로 소개한 온라인 서점의 자료를 보면 오르한과 박세미가 속한 사회의 장(field)마저 동질성이 있어 보인다. 시공간을 뛰어넘는 이들의 세계 인식이 발코니 공간에서 만나면서 이곳이 다시금 '끝' 지점으로 재의미화한다. 말하자면 발코니는 새로운 삶을 지향하는 자에게 난바다 같은 사회로 투신하기 직전의 마지막 공간이다.

이 시집의 제호는 상이한 어휘소들로 조합되어 있다. 관계성이 희박한 명사들을 배치하여 이 어휘들의 병렬 관계에서 어떤 시간("오늘"), 물리적 공간 ("발코니"), 어떤 구성체("사회")를 추정케 한다. 건축가–시인 박세미 시에서 발코니 감각이 남다르게 다가오는 것은 이 공간이 우리 사회에서는 확장 개

---

2   오르한 파묵, 『이스탄불—도시 그리고 추억』, 이난아 역, 민음사, 2008. 이 회고록에서 오르한은 자신이 태어나고 자란 이스탄불의 풍경, 보스포루스 해협을 오가는 선박들을 어린 시절부터 아파트의 발코니에서 그리거나 사진을 찍어 두었다고 쓴다. 도시의 폐허 위에 드리운 음울한 기운을 '비애' 감정으로 설명하면서 이것은 외부인이 보는 감정이 아니라 이스탄불인들 자신이 처한 상황에서 생긴 것임을 전한다.
3   오르한 파묵, 『새로운 인생』, 361쪽.

념으로 굳어진 데에 일부의 이유가 있다. 외관상 발코니는 건물의 부속물처럼 보인다. 건축법에서도 이곳을 외부 공간으로, 건물의 내·외부가 교차·융합하는 곳으로 본다. 하여 발코니를 확장한다는 말은 조금도 어색하지 않게 들린다. 그래서 확장에 기여하는 발코니가 무엇에 의해 포기되는지를 굳이 생각지는 않게 된다. 발코니를 포기하고 얻게 되는 제2 공간으로의 예속이 곧 발코니 확장인데도 말이다. 하지만 '발코니 확장'이라는 명명은 이름 그대로의 확장이 아닌 '발코니 포기'를 의미하는 것이어서 이중 의미의 공간 감각이 실린 표현이다. 내부 면적의 확장을 위해 마당을 포기하고 문·벽 허물기를 합법화한 명명인 것이다.

    시인은 발코니라는 물리적 공간을 통하여 삶이 모종의 확장과 포기 사이에서 구성된다는 점을 알린다. 지향하는 삶에서 외부는 내부를 확장한 공간일 수 있으나, 안주하는 삶에서 외부는 내부와 뒤엉키기 어렵다. 자아의 원천을 자신의 내면에 붙잡아두고 변화를 꾀하지 않는다면 자아는 빈곤에 처한다. 이 같은 맥락에서 보면 자아의 사회화가 이뤄낸 풍요로움이라는 것은 무수한 자아들이 생성하고 소멸하면서 나타나는 증상이다. 빈곤한 자아를 사회로 확장하는 박세미의 발코니 상상력은 이렇듯 협소한 자아를 벗어나 사회화하는 고투 속에서 진행한다. 이런 점은 "스툴"(「기능」)을 거꾸로 세워놓고 불안한 다리(leg) 위에서 되풀이하여 비상(飛翔)을 연습해온 어떤 이의 고투에서도 여실히 드러난다.

    그리고 마침내 날아갔다는 소문.

    사람들은 그가 어떻게 스툴의 다리 하나 위에 균형을 잡고 올라섰는지는 궁금해하지 않았고,
    그에게 날개가 있었는가에 대해서만 왈가왈부했다는 뭐 그런 얘기.

                               — 「기능」 부분

그가 어느 날 갑자기 날아올랐다는 식의 신비주의로 타자의 고투를 묻어 버리고 행운을 들먹이는 일을 시인은 부정한다. 이 시집의 인물들에게 도시는 바닥이 없는 곳이어서 꿈속에서마저 끝없이 추락을 경험케 한다. 비상은 바닥을 경험한 자에게 일어나는 일이기에 "튀어/ 오르기" 위해서는 낙하마저도 욕망이 아니어야 한다고 쓴다. 이 말은 ~~하고 싶은 것은 욕망이므로 비상도 욕망을 접을 때 가능한 것임을 반어적으로 강조한다. 스툴의 다리처럼 이 세계의 '끝'에 서 있는 주체는 아래 시에서 아파트의 끝부분인 발코니에 서 있다.

> 나의 딸 리자는 발코니를 건물의 정면에 정박해 있는 작은 배라고 한다.
> 오늘도 리자는 작은 배를 타고 항해 중이다
> …(중략)…
> (아무것도 없다고 해야 할지, 무언가 있다고 해야 할지 모르겠다) 사진을 찍어 보는 건 어때? (바다 한가운데서 바다를 계속 찍으면 무엇이 보일까? 그건 나도 모른다)
>
> 외출을 마치고 돌아오는 길 발코니 아래
> 끊어진 닻만이 덩그러니 남아 있다
>
> ―「Balkon」 부분

부녀가 아파트 발코니에 나와 서서 항해 중인 배를 바라보며 대화를 나누거나 아빠 혼자 생각에 잠겨 있는 내용의 시다. 딸은 발코니를 작은 배가 정박한 것으로 비유하고, 아빠는 바다 풍경을 사진 찍어보라고 권유하면서 외부 세계를 조망권의 범주로 축소시킨다. 외부를 풍경으로 좁히는 아빠의 내심, 잠시 머물러 있을 뿐 언제든 닻을 거둘 것처럼 외부 지향적인 딸에게서 제각기 다른 내심이 읽힌다. 결구에서 딸이 배를 타고 사라졌다는 감을 안김으로써 이 시에서 '배' 은유는 아버지에게서 분리된 딸이 "바다 한가운데"

로 비유되는 낯선 세계로의 투신을 암시한다. 시인이 발코니 공간을 전략적으로 시화하여 이후 여성 주체의 삶이 난바다처럼 전개될 것임을 시사하는 부분이다. 언제든 포기할 수 있는 내부와 접한 발코니를 한 척의 배로 비유하면서 시인은 항해에 오른 여성의 삶을 이야기한다. 지금 이곳에서 하나의 사회가 작동하는 일에 관하여, 그리고 그것이 발코니라는 공간을 특화한 상상력이라는 점에서 독특한 감각이다.

건축가들은 흔히 발코니 사진을 본다고 한다. 건축가이기도 한 시인의 이력이 더해지면서 발코니 공간은 또 다른 층위를 지닌다. 오늘/사회/발코니 간 연관을 보건대 발코니는 우리가 단지 바깥 세계를 응시하거나 면적 확장 개념으로 그 가치를 제고하는 차원에서의 공간과 변별된다. 단자 형태인 자아에 병적으로 집착해온 자기 억압에서 해방된 딸의 거취에서 시인이 보여주고자 하는 삶의 속성을 간파할 수 있다. 자아에 갇힌 채 자기 복제의 생산 공정이 가동할 때 내면에 대한 병적인 집착은 본래 자아마저 파괴시킨다. 이러한 이유 때문에라도 시인의 공간 감각과 외부 지향성이 어떤 국면에서 첨예해지는지 살필 필요가 있다. 공간을 세심하게 분할하여 그 기능을 영토화하는 능력자가 건축가라는 사실을 참고하자면 그렇다.

반면에 시인은 기능적이기보다 감각적으로 공간을 분할한다. 틈틈이 빌딩에서 도시를 내려다보는 사람, 누군가를 만나는 사람, 책을 읽는 사람, 글을 쓰는 사람, 꿈속의 재현을 실제인 양 경험하는 인물들은 하나같이 일하는 자의 자의식을 지닌다. 그 세부 국면을 들여다볼 때 인물의 "생활 전선"(「생활 전선」)이 부상한다. 안전을 확보하기 위해 위험을 자처하는 것이 그대로 삶의 조건이 되므로 현실은 앞으로 보나 뒤로 보나 "숲과 늪"(「현실의 앞뒤」) 같고, '노동'이라고 언표하지 않았다 하여 이들이 노동에서 해방된 것은 아니므로 '일'이라는 유연한 기표가 전하는 노동의 리얼리티는 이 시집에서 내내 말소되지 않고 유지된다. "기계를 돕는" 일이란 기계처럼 생각

없이 능률을 제고하는 원리를 따르는 것일 뿐, "생각이 회복"되려면 "기계와 손이 분리"(「일」)되어야 한다. 마르크스의 언명대로 노동은 일하는 개인의 생명 활동이고 생명 유지에 필요한 재화를 얻기 위한 생활 수단이다. 그런데 시인은 생명 유지를 위해 자신의 몸을 깎아내는 노동을 "자신에게 칼을 겨"누면서 "일 앞에서"(「일 앞에서」) 자신을 인질삼는 것이라 말한다.

더구나 그는 "빈집에 갇혀"(「빈집에 갇혀 나는 쓰네」) 홀로 유폐된 형태이거나, "한 달에 한 번 회화 작품을 프린트해 벽에 붙여두는 사람/ 그것을 한참 바라보다가 시를 쓰는 사람"(「가난한 미술 수집가를 위한 방」)이다. 생활 전선에서 퇴각해야만 하고, 외부와 차단된 공간에 자신을 가두어야만 가능한 글쓰기의 주체다. "가난한 미술 수집가"처럼 "도록"을 펼쳐놓고 예술이 될 수 있는 것과 예술이 될 수 없는 것을 가려내는 외면을 보이지만 이러한 행위의 무게중심은 정작 "시를 쓰는 사람" 쪽으로 기울어 있다. 생활 전선이라는 격전지에 생활인의 자의식을 굳건히 접속한 인물이 석 달간 노동의 대가로 책장 하나를 구입하는 시(「새로운 생활」)에서 보듯이 그는 즐거움으로 고무되어 있다.

반면에 생활 전선은 부단히 위험하고 위협적이며 불안한 일로 점철된다. 곳곳에 도사린 위험은 생활인을 "다리 한쪽이 뜯긴/ 매미"처럼 고질적인 불안전에 노출시킨다. 안전과 효율성을 위해 위험과 불안전을 감수하는 것이 생활인의 조건이다. 따라서 일하는 자는 위험을 통과해야만 "숙련된 자"(「생산 라인」)로 자질이 격상되어 "고르고 안정적인 소리"를 낼 수가 있다. 어떤 수사도 불허할 만큼 일이 "그저 고될 뿐"(「일 앞에서」)이라면 노동행위란 것은 인간을 동물처럼 길들이는 생산 활동임이 자명해진다. 자신의 살과 피를 깎아내어 노동에 몰입하는 복종 행위는 "스스로를 인질삼아 겁박"하는 자기 인질극과 별반 다르지 않다. 인간의 몸을 물질로 전락시키는 노동행위로 인간 간 질적 차이를 만들어가는 생산 활동은 오직 생산성 제고에 복무한다.

그렇기에 시인은 더더욱 "일하는 자가 생각하는 자가 된"(「일」) 경우를 찾아보고 싶어진다. 목표 지점에 도달했음에도 멈출 수 없는 무한 경쟁 체제(「육상선수」)에서는 질주가 아니면 추락이라는 이항만이 존재한다. 속도 경쟁에서는 생각이 틈입할 여지가 사라지고, 기계의 속도에 편입된 자신을 돌아볼 겨를도 없이 기계화에 복무하게 되며, 사람의 "손을 대신하는 것들"과 사람의 능력을 동일시하게 된다. "사람=전자적 이미지"(「나는 터치한다 고로 존재한다」)의 동일화가 가능해진 현시대의 속도 경쟁은 인간의 생각 없음을 조성하는 산업화 기획으로 인간의 능력을 속도전의 장으로 밀어넣는다. 시인은 이렇게 기계와의 분리는 생각조차 불가능한 속도의 시대에 "생각하는 자"의 자리를 환기하는 방식들을 써나가면서 사무실·빌딩 등의 업무 공간, 현관·발코니·철거 지역 등의 거주 공간, 그리고 정치의 내면을 표상하는 건물까지 짚어나간다.

이 시집에서 우리는 자발적으로 난바다에 투신한 주체의 결단을 읽는다. 여기에 '생각 없이' 생활 전선에 투입되도록 획책하는 성장 일변도의 경제 정책이 개입한다. 그럼에도 불구하고 생각하는 사람으로 살고자 하는 주체의 사회 인식을 이 시집은 담아낸다. 이 같은 사유가 생활과 시 사이에서 길항할 때 시인은 시로써 할 수 있는 말을 우리에게 전한다. 아버지의 집에서 분리되어 사회화 과정을 겪는 인물의 최초 변화 지점을 발코니로, 모든 '끝'을 추락보다는 비상을 위한 발판으로, 비밀스러운 건축물의 내부를 역사 암흑기의 진실이 은폐된 공간으로 보는 데서 시인의 리얼리티 감각이 첨예하게 나타난다. 확장하는 삶이란 한쪽을 포기하는 것이기보다 그 한쪽이 지원하는 물적·정신적 영토를 넓혀가는 방식임을 보여주기라도 하듯이 발코니는 돌출해 있다.

(2024.6.30)

'밝음'의 생명정치
— 나정욱, 『얼룩진 유전자』

1. '기능'이 아닌 '가능'의 말들

『얼룩진 유전자』에는 우리가 바라는 아름다운 말들이 충만하다. 사랑 · 행복 · 명랑 · 활기 같은 밝음의 표징들은 '기능'이 아닌 '가능'의 말이다. 위험한 인간과 사회를 경험하고 나서 깨달아 알게 되는 안전한 상태를 말할 때 이 언어들이 기여한다. 시인은 본연의 유전자가 외부 요인에 따라 그 본성을 잃고 교란되는 상황을 들면서 우리가 회복해야 할 본연의 순수를 환기한다. 사랑하라고 부단히 권유하여 사랑의 철학자라 불리면서도 동정(同情)을 거부한 니체가 이 시집에서 시인의 질문을 줄곧 이끌어낸다. 이는 사랑과 동정을 도무지 구분할 수 없는 자신의 한계를 드러내면서도 두 개의 개념이 서로 다르다는 것을 기어이 알고 싶어 하는 시적 화자의 욕구로 언표된다. 그 경계가 모호하기에 "동정은 사랑이냐고/ 동정은 사랑이 아니냐고"(「니체에게 묻는다」) 추궁하는 질문을 발생시킨다. 삶과 운명을 사랑하라고 강조하면서도 동정을 경계한 니체는 사랑과 동정을 서로 다른 개념으로 전유했기에 이런 질문이 발생한다. 이 거대한 철학자가 "동정은 네게 죄악"[1]

---

[1] 프리드리히 니체, 『즐거운 학문 · 메시나에서의 전원시 유고(1881년 봄~1882년 여름)』, 안성찬 · 홍사현 역, 책세상, 2005, 60쪽. 이하 니체의 언술은 이 책을 참조.

이라며 이것을 금기시했을 때 그가 강조한 사랑의 일면이 떨어져 나가는 것처럼 보인다. 니체의 앞에 서면 사랑을 대체 어떠한 마음 작용으로 증명해야 할지 막막해지고 만다.

시인이 쓴 '동정'을 니체의 '동정'을 근거로 사랑의 의미로 다가가보면 이 시집에 담긴 현실들이 만만찮게 다가온다. 다정한 파토스의 발현이 불가능한 현실을 직시하면서도 이것이 결코 희석되어선 안 될 것임을 시사하면서, 유연하고 섬세한 언어로 거대 사건들의 실상을 전하고자 한다. 위험한 현실이 사랑의 파토스를 용납하지 않는 생존 현장에서도 사랑하고 행복하기를 바라는 목소리를 우리는 듣게 된다. 그 누구든 예외 없이 사랑받을 만하고 행복할 권리가 있다는 전언. 그리고 사랑을 과연 동정과 동류로 묶을 수 있느냐는 질문. 최첨단 무기의 성능을 실험하는 각축장이 되어버린 전쟁, 그리고 자본의 무한 증식은 불가능한 일임에도 극렬하게 경쟁을 벌이는 자본 경제를 들면서 우리의 생애 중 나누어야 할 아름다움의 항목들을 상기시킨다.

어둠의 시대를 살아가는 인류에게 니체가 '별의 도덕'에 빗대어 들려주었듯이 "천상의 행복을 누리며 이 시대를 가로"지르는 일이 불가능한 것임을 잘 알면서도 시인은 이 세계에 없는 행복과 사랑을 '있음'으로 전환하고자 한다. 그가 진정 바라는 바는 지상에서 영위하는 인간의 삶이 비참으로 떨어지지 않는 것이다. 이 시집에는 이 시대인이 바라는 아름다움의 가치들을 사유하는 데 그치지 않아야 할 만만찮은 현실 문제들이 편재해 있다. 시집의 서두에서부터 목(木)요일을 '숲'의 요일로 지정하여 철(鐵)의 시대를 은근히 비판하고, 이어지는 장에서는 사막 같은 도시인의 삶과 멸종 위기의 비인간 생명체를 기억한다. 동화적 발상과 언어의 투명성이 두드러지는 시편들에서는 침묵만이 살길이었던 역사를 소환하여 인간 존재를 풍자한다. 이때 시인이 잊지 않는 것은, 유순하고 작은 존재자들을 불러내어 그들이 지닌 슬픔이 무엇인지를 직시하는 일이다. 이 모든 시인의 발화는 무거운 현실적 문제들을 배면에 깔고 있다. 기후 위기 · 전쟁 · 멸종 · 원전 사고 같은 위험한 현실에는 개념화한 지식은 인류를 구원하기 어렵다는 시인의 날카로운 패러독스가 내재한다.

　무거움을 가벼움의 미학으로 전환하는 나정욱의 정제된 언어는 간결하면서도 깊은 사유를 품고 있다. 극심한 경쟁 사회에서 삶이 곧 죽음 상태와 다름없다는 식의 우울에 침윤되지 않고 우리의 삶을 밝은 색상으로 바꾸고 싶어 한다. 지금-여기 삶의 문제에 천착하면서도 그것을 지레 비극화하지 않음으로써 '삶'은 비극이라는 단정을 피하고자 한다. 아폴론적 밝음을 찬양한 니체의 인생관을 담은 듯한 이 시집에서 시인은 현실 문제에 밀착하면서도 모두가 사랑과 행복을 나누며 안전하기를 간절히 바란다.

2. 개념에 속고 있다는 시적인 가설

　사전식 개념 풀이가 올바른 지식의 근간이 되어준다고 믿는 우리는 개념에 기대더라도 해석할 수 없는 시를 난해하다고 평가한다. 개념은 상호 소통을 위한 약속의 언어이고, 시언어는 개념 풀이식 언어 구사를 물리고 시적 아름다움에 종사하는 데 그 이유가 있다. 나정욱 시인이 개념의 무용론을 펼치면서 웃음을 유발하는 발상은 근래에 보기 드문 밝음의 시학을 펼쳐내기에 이른다. 니체의 사유를 경유했을 법한 시들에서 특히 이런 점이 두드러지는데, 니체를 향한 질문으로 채워진 다음 시에는 가족 · 사랑 · 연애 · 철학 · 동정 · 별 등 따뜻하고 아름다운 기표들이 가득하다. 형제와 여동생을 사랑 공동체의 일속으로 묶어 가족 간의 사랑을 연애 · 동정에서 파생하는 감정과 동류로 묶을 수 있을지를 여러 차례 묻는다.

　　가족이 뭐냐고

> 형제가 뭐냐고 형제 중에 동생
> 동생 중에 여동생이 뭐냐고
> 사랑에 취약한 니체에게 묻는다
> 연애가 뭐냐고
> 철학도 빠지면 헤어나오지 못하는
> 사랑이 뭐냐고
> 사랑에 빠져 사랑에서 헤어나오는 것이 사랑이냐고
> 사랑에 빠져 사랑에 익사하는 것이 사랑이냐고
> 평생을 경계했던 동정에 빠져 익사한 니체에게 묻는다
> 동정은 사랑이냐고
> 동정은 사랑이 아니냐고
> 사랑에 빠진 철학자 니체에게 묻는다
> 사랑하여 미친 당신은 행복하냐고
> 미친 당신이 그리운 밤 니체에게 묻는다
> 당신이 사랑한 별은 그 밤의 어떤 별이었느냐고
> ―「니체에게 묻는다」 전문

이 시는 니체의 글에 등장하는 "별의 도덕"을 상호 텍스트로 사유를 펼친다. 우리가 세심하게 분할하여 사용하는 파토스를 들먹이면서 개념어의 경계를 명확히 긋는가 하면 그 의미를 고정하는 사전식 개념 정의에 의문을 던진다. 시인의 표현을 빌리면 "사랑하여 미친 당신"이 "그 밤의 어떤 별"에 맹목적으로 빠져 있던 때는 의심의 여지가 없는 사랑의 시간이었다. 아름다운 별의 행방을 좇아 밤하늘에 눈을 두고 걷던 어느 철학자가 별에서 눈을 거두게 된 계기는 그가 물웅덩이에 빠졌을 때라는 일화가 있다. 별을 사랑하여 거기에 빠졌던 맹목을 벗어남과 동시에 그는 낙상을 경험했다. 니체가 쓴 대로라면 이 같은 인간 유형은 별이 제 길을 가는데 어둠이 무슨 상관이냐며 별의 행로를 어둠과 별개로 여겼을 것이다. 하지만 나정욱 시인은 별을 사랑한 니체를 두고 미친 사람으로 판명해야 할 것인지조차 알지 못한다.

혼선을 빚게 하는 사랑의 개념은 "사랑에 빠진 철학자 니체"의 맹목적 사랑이 그가 "경계했던 동정에 빠"진 일과 구분되지 않는다는 데서 연유한다. 사랑의 개념에 빠져 연구에 매진하는 사랑학의 주체가 니체이기에 그에게 이 학문은 맹목적일 수밖에 없다. 어느결에 맹목적인 사람이 되어 사랑을 설파하는 이 철학자에게 사랑의 개념은 온갖 파토스와 뒤섞인 채 세분화가 불가능한 것이 되었다. 사랑에 빠지면 사랑의 대상인 사람이 보이지 않는 이치대로 분할이 불가능한 파토스가 사랑이다. 어느 일면은 과잉이고, 어느 일면은 결핍인지조차 알 길이 없는 이것을 하나의 기표 '사랑'으로 통합하는 사랑의 학문을 향하여 시인은 사랑의 범주를 물으면서 "동정"을 들먹인다. 그렇다면 동정은 사랑과 동류가 아니냐면서 두 관계항의 차이를 알고 싶어 한다. 형제와 여동생을 사랑하는 것이냐 동정하는 것이냐. 아니면 두 개의 개념이 착종된 상태를 사랑이라 믿으며 동정을 발휘하는 것이냐. 그것도 아니면 이 모든 것을 사랑으로 통합할 수 있느냐는 내심을 반영한다.

이 같은 물음에 내재한 개념화의 불가능성, 그럼에도 불구하고 두 개의 항을 분간하고 싶어하는 시인의 마음에서 우리가 읽는 것은 니체가 요청한 것처럼 "유일한 네 계명은 : 순수하라!"일지도 모른다. 형제를 사랑하라는 계명이 아름다울 수 있는 건 사랑보다도 동정보다도 앞서는 '순수'를 바탕에 깔고 있을 때 가능하다고 니체는 부연한다. 그런데 우리가 그 순수의 정체에 무지하다는 데서 질문은 다시 처음으로 돌아온다. 무념무상의 표백 상태 같은 것을 말하는지, 그렇다면 여기에 끼어들 법한 불순물이 무엇인지조차 가늠하지 못한다. 이 철학자의 권유대로 이제부터는 순수의 개념에 매인 사랑을 강화하는 일을 숙고해야 할 것인가. 그렇다면 방황이 필연인 사랑하기에서 그 실천의 가능성에서 '동정'이라는 덕목을 삭제해야 할 것인가 아니면 더욱 강화해야 할 것인가. 이도 저도 아니면 증류수 같은 마음으로 형제와 여동생을 사랑해야 할 것인가. "연애"하는 심정으로 피붙이를 동정하는 마음을 사랑이라 할 수 있느냐는 질문까지 더하여 이토록 오리무중에다 경계 상실의 개념을 끝도 없이 질문해야만 한다.

이렇게 나정욱은 개념의 무용론을 노골화하지는 않으면서 아름다운 말로 그 정곡을 에둘러 말한다. 하지만 이 말은 오해를 유발할 소지가 있다. 실존재에게 삶이란 결코 아름답기만 한 것은 아닐 것이기에 아픔과 고통을 소거한 시편만을 반기는 건 시를 대하는 태도의 결함을 노출하는 것과 다름없다. 하여 아름다운 시언어만을 선택하는 시인은 진정성을 의심받을 수 있고 시가 아름답다는 독자의 찬사도 나쁜 말일 수가 있다.

이번에 볼 행복의 근거는 「원전 앞의 은행나무」에서 화자가 해마다 볼 수 있기를 바라는 은행나무에서 찾을 수 있다. 이 시에는 동시대인과 미래인들이 행복을 누리는 사회를 위하여 건설된 원전이 무사고로 유지되기를 바라는 마음을 담았다. 안전이 삶의 조건이 된 환경에서 원전과 노란 은행잎을 함께 보고자 하는 소망은 원전이 있는 한 퇴색해선 안 될 덕목이다. 단칸방의 행복을 전하는 「새들의 집」에서는 "날개를 접은 새의 크기"로 일과 후 쉴 수 있는 새의 거처가 소박하기 그지없다고 말한다. 집의 면적을 넓히고자 고투하는 인간 욕망의 제유인 "새집"으로 방 한 칸의 "평등"을 말하면서 자본 경제 체제의 경쟁 논리를 에둘러 비판한다. 방 한 칸으로 가능한 "완벽한 평등"을 "거부하는 새를 본 적이 없"다는 언명으로 대자연 속의 생명체에게 집 한 채가 의미하는 바를 투명한 아포리즘으로 피워 올린다.

    열 배로 키운 땅강아지 여전히 귀엽네요
    백 배로 키워 봐요 여전히 귀엽나요
    천 배는 이미 괴물이지요 만 배는 재앙입니다
    땅강아지처럼 사람들은 땅에 삽니다
    …(중략)…
    땅강아지가 귀엽게 땅을 기어갑니다

>   땅강아지처럼 탱크가 거침없이 사람들을 짓밟고 갑니다
>   땅강아지를 몇 배 키우면 저런 탱크가 되나요
>
>   ―「슬픈 땅강아지들」 부분

　　시 현실에서 "땅강아지들"이 커가는 모습은 괴물과 같으며 재앙 그 자체이기도 하다. 시인은 거친 현실에 흠집을 내기보다 여린 언어로 칼날보다 더 예리하게 현실의 환부를 도려낸다. 소유욕이 지나쳐 열병이 되는 이치, 그렇게 열병이 깊어져 전쟁까지 불사하는 인간의 땅 욕심을 풍자한다. 그리고 결국에 전쟁의 의도라는 것이 땅을 재화 가치로 환산하여 몇 배의 이득을 발생시키려는 계산법을 따른다는 데에 시인의 발화 의도가 있다. "누가 땅강아지를 조종하고 있"느냐고 묻는 목소리에는 인간의 자본 욕망이라는 답이 이미 첨부되어 있다. "탱크 조종사"가 사람이 아닌 땅강아지라는 언명에서 보듯이 비루하기만 한 자본 욕망의 화신은 땅바닥을 기면서 "인류의 재앙"을 포식하는 벌레의 그칠 줄 모르는 허기증으로 은유된다.「인디언의 땅」에서 인디언은 "썩지 않는 눈물"의 화석을 남겨 땅을 빼앗긴 눈물의 역사를 증명하기도 한다. 다음에 볼「얼룩진 유전자」는 위의 시에서 펼친 땅의 세계관을 전지구적 차원으로 확장한다.

>   봄이 되면 여기저기 종기처럼 피어나는 꽃들
>   전쟁터에 터지는 포탄의 파편처럼 날리는 얼룩진 꽃잎들
>   포화 속에 스러지는 무수한 어린애들을 보면서 어떻게 꽃들이 아름답다고
>   말할 수 있으랴
>   무수한 주사약과 경구약으로 얼룩진 몸처럼
>   전쟁으로 신음하는 지구와
>   거기에 의지하여 살고 있는 내 몸은 어쩌면 이렇게 닮은 것이냐
>   ―「얼룩진 유전자」 부분

이 시에서 "지독하고 지독한 것만이 살아남"았다는 언명은 지구 위의 생명체 중 대표격인 인간종을 염두에 둔 발화다. 유사 이래 여일하게 정복자의 자리를 내준 적이 없는 인류의 탁월한 적응력이 찬사보다는 자기 조롱의 대상이 될 수 있는 것도 시인의 유전자에 새겨진 특성들이 바로 그 인류의 것이라는 데에 이유가 있다. 이것을 "얼룩진 유전자"라 명명함으로써 본연의 인간이 병든 정황을 환기한다. 아름다움의 대명사인 꽃이 피어나는 순간을 찬양하지 않고 종기에 비유하여 모체인 지구가 모든 생명체의 유전자를 교란할 만큼 치유가 불가능한 병에 걸렸음을 시사하는 것도 그런 이유다. 이는 어떤 면 "삶을 긍정하라"고 설파했던 니체에 대한 반발로서 상상계에서 진리를 구축하는 철학 언어의 비현실성을 향한 조소에 가깝다. 긍정하는 정신에는 파란이 개입할 여지도, 현실에 대한 부정 정신도 들어설 자리가 없지 않던가.

하여 화자는 의심과 부정성을 용납하지 않는 긍정의 정신이 자신의 삶을 얼룩지게 한 요인이었음을 고백한다. 봄의 유전자도, 자신의 언어로 쓴 시도 얼룩지고 파편적이고 기워낸 것이라면서 얼룩 현상을 물질적인 것을 넘어 정신의 문제로 확장한다. "아름다운 꽃"이라는 명명조차 불가능해진 시대의 묵시록을 쓰지 않기 위해 안타까운 마음으로 고투하면서 정신만은 병들지 않기를 바란다. 지구의 몸에서 태어난 생명체들도 건강이 부실해진 지구의 소산이기에 병들 수밖에 없다는 현실 진단, 병든 몸에서 받은 유전자가 물질에 그치지 않고 정신 문제로 직결되는 기제임을 시 쓰기 과업을 바탕으로 이야기한다.

3. 해체와 차이를 넘어 시 쓰기

개념을 파기한다는 의미는 다음 시에서 시인이 쓴 것처럼 "지식의 가면"

을 벗는 일과 같다. 절대성을 주입하는 전통철학을 해체하면서 개념의 자유를 말했던 니체조차도 나정욱 시인에게는 부정의 대상이다. 그에게서 배운 학문의 자유나 즐거움의 방식들조차 가면일 수 있다고 말한다.

> 평생 벗겨 보려 했던 것이 지식의 가면인데
> 평생을 거쳐 뒤집어쓴 것이
> 또한 지식의 가면이 되었네
> 괴물과 싸우는 자 괴물이 되는 것을
> 경계하라던 니체의 전언이 결국
> 지식의 가면의 한 귀를 만들어 주었네
> 당나귀 같은 지식의 가면을 쓰고
> 나는 또
> 지식을 한 수레 평생을 끌고 다니네
> ―「지식의 가면」 전문

　지식과 전투를 벌이듯이 살아오면서 "괴물과 싸우는 자 괴물이 되는" 이치를 이 시는 이야기한다. 교육받아 얻은 지식으로 사회적 소통을 꾀하는 언어 운용을 시니피앙으로, 지식에 기반한 소통이 아닌 사적인 영역에서 점화하는 언어의 불꽃을 시니피에라 할 때 위의 시는 후자를 달성하기 어려웠던 그간의 사정을 짐작게 한다. 개념의 자유를 주문한 니체의 전언을 참고하면, 지식으로 무장한 지식 괴물은 본연의 자기를 숨기고 페르소나를 연출한다. 하지만 시는 평생 지식의 수레를 끌고 다녔던 자에게서 나온 언어라 할지라도 사회적 가면을 표방하지 않는다. 배워서 아는 내용으로는 현실 사회에 기여하고, 배움의 속박으로부터 벗어난 진짜 내용은 시에게로 돌려보내면서 페르소나를 벗어던진다. 시인 자신에게서 나온 순연한 언어만이 시가 될 수 있고, 그 순연함이란 것은 효용성을 중시하는 지식과 무관하다.

여기 한 사람의 인생이 있는데 이 사람의 인생이 총체적이라는 점을 부정할 사람은 없겠죠

이 사람이 어쩌다 시대적 괴물이 되어 창살에 갇혔어요 그러니 그는 창살 안에 있고 그를 분석해야 할 사람들은 창살 밖에 있는 겁니다

…(중략)…

한 사람이 살았을 때는 추정치로 말하지만 그가 죽으면 창살 밖의 사람들은 그의 주검을 각자의 전공 분야로 뜯어 분석합니다

살아 있는 것은 총체적인데 죽어 있는 주검은 분석적 해체를 면치 못합니다

예전의 주검들이야 벌레들이나 미생물이 해체 처리했으나 지금은 각자 전공 분야가 다른 사람들이 즉각 해체 후 밀봉 소각합니다

(혹시나 덧붙여 말하는데요)

창살이 필요했던 것은 해체의 편의성과 용이함을 위한 설정일 뿐 꼭 감옥의 창살만을 말하는 것은 아니랍니다

―「분석의 관점」 부분

이 시는 해체적 분석 효과에 의문을 제기하면서 삶의 총체성을 생각해볼 것을 제안한다. 전통철학과 해체철학의 경계를 창살에 비유하면서 창살 안에 갇혀 외부의 분석 대상이 된 인물을 "괴물"이라 칭한다. 이는 분석과 해체에 의해 괴물이 되어버린 현대 인간의 은유다. 외부에서 가하는 다양한 평가와 판단들에 의해 인격이 해체된 그는 "분석의 관점"에 따라 전혀 생소한 개인성을 지닌 존재자로 분열한다. 전통적 바라보기의 대상을 창살 안에 가둬놓고 전혀 새로운 관점으로 정체성의 분열을 증명하는 분석 철학은

세분화와 전문화로 전혀 다른 국면에서 그의 정체를 재정의한다. 그가 누구인지를 말하기 위한 방편임에도 정작 그가 누구인지를 총체적으로 말하지 못하고 찢어발겨 괴물로 만든다. 창살이라는 경계가 필요했던 이유는 단지 "해체의 편의성과 용이함을 위한 설정"이라고 시인은 생각한다.

  시 외부의 현실을 보면 지금 이 시대는 전문가 양성에 맞춰진 근대 교육 체제에서 해체된 총체성들이 '융합'이라는 이름으로 재통합되는 양상을 보인다. "각자의 전공 분야로 뜯어 분석"해온 해체 방식이 진리로 등극하는 것을 혼종(hybrid)의 사유로 방지하고자 한다. 잡종의 사유가 단지 총체성을 회복하자는 차원에서 이뤄지는 것은 아니다. 이것은 잡종을 정상성으로 보지 않는 세계를 향한 발언이며, 해체물의 국부 현상만으로는 대상의 진실을 알지 못한다는 의미이기도 하고, 해체적 분석도 배제할 수 없다는 차원에서의 경계 만들기가 '창살'이라는 점을 전한다. 다음 시에서는 '차이'를 용인하는 방식들에 관한 사유를 펼친다.

    개와 고양이와 사람의 차이를 각자의 언어로 말해 보세요
    알아듣지 못하는 것은 각자가 바라보는 바벨탑의 높이가 다른 탓입니다
    바벨탑을 오르기엔 몽키가 제격입니다
    그러니 차이를 말하지 말고 공통점을 말해 보세요
    그것들의 공통점을 지닌 것은 몽키입니다
    우리말로 원숭이인 몽키는
    고양이와 사람과 개들의 행태를 모두 갖고 흉내 낼 수 있으니
    몽키의 말을 각자 해석해 보세요
    …(중략)…
    지금 몽키가 오르고 있는 저 나무가 그 옛날 짓다 만 바벨탑의 높이쯤 되겠네요
    몽키가 오른 바벨탑의 높이는 거기인데
    그걸 해석하는 개와 고양이와 사람의 높이가 다 다릅니다

            (그런 차이가 의미입니다!)

                                                    ―「차이」 부분

　차이의 철학은 경계 짓기가 목적이다. 차이 나는 것으로써만 말할 수 있는 개체의 특성에 주목하여 부단히 차이를 만들어간다. 시인은 여기서도 해체철학을 문제삼으면서 개체들 간 차이가 아닌 "공통점"을 발견해보라고 주문한다. 그러면서 그 중심에 "각자의 언어"가 있다고 쓴다. 신이 바벨탑을 허물어 아담의 언어를 부수자 여러 지파로 나뉜 언어의 기원을 소환하면서 언어의 차이에 매몰되지 말고 원숭이의 말을 "각자 해석해 보"라고 권유한다. 유전자 배열이 인간종과 가장 유사한 유인원의 언어조차 해석하지 못하면서 극렬하게 해체를 주목적으로 하는 차이의 철학을 넘어서라는 뜻이다. 이때 각자의 언어로 해석한 의미가 모두 다르게 표명될 때의 차이를 시인은 "의미"라고 생각한다.
　인간의 자질에 못 미치는 원숭이의 언어를 해석해보라는 시인의 생각에 따르면 바벨의 언어가 해체되던 무렵 인간종은 원숭이에 비견되는 생명체였으며 그 이후 인간과 함께 언어도 진화와 진보를 거쳐 지금에 이르렀다. 하여 바벨의 언어를 현재 시점으로 보면 원숭이의 행위언어쯤 되고, 이것을 해석하는 "개와 고양이와 사람의" 언어가 다르듯이 원숭이의 언어도 의당 차이가 난다는 점을 시사한다. 이렇듯 시인이 시니피에에 주목하는 이유는 차이를 만드는 분과 학문들이 언어의 차이를 넘어 모든 절대성을 작파하고, 상대성을 사유하는 과정에서 구획화와 범주화, 그리고 세분화를 통하여 개별적인 진리를 구축하는 것에 대한 반감이라 할 수 있다.
　시인의 이 같은 언어 고민은 또 다른 시「장미의 문양」에서 시 쓰기 수행으로 변주되어 나타난다. 한 땀 한 땀 바느질을 하듯이 몸의 언어를 기록하는 방식을 다루고 있어서 이 시는 무의식을 중시하는 자동사적 글쓰기와는 차이가 난다. 바느질하는 주체의 손놀림을 시 쓰는 시인의 그것으로 환치하면서 바늘귀의 좁은 구멍을 통과해야만 한 땀의 바느질이 가능하다는 점을 시사한다. 바늘귀 같은 좁은 통로를 낙타가 통과하는 것처럼 천국으로 들어가는 문도 협소하다는 성서를 소환하여 시의 세계로 들어가는 협로를 바느질 행위로 표상한다. 사유의 좁은 통로를 통과하면서 발생하는 시언어를 "바느질의 문장"이라 칭한 것에서 보듯이 바늘은 시언어를 가능케 하는, 예컨대 영감(靈感) 같은 비물질을 물질화한 상징 기호다. 시인이 새벽에 올려다본 하늘에서 "어제 완성하지 못한 시"(「북두칠성」)를 발견했다는 언명은 시인의 "가슴에 돋은 자신의 별"을 뜻함과 동시에 시의 영속을 소망하는 것으로 읽힌다. 태곳적부터 변함이 없는 북두칠성을 보게 된 어느 새벽에 시인은 영원한 시를 보았다고 믿게 된다.

 그리고 시인은 마침내 시인인 자신을 볼 수 있게 되었다. 학생들이 붙여준 별명 "너구리"로 30년간 몸담아온 교직을 떠나기 며칠 전 뒷산에서 너구리를 만난 일화를 들려준다. 그 모습에 별명인 너구리를 투사하자 자신의 환영인 듯한 눈앞의 생명체는 "시 쓰는 너구리"가 되었다. "산딸기나무 가시숲에" 몸을 숨긴 채 반드시 보여야 할 대상에게만 보이는 너구리, "시 쓸 때의 집중력"으로 보아낸 너구리가 자신의 자화상이라는 사실을 화자는 의심치 않는다.

>   시 쓰는 너구리를 보았다
>   내 별명이 너구리라서 내 눈에만 보였는지도 모르겠다
>   그 많은 사람들의 눈과 발걸음이 있었지만
>   너구리를 본 사람은 없다고 했다
>   그러나 나는 분명 너구리를 보았다
>   그것도 녹음을 뒤집어쓰고 수줍게 서 있는 모습이
>   시 쓸 때의 꼭 내 모습이니 나는 너구리가 시를 쓰고 있었다고

> 생각하지 않을 수 없다
> …(중략)…
> 우리는 눈을 마주치고 몇 분간 조용히 서로만 응시했다
> 시 쓸 때의 집중력이었다
>
> ―「시 쓰는 너구리」부분

  이는 온전히 시 쓰는 일에 투신하게 될 자신의 미래상을 앞당겨 보게 된 순간의 경험이 아니었을까. 너구리는 퇴직을 운위하지 않아도 될 시인에게 부합하는 별명이며, 교직을 떠난 화자는 필경 "사람들 눈을 피해" 가시숲에 숨은 심정으로 시를 써내려갈 테니 말이다. 그래서일까. 이 시는 자신이 시인으로 살아갈 이후의 삶을 절절히 예감한 순간을 기록한 것으로 읽힌다. 학생들에게 개념을 주입해온 장본인이 교단을 벗어나 지식의 교만을 폭로하고 자기 조롱까지 하는 시인으로 다시 서게 될 그 날에 진짜 시인이 될 것이라고 나정욱은 생각했을지도 모른다. 멸종도 모르고 변하지도 않는 북두칠성 같은 시를 꿈꾸면서 말이다. 하여 나정욱 시인은 만유가 '밝음'의 생명성을 구가하기를 바란다. 사변 철학을 인간의 실존에 비추어가며 심층적으로 사유하고, 현실에 비추어 사유의 치밀함으로 녹여내며, 인간이 가장 바라는 아름다움의 가치들을 영원히 말하고자 하는 포부를 그의 시에 담아낸다.

(2024.6.30)

제3부

외상 공동체에서 우리-되기

형상과 소리
— 송승환 · 오정국 · 김이섬

시인은 보이지 않는 것을 보아낸다. 이 점이 재현과 가상 사이에서 숱한 질문을 일으킨다. 시인과 광기를 한데 엮은 첫 사례로 흔히 플라톤을 들먹이는 것도 여기에 연유한다. 이 경우는, 신이 바벨을 허문 후에 시인이 사물과 말이 하나인 세계를 꿈꾸었다고 보는 편이다. 사물 그 자체가 말인 세계를 지각하는 경험을 이야기하는 주체가 시인이라는 관점이다. 이런 시인에게서 플라톤은 광기를 보았다. 현상적인 재현에서 벗어나 사물의 본질을 말하는 시인을 실재의 일탈자로 알았던 것이다.

근대 서양에서 시와 광기의 첫 대면으로 돈키호테의 경우를 든 이는 미셸 푸코다. 플라톤이 시인을 "고양된 정신 착란"자라 부른 것과 달리, 돈키호테는 19세기의 정신의학이 만들어낸 환자를 광인으로 보는 제도 속에서 태어난 인물이라는 것. 말과 사물이 하나였던 시대로부터 추방된 인류의 모델인 그는 무질서와 닮았다. 동일성이냐 차이냐는 엄정한 근거에 따라 사물과 언어가 친화력을 잃어버리고 언어가 홀로 고고한 상태에 처하게 되면서, 그것은 오직 문학이 됨으로써만 사물로부터의 고립에서 벗어난다. 그는 사물과 말 사이를 자유롭게 떠돌아다니며 오직 언어에 빚진 자, 말에 내재하는 실재성으로만 그가 누구인지를 짐작할 수 있는 자, 광인이 됨으로써 스스로를 허구(=소설)화하여 자신의 말에 기호적 성격을 부여한 자. 이를 두고 푸코는 '닮음'을 수집하여 그것을 확산하는 자로 광인을, 이와 대칭을 이루면서도 다르게 말하기를 꾀하는 자를 시인이라 칭한다. 그러면서 그들은 한계 상황이 필연임에도 불구하고 낯섦의 힘과 항의의 가능성을 부단히 얻어내는 존재라고 쓴다.[1]

잠시 초기 인류의 언어로 돌아가 즐거운 상상을 해보자. 그들의 말이 지금의 시와 다르지 않았을 거라는 가설이 그것이다. 이는 그들의 언어가 사회적 기능을 하기보다 매우 개별적이었을 거라는 데서 출발한다. 합의한 언어로 소통하기보다 자기만의 방식으로 의사 표현을 했을 초기 인류가 제각기 시 같은 말을 했을 거라는 추정은 시를 읽는 우리를 즐겁게 한다. 그들은 모두 시인이었다! 이러한 생각을 가능케 하는 경우를 루소를 빌려 말해보자. 예컨대 나무에 기어올라 열매를 딸 때의 기분을 말할 때 그들은 같은 행동을 두고 서로 다른 표현으로 자신의 경험과 정념을 표현했을 것이다. 하나의 현상에 대한 각기 다른 언어 표현, 게다가 그 말을 듣는 이의 해석까지도 분분했을 것으로 짐작된다. 이처럼 자신의 경험과 감정에 관한 지극히 사적인 발화에 선행하는 것은 소통이 아닌 개인의 정념이었을 테다.

이 같은 추론들이 뜻하는 바는 시인의 언어가 모호하며 신비한 기호라는 점이다. 지금 여기서 시 발생설을 들먹이는 것은 이를 바탕으로 음성언어에 끼어드는 표의문자의 의미 작용을 말하려는 시도다. 송승환·오정국 시인은 표음문자·표의문자를 바탕으로 문자의 물질성에 함유된 정신 내용까지도 사유한다. 김이섭은 사람의 음성이나 자연의 소리가 '시'가 되는 경우를 디지털 기록 시스템을 바탕으로 들려준다. 시인은 그 순간을 받아 적는 사람이며, 이때 촉발된 어떤 정신이 휘발하지 않도록 문자로 붙잡아둔다.

---

[1] 미셸 푸코, 『말과 사물』, 이규현 역, ㈜민음사, 2016(개역판 8쇄), 89~90쪽.

1. 직선적 사유를 깨기

  자연의 산물로 일차 욕구를 채웠을 초기 인류에게 정신의 산물은 그다지 간절하지 않았을 것이다. 육체가 요구하는 것을 몸소 충족시키면서 삶을 영위하는 자연 상태에서 정신이 필요했다면 어떤 경우일지를 송승환의 시는 생각게 한다. 시가 오는 순간을 문자로 붙잡아두고자 하는 '너'를 지목하면서 시인은 놀이 감각을 발휘한다.

    一

    검은 제단

    雨

    바람이 촛불을 꺼뜨린다

    口口口

    일제히 하늘을 향해 벌어지는

    세 개의 입술

    示

    보이지 않는 것을 보는 자

    口口口

    너는 검은 그릇에 술잔을 올리고

一

기다린다

雨

기다린다

巫

저 높은 곳에서 내려오는 어떤 목소리

霝
霝
霝

검은 심지에 불이 붙는다

너는 밤의 백지에 받아쓴다

— 송승환, 「靈」 전문(『문파』, 2024년 여름)

    이 시에는 음성언어와 문자언어가 섞여 있다. 파자(破字) 놀이를 즐기면서 내려 읽다 보면 어느새 한 편의 시를 읽게 된다. 표의문자인 靈을 위에서부터 차근차근 파자하면서 시행이 바뀌고, 표음문자인 한글로는 이 같은 놀이의 이유와 의미를 사유하게 한다. 목소리의 현전으로는 언어의 절대성을, 한자 이미지로는 그 의미를 해석하게 한다.

    이 시의 이미지는 한자들 그 자체다. 靈이 형성되어가는 과정을 따라 발화를 이어가는 형식이 한 편의 시가 되었다.[2] '너'는 우선 가로획 '一'을 그

---

2   이 글자를 형성문자로 보는 경우에는 뜻을 나타내는 비우(雨 ☞ 비, 비가 오다)部와 음(音)

어놓고 "검은 제단"이라 부른다. 이는 문자 형성과 시 형식의 형성을 동시에 함유하는 줄 긋기다. 비바람에 촛불은 꺼지고, 술잔들[ㅁㅁㅁ]은 "세 개의 입술"처럼 "일제히 하늘을 향해 벌어"져 있다. 이는 할 말을 삼킨 채 벌어진 입 모양을 닮았다. 이어 示를 불쑥 써넣어 '너'를 "보이지 않는 것을 보는 자"로 지목하고, 너는 제단에 술잔을 올린다. 침묵 속에서 'ㅡ'을 앞에 놓고 빗속에서 그 "어떤 목소리"를 기다리는 너. 최초의 시인이 샤먼[巫]이었을 수 있다는 추정하에 그다음 상황을 읽으면 너가 기다리는 것은 靈의 강림이다. 신령스러운 그것이 너의 정신에 불을 지핀다. 바람·하늘·목소리 등의 자연 현상, 제단·촛불·그릇·술잔·불 등의 인공물, 사람에게 속한 입술·백지까지, 자연물과 인공물이 이 침묵의 형식에 참여한다. 그리고 너-사람이 "밤의 백지에 받아" 쓸 그 무엇을 "기다린다"는 언명으로 이 모든 우주의 현상이 '너'가 신령한 정신을 받아쓰는 일에 관여하고 있음을 보여준다. 기다림의 대상이 결국에 靈이었음을 일깨우면서 이것이 "불"처럼 일어나 너의 캄캄한 정신을 밝혀줄 것임을 시사한다.

이렇게 글자를 해부하듯이 읽어 그 의미를 조합해보는 것으로 이 시를 다 읽었다고 할 수는 없다. 보다 더 심원한 세계로 데려가는 문자들의 행렬에서 우선 발견되는 건 표의문자의 물질성이다. 손으로 만질 수 있을 것처럼 접촉면이 선명한 저 상형들은 음성만으로도 그 의미를 알 수 있는 한글과는 다른 의미를 지닌다. 이 시에는 듣기만 해도 즉각 의미가 와 닿는 표음문자

을 나타내는 동시(同時)에 강하(降下)의 뜻을 나타내는 글자 霝(령)으로 이루어진다(출처 : 디지털 한자사전 e-한자). '靈자는 '신령'이나 '영혼', '혼백'과 같은 영적인 존재를 뜻하는 글자이다. 금문에 나온 靈자를 보면 雨자와 口(입 구)자, 示(보일 시)자가 결합해 있었다. 여기서 口자와 示자는 제단에 놓인 술잔이나 그릇을 표현한 것이다. 그러니까 금문에서의 靈자는 하늘의 신에게 제를 지내는 모습을 그린 것이었다. 그러나 소전에서는 示자와 술잔이 巫(무당 무)자로 바뀌면서 지금의 靈자가 만들어지게 되었다."(출처 : 『네이버 한자사전』).

인 우리 말, 눈으로 읽어 해석하더라도 의미 파악이 불가능할 수 있는 표의문자인 타민족의 언어가 섞여 있다. 이것을 표음문자 중심주의에 틈을 내는 시인의 시적 수행으로 읽게 한다.

데리다의 사유에 따르면 표음문자는 자민족중심주의에 기반한다. 이 시가 만약 온전히 한글로만 표기되었다면 자민족중심주의를 따른다고 할 수 있다. 이런 경우 一을 '일'로, 雨를 '우'로, 口口口를 '구구구'로, 示를 '시'로, 巫를 '무'로, 靈을 '영'으로 표기하게 되어 의미의 혼란은 필연이다. 이때 송승환 시인은 자민족중심주의 음성언어의 절대성에 틈을 낸다. 언어의 기원으로까지 소급하여 이런 점을 적시한 데리다가 음성의 절대성을 파괴하는 문자의 공존을 말한 것도 이 같은 차원이다.

위의 시는 음성언어에 종속되지 않는 에크리튀르(문자)로 글자를 한 획 한 획 아래로 내려쓰면서 언어의 집을 짓는 시 쓰기 수행을 대변한다. 온 우주가 동참하는 시 쓰기 수행에서 '너'는 불이 일어나듯 하는 靈을 기다린다. 이 일은 화자가 일획을 긋자마자 온 우주가 캄캄해진 뒤부터 차츰 진행되어 왔다. 온 세상이 암흑으로 변한 뒤에야 "보이지 않는 것을 보"아내게 된 '너'는 "검은 심지에 불"이 붙는 것 같은 열정을 지펴내기에 이른다.

이 시는 우리가 소쉬르에게서 배운 대로 언어는 청각영상(기표)과 개념(기의)으로 이루어졌다고 말하는 듯하다. 듣는 것만으로는 그 의미를 알 수 없는 靈을 파자하면서 상호 침투하는 '음성'과 '의미'의 작용점을 말하고 있다. 이는 외면상 문자 형성의 기원에 관한 지식을 전달하는 듯하면서도 내적 의미는 시 발생설과 맞닿는 시적인 전유가 아닐까. 시인이 자민족중심주의자라면 靈/靈/靈이 타민족어라는 이유를 들어 영/영/영이라 써놓고 우리 고유의 표기법만을 옳다고 주장할 것이다. 그럴 때 이 시는 오직 목소리의 현전으로만 가능한 절대 언어(logos)의 받아쓰기에 그칠 터다. 하지만 시인은 靈이라는 언어의 집 한 채에 뜻글자와 소리글자를 두어 온 우주가 참여하는 가운데 '시'가 오는 순간을 쓰고 있다.

2. 비휘발성 언어로

앞선 시와 같은 맥락에서 이번에는 오정국 시인의 시를 읽는다. 표의문자에 대한 모종의 압박이 있다면 "누구나 한눈에 알 수 있는 글자", 즉 평범한 뜻 문자인 無를 무심히 따라가 보기로 한다. 앞선 시에서 본 巫, 아래 시의 無와 舞는 공교롭게도 음성언어 '무'로 통합된다. 세 글자를 '무'로만 표기했다면 우리는 '샤먼' '없음' '춤'의 기의들을 선뜻 분별해내지 못할 가능성이 크다. 기표 '무'들을 산발적으로 섭렵하던 중 그 내포 의미를 운 좋게 巫·無·舞와 연결하는 계기를 만났다면 꽤 다행일 테다.

> 無는 죽은 자의 혼령을 위로하는 춤이었다 舞의 엇갈린 두 발, '어그러질 천(舛)'이 '불[灬]'의 형상으로 흩어져 있다 無는 '사람 인(人)'을 갓머리에 올려놓고 '마흔 십[卌]'을 가로 닫아놓았다 나이 마흔에 땅에 묻힌 자를 가리키는가 싶은데, 무덤가엔 재 가루 흩날리고, 죽은 자는 세상에 없으므로 '없을 무(無)'라고 한다 혼령은 無가 되지 아니하고, 無에 깃들어 지상을 떠돈다
>
> 오대산 절간에서 마주친 無
>
> 귀때기 새파란 초겨울 추위에 얼굴 비비며 월정사 적광전(寂光殿)을 마주하였다 빛을 멸해야 고요를 얻는다는 적광, 거기에 매달린 주련(柱聯)의 無, 갓머리와 변과 방과 삐침과 받침이 가까스로 떠받치는 無, 무문관(無門關)으로 통하는 바람구멍인 듯했는데, 비쩍 마른 촌놈 같은 전나무를 지나 적멸보궁(寂滅寶宮)으로 발걸음 옮기느니, 법당엔 불상이 없고 진신사리 묻힌 자리 알 수 없다네
>
> 무심결에 눈길 줬던 無라는 글자

> 팔을 쳐들어 손짓하지 않으면
> 손가락 뭉개질 일 없겠고
> 나무 기둥이나 돌바닥
> 마르지 않는 웅덩이에
> 얼굴 처박는 짓거리 안 해도 됐을 걸
> ─오정국,「누구나 한눈에 알 수 있는 글자」전문(『시절』, 2024년 여름)

세 개의 연에 걸쳐 시인이 시종 無를 이야기하는 것에서 보듯이 '없을 무'는 결코 없지 않다. 문자로서 無가 실재하므로 시인은 존재의 없음에 관한 사유를 펼칠 수 있다. 이 표의문자를 파자하는 중에 그는 세상의 모든 문이 '무'로 통한다는 것을 깨닫게 된다. 마흔 살에 죽어 땅에 묻힌 자의 흔적 없음의 의미를 뜻 문자 無로 써서 전하면서도 그는 정작 無가 舞에 속한다고 말한다. 상호 교환하는 "받침"인 "어그러질 천(舛)"과 "불[灬]"에서 시인은 '춤출 무(舞)'와 '없을 무(無)'의 내포 의미를 간파한다.

이른바 "혼령은 無가 되지 아니하고, 無에 깃들어 지상을 떠돈다"는 것이 그것이다. 이로써 시인은 죽은 자의 부재를 '없음'으로 단정하는 관점에서 벗어나 그를 "無에 깃들어 지상을 떠"도는 혼령으로 지각하기에 이른다. 앎과 지식 중에서 무엇이 진정한 깨달음인지를 따질 때 앎을 선순위에 둘 수 있다면 이런 경우일 듯하다. 경험으로 깨달아 알게 된 몸의 지식이 앎이 되는 이치를 이 시는 일깨운다.

문자언어가 오염되었다고 말한 소쉬르에 근거를 둔 탓이겠으나 음성언어는 절대성을 지닌 것으로 신성시되어왔다. 그는 문자언어가 음성언어에 침범하는 것을 불경스럽게 여겼다. 언어의 기원은 음성언어이고 이것의 절대성을 지닌 언어만이 순수하다고 믿은 그에 따르면 표의문자는 영혼의 현전을 표기하지 못한다. 반면에 데리다는 음성언어가 지닌 절대성을 부정했다. 이런 점을 볼 때 음성언어만의 진리를 운위하는 일은 애초에 언어의 속성을 절반만 알고 하는 말로 보인다. 음성을 발하는 자와 나무에 달린 열매에 어떤 표식을 그려 넣는 자가 똑같이 의미 모를 어떤 언어 행위를 하는 사례를 언어의 기원으로 볼 수 있다면 이때 동시대적 공간에는 음성언어와 문자언어가 공존한다고 보아야 하지 않을까.

송승환 시인도 오정국 시인도 문자언어와 음성언어를 섞어 시 세계를 넓힌다. 언어의 기원을 음성언어로 환원하는 방식에 의문을 제기하면서 비휘발성 문자언어의 의미 작용을 사유한다. 이 같은 시적 수행에서 우리는 몸이 경험한 일과 정신의 언어가 한데 어우러져 열정을 피워 올리는 시 세계를 본다. 두 편의 시에서 우리가 경험하는 것은 직선으로 나아가는 언어에 탈주선을 그리는 시적 수행이다.

3. 디지털 기록 시스템에 담은 너와 나의 시간

소리를 붙잡아둘 수 없으므로 음성언어만으로는 시가 되지 않는다. 그 음성을 붙들어 문자언어로 쓴다 할 때 음성언어의 변질을 막을 수도 없다. 시적 언어의 쇄신이 가능하다면 이는 변질된 형태로 나타나는 언어일 가능성이 크다. 그만큼 시는 무언가를 받아쓰면서도 재현 문법에 불복종하는 언어다. 언어를 나열하는 데 그치지 않고, 대상의 속성을 전혀 다른 방식으로 말하면서 새로운 세계를 만들어간다. 다음 시에는 디지털화한 기록 시스템에 담긴 음성 파일을 작동시키는 인물이 등장한다.

넌 녹음을 해

걷다가도 길 한복판에서 긴 시간을 견디며/올여름엔 기록적인 폭우가 내렸지/녹음해 온 소리를 밤마다 들었어

빗소리를 뚫고/희미하게 살아 있는 풀벌레 소리

네가 모은 몇 년 치 녹음 파일이 nothing 폴더에 담겨 있어/*nothing*이라니 무슨 이름이 이래?/넌 엉뚱한 대답을 했지/아직 많이 부족해

수영장에선 우리가 물에 빠지는 소리를 녹음했어/마르지 않은 머리를 털며 책을 읽는 너

소리는 살갗이란 것을 모르고, 한계가 무엇인지도 알지 못한다. 내재하지도 외재하지도 않는다. 소리는 무한하며 장소에 국한되지 않는다.

넌 멈추지 않아

육중한 나무문이 바닥을 긁으며 열리는 소리, 늪에 빠진 새 날갯소리, 바람개비 도는 소리와 송사리 건지는 소리, 불더미 속에서 쓰레기 타는 소리, 돌아가는 선풍기에 대고 아아아— 하는 목소리, 이수진! 이수진! 아파트 복도에 울리는 소리, 유행가, 작은 탄성들, 벽을 뚫는 아기 울음, 서로의 입술을 빠는 소리, 분절된 문장을 더듬거리며 읽는 여자 목소리, 지하철 소음과 안내방송에 묻힌 흐느낌, 조금씩 느려지는 고양이의 심장 소리, 그리고/몇 시간이고/몇 시간이고 멈추지 않는 파도 소리/그 소리들을

너는 잡으려고 하지/잡을 수도 없으면서

내게 헤드폰을 씌워 주며 넌 nothing 중에 하나를 열어

위아래로 쉴 새 없이 움직이는 그래프/지글거리는 잡음 그러다/다시 물속에 잠긴 듯 정지된 세상/아주 낯설게 멀리서 웅— 하는 소리로 채워지다가/곧 너와 내가 떠드는 소리

이 동네는 왜 제설작업을 안 하지? 눈 치우면 또 눈 오고 눈 치우면 또 눈 오고/그래도 예쁘잖아/이젠 지긋지긋하단 말이야

형상과 소리

그리고 다급하게 눈 녹은 진창을 밟고 가는 바퀴 소리가 멈추지 않다가 우리는 갑자기 동시에 웃었고 그러다 계속 앞을 향해 걸어가는 듯 바람 소리만이 가득했어

― 김이섬, 「.waw」(『파란』, 2024년 여름)

여기서 '너'는 소리를 붙잡으려 헛된 몸짓을 하는 것처럼 보인다. "네가 모은 몇 년 치 녹음 파일이 nothing 폴더"에 담겨 있고, '나'는 "무슨 이름이 이래?"라며 이렇듯 허황한 폴더명에 반응한다. 아무것도 담기지 않은 듯한 폴더명이지만 정작 여기에는 즐거웠던 '우리'의 시간이 들어 있다. "아직 많이 부족"하다는 너의 발언에서 '아직'은 이후의 성공적인 녹음 작업에 대한 기대를 반영한다. 멈추지 않는 너의 파일 작업에는 여전히 '우리'의 음성이 채집될 것이다. 함께하는 시간을 붙잡아두기 위해 "물에 빠지는 소리", "너와 내가 떠드는 소리", 같이 웃는 소리들을 녹음해온 너에게 이 작업은 어떤 의미였을까.

이것이 설령 "바람소리만이 가득한" 기록 시스템에 저장된 내용이라 할지라도 두 사람은 무한히 열린 세계의 주인공일 수가 있다. 잡다하고 사소하고 미세한 소리의 입자들로 채워진 기록 시스템에서 '우리'의 소리를 포착할 수 있다는 가능성 때문이라도 여기에 담긴 여타의 소리들은 결코 쓸모없지 않다. 두 사람을 둘러싸고 있는 이 잡음들이 주변부에 있음으로써 이들이 함께한 순간은 휘발하지 않는다. 물이 있기에 두 사람이 물속으로 뛰어드는 소리가, 바람이 있기에 이야기를 나누거나 웃는 소리가 파장을 만들며 기록된다.

이 시는 물성이 없는 소리에 착안하여 너와 나의 관계성을 말한다. 빗소리·풀벌레 소리 등 자연의 소리는 이들의 서정과 무관하게 '재현의 재현'인 가상 텍스트를 구성하는 인자로 기능한다. 너와 함께한 시간이 한낱 바람 소리에 끼인 채 소음처럼 디지털 기록 시스템에 채집되어 있을지라도 이

미지 기계가 재현하지 못하는 틈을 메워준다. 두 사람이 "몇 시간이고 멈추지 않는 파도 소리"를 들어야 하는 이유는 이들의 음성과 소리가 그 어디쯤에 있다는 가능성 때문이다. 잡다한 소리들보다 더 조밀하게 두 사람의 시간을 담지 못했다 할지라도 그 소리들 틈에 둘이 함께한 시간도 있다. 따라서 한낱 쓸모없는 소리에 귀를 기울여야 하는 기록 시스템일지라도 이들에게는 'on'의 시간이며, '너'가 말하듯이 "아직 많이 부족"한 기록물이다.

 시인은 소리를 붙잡아둘 수 없으므로 문자언어에 정신을 새겨넣는다. 육성으로 전하는 낭송시의 원본이 문자언어인 점만 보더라도 그렇다. 시 쓰기는 "nothing 폴더"에서 두 사람의 흔적을 소리로 분별해내는 작업과는 다른 차원의 기록 작업이다. 잡다한 소리의 파동에 묻혀버릴 법한 것을 붙잡아 something 폴더를 만드는 시인의 작업에 우리는 '시'라는 이름을 붙인다.

(2024.10.30)

사람 냄새의 안과 밖
— 장석원 · 김성규 · 최현우

 지금 나에게 삶이 있는가. 위험과 공포가 그대로 삶의 조건이 되었다면 그것이 없다고 답할 수 있다. 상황과 조건이 선고하는 무자비성에 억압된 채 투쟁조차 해보지 못할 것이기에 그렇다. 자문자답 하나를 추가해본다. 나에게서 사람 냄새가 나는가. 쉬이 답할 수가 없다. 냄새의 중의성에 '사람'이 겹치면서 인격이나 인간성의 어떠함을 증명해야 할 것 같다. 사람 냄새가 난다는 말은 정서적인 반응이며, 몸 냄새와 사람 냄새의 이해를 같은 맥락에서 하는 것은 생물학 차원이다.
 간혹 자신의 소속 없음을 자각할 때가 있다. 체제는 보이지 않고 어떤 힘들의 작용으로 그것이 유지되는 것처럼 보이는 경우다. 영문도 모르는 상황에서 벌어지는 불상사들이 나의 삶을 결정할지라도 그 진상을 다 알지 못하므로 이에 맞서는 방식도 섣부르기만 하다. 모종의 투쟁을 벌여 상대를 제압하는 방식을 고안하지만 안전한 삶을 확보했다는 실감은 언제나 유보된다. 그러니 모든 투쟁은 부득불 저마다 살기 위한 힘들의 긴장이고, 늦게 당도하는 안전을 기다리며 불안전을 견디는 일이다.
 그렇다면 시는 어떠한가. 사람 냄새를 시화할 때는 성품의 순연함에, 그것이 사라져가는 정황은 냉랭한 사회 진보의 정향을 참고하면서 말을 한다. 사람 냄새는 인간성과 공명하면서도 종적 분류법에 함몰되지 않는 고유의 향취를 지닌다. 사람이 사람일 수 있는 권리, 예컨대 타자의 생각이나 행위의 권한을 누군가가 전적으로 박탈하고 몰수한다면 그에게서 사람 냄새를 맡기가 어려워진다. 인간의 어떠함을 냉철하게 기술하면서 사람 냄새를 소거한 과학이나 역사는 이런 이유 하나만으로도 시와 변별된다. 이러한 감각으로 시를 읽다 보니 사람 냄새를 소거하는 전체성과 비인격, 적대화와 경쟁 체제, 소진·탕진하면서 손상되는 삶의 장면들에 특히 마음이 이끌린다.

1. 고락에 겨운 생

눈치껏 행동하는 자는 우물쭈물 뒷선으로 물러나고, 과단성 있는 자는 앞장섰던 사회 운동의 대열에는 사람 냄새 나는 곳에서 살고 싶어하는 이들의 열망이 있었다. 수직 질서를 부숴 수평으로 배치하는 일과 평등을 동일시한 자유주의자들은 이전의 관습을 나쁜 것으로 보았다. 반면에 그러한 갈망을 불순하게 여기는 전통주의자들도 같은 힘으로 공존했다. 전통을 미화하면서 관습을 보존해주고, 거기에 기대어 질서를 구축하려는 야심가들이다. 이들은 원시 자연 자체의 불평등성을 고수하면서 인간의 본래 조건에도 차등을 둔다.

진보하는 역사를 만든다면서 불평등을 조장하는 전체성의 기획이 바로 그것이다. 전통을 용인하면서 결탁한 자들의 관심 대상이자 척결 대상은 평등주의자다. 이들 간 상호 투쟁에서 주도적 질서를 세워가는 쪽이 누구인지는 두말할 필요조차 없다. 그들의 과업은, 사람 냄새 나는 세상을 만들고자 자유의지를 발현하는 개인을 체제에 헌납하는 것이다. 현대의 전체성은 이데올로기나 색깔론으로 갈라치지 않고도 막강한 힘이 암암리에 작동하면서 개인을 무력하게 만든다. 그런 와중에도 '인권'이라는 당위성과 '투쟁'이라는 행동 양식은 어느 시대건 다르게 변신하여 나타난다.

Ich bin Student
작고 푸른 학생이 독백한다
(간절한 避語, 나는 我何鬪)

선생님의 이마엔 빛이 머물고 송충이눈썹
선생님은 못 외우는 학생들 손바닥
내려치고 30센티 플라스틱 자
환부 부풀리고 환후 뜨거워지고
창문 안쪽에서 들려오는
Wer Wessen Wem Wen

누가 누구의 누구에게 누구를
선물할까 누가 나에게 박혔는가
나는 애물이었다가 왜 버려졌나
(나는 訥, 咄咄의 我何鬪)
왜 증오하면서 희원하는가
Deine Haut ist zu weich.

꼬집지 말아요 돌기를
삼키지 말아요 바르지 말아요
나는 유액이 싫어요 이인조의
생철학을 깨우치려면 비극의 꼭짓점에서
고락에 겨운 입술로 널리
널리 세상에 알려야 해요
쓰러져 밟히던 학생을

나는 선택되었다가 축출당했죠
그 사람은 나를 그것으로 만들었어요
(오늘은 追剝爾沫, 다음은 斫首沫)

멍들고 젖은 나의 이파리 아래에서 일렁이네
Du riechst so gut

— 장석원, 「독일어 교실」 전문(『문파』, 2022년 가을)

이 시는 독일어·한국어·중국어를 섞어 쓰면서 애초에 이해 불가를 선포하는 듯하다. 괄호 쳐진 말, 발성해야만 하는 말, 불명확한 명명과 의미소들의 편재를 세 개 국어의 상이한 증표들로부터 짐작할 수 있을 뿐이다. 화자는 신랄을 감추면서 더 신랄하게 어떤 암시를 던지고, 투쟁하는 방법을 스스로에게 묻는다. 무엇보다 강렬한 것은 '독일어'가 파시즘의 기호로 번식한다는 점이다. '교실'이라는 장소가 그렇고, 주입식 교육이 이뤄지는 현장이 그러하며, 절대 언어를 암기해야 하는 조건을 돌파하지 못하는 화자가 버려지고, 축출당하고, "증오하면서 희원"하는 처지가 되어버린 사정이 그러하다.

독일어 학습을 따라 하지 않아서 암기에 실패할 것임이 자명한 어느 학생의 사례로 이 시를 일단 읽어본다. 강고한 이성의 논리가 압도하는 절대적인 환경은 학습자의 느린 '이해'보다 빠른 암기력으로 유지된다. 전통을 고수하는 교육자가 학습자에게 부과하는 것은 천천히 이치를 따져보는 '이해'가 아니다. 질문과 의심의 싹조차 잘라버린 채 암기의 효율성을 꾀한다. "30센티 플라스틱 자"로 학생의 손바닥을 내려쳐 창문 바깥의 모처로 박탈한 것은 그런 이유다. 한때는 조심스럽게 다룬 애물이었고, 선택된 자였으며, 증오를 몰랐으나 지금은 "그 사람"에 의한 "그것"화(化)를 혹독하게 치르면서 열외로 밀려나 있다. 3인칭 "그것"으로 대상화되어, 교실 바깥으로까지 전체주의가 과잉되는 자리로 그는 축출당했다.

그러나 이 아나키스트는 투쟁의 방법을 분열적으로 고안하는 자다. 자기 언어로는 할 말을 못하는 파시즘의 현실이고, 어눌한 독일어로는 더더욱 투쟁하지 못한다는 근본적인 이유가 내재한다. "작고 푸른 학생"의 "독백"으로 언표되는 독일어는 선생님의 발음을 흉내 내어 교과서를 되뇌는 방식이다. 괄호 안에 묶인 것은 불순종의 기호들, 폭력의 강도가 거세지는 정황으로 보인다. 화자는 창문 바깥의 모처로 쫓겨난 채 독일어를 암기하는 동료들의 발성을 언뜻언뜻 듣고 있다. 교실로 좁힌 파쇼 분위기가 창문을 넘어 외부로 확산한다. 발성해선 안 될 동양의 언어가 입속에서 맴도는 정황을 괄호 안에 묶어놓고, 서양의 언어로 통합된 어떤 체제를 은유한다. 절대 언어를 외지 못하는/않는 불가능성을 '訥(더듬거림)'로 표명하면서 말에 대한 공포감을 드러낸다. 명명할 수 있는 것이든 없는 것이든 간에 그를 무능자로 만드는 것은 공포감이다. 공포 대상의 기표인 그 '말'은 '다른 말'을 용납하지 않는다. 맹목적인 암기로 학생을 계몽하려 하고, 질문도 비판도 투쟁도 허용하지 않는다.

하지만 이 시는 이렇게 읽고 말 시가 아니다. 비판을 수용하지 않는 암기 방식에 저항하다 "교실" 상징에서 축출당한 자의 사정과, 기어이 다른 언어로 말하려는 이유를 생각해보아야 한다. 크리스테바의 직관을 빌려 온다면, 위 시에서 제국의 언어는 "모든 공포들을 압축해놓은 하나의 상형문자"[1]로 비유할 수 있다. 박제된 상형문자 같은 독일어에서 "은유와 환각의 논리"가 가동한다. 발음을 따라 하지 않는 공포감의 기저에는 권력 행사의 주체를 따져보려는 의문사들이 내재하고, 살갗의 촉감이 너무 좋다거나, 냄새가 너무 좋다는 식의 불온한 폭력의 언어를 거부하는 심리가 깔려 있다.

낯 뜨거운 수치심과 긴장을 몰아오는 장면들이 하나씩 눈앞에 걸려 오기 시작한다. 화자에게 가하는 누군가의 꼬집기·삼키기·바르기 같은 행위가 그것이다. 폭력 주체를 묻는 의문사들(누구·누구의·누구에게·누구를)의 함축

---

[1] 줄리아 크리스테바, 『공포의 권력』, 서민원 역, 동문선, 2001, 68쪽.

의미와, 대패나 칼로 무언가를 깎아내고, 거품을 물면서 혼절하도록까지 매질을 해대는 광경이 떠오를 만큼, 한계 모를 폭력에 노출된 자의 고통이 실감을 더한다. '돌기·유약·그것', "멍들고 젖은 나의 이파리"에도 상징 기호로만 겨우 말할 수 있는 끔찍한 폭력성이 실려 있다. 대중가요 가사를 빌려와 "고락에 겨운 입술로 널리/ 널리 세상에 알려야" 하는 사정을 보건대 이러한 사태는 비판적 확장성을 요구하는 사회 문제이면서, "쓰러져 밟히던 학생"이 화자 하나에 그치지 않는 거대 사건으로 비등한다.

  니체의 생명관과 비극관을 섞어서 위와 같은 역설을 애써 이해해야만 한다. 극심한 고통을 겪는 자는 생명성이 충일하기 때문이라고, 생명성이 쇠약해지면 고통도 덩달아 사라진다고 말이다. 마지막 시구 "Du riechst so gut"(너의 냄새가 정말 좋아)에서는 기표 그 자체로는 포근한 체온을 지닌 사람 냄새가, 이면에는 잔인한 유린의 냄새가 깔려 있다. 이러한 정황에 "고락苦樂"의 모순 감정을 발언하는 화자는 정녕 뼛속 깊이 각인된 "비극"을 고백하는 자이리라. 니체는 『비극의 탄생』에서 이 문제를 역설적으로 사유한다. 비극은 기쁨으로부터, 힘으로부터, 넘쳐흐르는 건강으로부터, 과도한 충만으로부터 유래한다[2]고 말이다.

  니체의 언술대로라면 화자는 물론이거니와 그가 "이인조"로 지목하는 타자도 생동하는 생명의 원리로 삶을 영위한다. 상호 투쟁하는 가운데 화자가 "생철학을 깨우치려면 비극의 꼭짓점에서/ 고락에 겨운 입술"을 열어야 하는 이유가 이것이다. 권력 주체와 객체가 똑같이 생명성이 충일할 때 사람 냄새는 상호 다르게 감각된다. 생동하는 생(生)의 원리에 비극성이 개재하는 것도 니체식으로 말하면, 이처럼 각기 다른 충일한 생명성을 서로에게 계몽할 수 없기 때문이다. 생동하는 생명의 원리로 '생'을 현재화하여 인간 투쟁

---

2 프리드리히 니체, 『비극의 탄생』, 박찬국 역, 아카넷, 2011, 22쪽.

의 역사를 성찰하는 일. 그러한 역사에서 사람 냄새를 제각기 다르게 전유한 비극을 되새겨보는 일. 역사와 철학이 만나지 못하는 지점을 시-언어로 매개하는 일. 이것이 장석원 시인이 전경화한 어떤 비극의 참상이다.

2. 자기 기만에 겨운 생

　사람이 누려야 할 권리에 눈뜨지 못하도록 맹목을 조성하는 사회에서라면, '눈이 밝은 자'는 불온한 자다. 현시대에는 그렇게 잡동사니 개념들이 통하지 않는다고 생각하는 이가 있다면 심대한 착각이다. 자본의 전체성을 진리로 밀고 나가는 시대는 열외자를 양산하고, 그들을 약자로 만든다. 과정을 참조하지 않고 무시한 채 결과에 승복하게 하면서, 앞서가는 자들과 '진보'를 동일선 상에 올려놓는다.

　그 무엇을 달성하기까지 기다리지 못하는 자에게 기다림의 시간이란, 허비하는 것이면서 나쁜 것이다. 더디게 성취하는 자를 이해하지 못하면서/않으면서 무능을 들춘다. 이 같은 성과 목표에 포섭된 자들은 살과 피를 소진하면서 시간을 앞당겨 목표를 이루려 한다. 뿐만이 아니라 하위 주체에게도 과업을 주입하면서 닦달과 강요를 일삼는다. 제 살을 깎아내고 피를 말리며 목표를 성취하는 것이 근대식 성과주의다. 오직 목표 달성을 위한 도정에서 느린 수행 방식은 모자란 것, 약한 것이다.

　　　우리는 서로를 동지라 불렀어요
　　　이제는 웃음이 나오는 말
　　　배가 고프면 밥그릇에 비친
　　　자신의 눈동자를 보며 침묵하고
　　　소금으로 약속의 날을 점쳐보고
　　　풀과 벌레 울음소리로 하루를 살았죠

이제 우리는 배부른 돼지
서로를 적이라 부르죠
웃으며 악수하고
죽어간 동지들을 떠올리며 고기를 먹고
사냥해온 물건들을 꺼내놓으며
어제의 굶주림에 대해 자랑을 하죠
서랍 속의 낡은 편지를 뜯어보며
가끔 눈물을 흘리고
죽어간 동지들의 유산을 내 것이라 믿고
자신을 속이기 위해 더 크게 소리치죠
내일 또 빼앗아야 할 물건들과
빼앗기지 말아야 할 탐욕으로
어제와 오늘의 시간들을 죽이며 술잔을 들죠
— 김성규, 「동지」 전문(『포엠피플』, 2022년 창간호)

    이 시는 결코 거창하지 않은 기호로 "동지"가 "적"이 되어버린 배경을 말한다. 가난하던 시절의 동지가 지금은 적이 된 정황, 탐욕을 응원하느라 소진한 시간, 탐욕 속에서의 희망을 현실인 것처럼 여기는 자기 기만이 팽팽하다. 김성규 시인의 관심이 가난한 사람들에게 기울어질 때 그가 보아낸 것이 단지 빈곤 계층의 외면만은 아니라는 것을 우리는 잘 안다. 가난한 자들이 지키려 했던 미덕은 우리 사회가 잃어가는 것이고, 가난한 자가 최종 보유했던 아름다움이야말로 문명 이전의 사람 냄새 나는 가치인 경우가 많다. 김성규 시에서 가난의 모습으로 나타나는 가치들을 되새겨야 하는 이유가 여기에 있다.

    동지끼리 경쟁하는 것도 인간의 삶에는 필연이다. 충일한 생명성을 지녔기에 탐욕 덩어리인 "배부른 돼지"가 되어가기도 한다. 이 시에서 동지는 지금 이곳에 없는데, 그가 있지만 없다고 인식하게 된 배경을 눈여겨보아야 한다. 시인은 동지와 적을 궁핍의 시대와 풍요의 시대를 준거로 구분해놓는다. 가난도 평등의 항목인 양 여기던 궁핍의 시대에는 동일한 이데올로기를 존중했던 동지들이었으나, 뿔뿔이 흩어졌다가 다시 만나 지난 시절의 고생담을 나누는 지금은 피차 꿍꿍이를 품는다. 배고프던 시절에는 빈 그릇을 조용히 바라보면서 참아내고, 만날 약속을 섣불리 하지 못한 채 마음속으로 날짜를 세어보았으나, 지금은 다르다. 지난 시절의 궁핍이 자신을 역전의 명수로 만들었다는 듯이 자랑을 늘어놓는다. 자랑거리가 많아졌기에 더 자주 만나야 하고, "죽어간 동지들의 유산을 내 것이라 믿"으며 "자신을 속이기 위해" 목청을 높인다. 시인은 이러한 광경을 "어제와 오늘의 시간들을 죽이"는 것으로 이해한다. 궁핍의 이유를 알고, 그것이 영영 지속될지도 모른다는 염려를 내면화했을 지난 시절을 망각한 채 현재의 성과만을 탐욕스럽게 추수하는 사람들. 시인은 예전 같지 않게 변해버린 동지들을 감히 '적'이라 불러본다. 이는 자신의 변화부터 냉철하게 자각하는 자의 증상이리라.

"서로를 적"으로 여기는 무한 경쟁 체제에서는 그 누구도 궁핍을 말하지 않는다. 다시금 살과 피의 카니발을 즐기며 고기를 뜯어먹고, 오늘의 수확을 자랑하면서 내일의 포획물을 겨냥하는 전략적 시간 속에는 끝까지 유지해야 할 탐욕, 상대방에게 자랑거리를 늘어놓으면서 자존감을 지키려는 왁자한 고성이 난무한다. 죽은 동료가 남긴 물적 유산 정도는 손쉽게 전유할 수 있을 만큼의 능력자임을 자랑하면서 먼저 자신부터 속이는 일. 동지였던 이들이 적이 되어가는 정황에서의 불안을 덜기 위해서라도 그들을 만나려는 도전적인 용기. 이러한 자기 기만이 가능할 때에야 무한 경쟁 사회에서 우위에 설 수 있다고 생각하는 이들의 심리를 이 시는 전략화한다.

따라서 이들의 만남에서 웃음은 기호 그대로의 웃음이 아니다. 경쟁의 노하우를 배우면서 두려움을 타파하는 호적수와의 만남을 이어가기 위한 '용기'의 다른 이름이다. 이 시에서는 경쟁 체제에 편입되어 피차 적수가 되어가는 산업화의 사회구조가 여실히 드러난다. 하나같이 도전자인 이들이 사람 냄새를 풍길 리 없는 이러한 만남이야말로 현대판 비극의 한 장면이지 않을까. 비극 공연 무대에서의 페르소나처럼 외연과 내면의 괴리 사이에는 사람의 향취가 머물 공간은 없어 보인다.

3. 나날이 얼룩진 기분으로

곳곳에 숨은 첨단 기기의 눈이 가차없이 인간의 행위를 스캔하는 이 시대에 사람 냄새 운운하는 것은 시대착오일지도 모른다. 기기에 장착된 시선이 이 시대의 파시즘이라는 사실로부터 진보하는 무취(無臭)의 인간을 떠올릴 수 있다. 카메라가 사람 냄새를 기록하지 못하는 현상에서 보듯이 시선의 권력은 표면을 훑으면서 무언가를 보아내는 목표에 집중한다. 감시의 메커니즘이 우리의 일상에 틈입해 있어서, 그 시선을 의식하지 못하는 가운데 일방 노출당하는 일이 흔히 일어난다. 이전에 가졌던 감정까지 기억하는 인간에 비하면, 기계적 시선은 표면만 훑으면서 행위의 인과성을 기록할 수 있을 뿐이다. 그런데도 저러한 시선이 인간의 신체를 스캔하면서 행위의 의도를 판별할 때 피사체가 피할 곳은 없다. 우리가 낱낱이 찾아내지는 못하지만 기계적 시선이 편재한 이 세계는, 다음 시에서 시인이 직관한 것처럼 동물 위에는 사람의 시선이, 그 사람 위에는 또 다른 불명의 존재자가 아래를 주시하는, 견고한 하나의 체계다.

> 난간을 의자로 삼던 시절
> 발을 딛고 앉은 자리마다
> 떨어지는
>
> 있지

옆 건물에 고양이들 살았다
신이 밑창을 찍어 놓은
단층 그 집, 슬레이트 지붕 위에서
볕에 등 굽던 세 마리

나는 봤다

고깃집이래
돼지의 살을 뜨고 뼈를 팔며
그 앞 골목 눈길 위로
하얗게 꺼진 숯과
불량한 살점을 모조리 감추던

고양이들 거기 사는데
그것을 아무도 모른다

함부로 지탱하고
없었던 듯 떠났다가
있었던 듯 돌아오는

거처를 지붕으로 고른 짐승
누가 줄 수 있는 천장 따위 없겠지만

언제까지 살아야겠니
그러자, 저마다 대답한다

시간의 모든 소나기를 맞으라
얼룩일 뿐, 모든 것
기분의 혈흔을 혓바닥으로 문지르며
젊음 따위 끝없이 옅어질 때까지
외연에 뭉친 사람의 냄새를

전부 핥아 뱉을 때까지

어느 날부터
보이지 않는다

마침내 뛰어내릴 뻔했다

혹시나 싶어
조금 위로
올라가 보았다

여기보다 높은 곳에서
누군가 자꾸 발목을 흔들며
눈가가 그을린 채
나를 본다

— 최현우, 「나의 차례」 전문(『시산맥』, 2022년 가을)

이 시-현실에는 화자가 "난간을 의자로 삼던 시절"이 있다. 일탈이 더 자연스러워 보일 만큼 위험과 불안정을 일삼던 시절이다. 타자의 시선에 노출되는 정황이 고양이 위에는 나, 나 위에는 불명의 누군가가 있는 상황으로 점층한다. 도둑질하는 고양이, 걸터앉은 난간에서 그 현장을 빤히 바라보는 화자, "자꾸 발목을 흔들며" 이러한 광경을 내려다보았을 누군가의 시선이 중첩된다. 매우 사적인 영역에서 아무도 모르게 어떤 일을 행하면서 자기를 속이지만, 알고 보니 이러한 기만을 그간에 빤히 적발해온 타자가 있었다. "불량한 살점을 모조리 감추"는 고양이의 작태가 화자 시선의 집요함에 노출된 것처럼, 화자의 작태도 누군가에게 줄곧 노출되어온 이중 구조 속에 놓여 있다.

그 내용을 보면, 화자가 빤히 내려다보는 줄도 모르고 고양이 세 마리는 고깃집의 고기를 훔쳐서 감추기를 일삼는다. 어느 날부터 보이지 않게 된 고양이들을 찾아 나선 화자가 자신보다 높은 위치에서 누군가 자신을 내려다본다는 사실을 알게 된다. 시선이 수직적으로 아래를 향하면서 상위 체계에 노출되는 구조 속에서 화자 또한 고양이처럼 불명의 존재자에게 노출되었다. 고양이들에게 "언제까지 살아야겠니"라고 묻는 것도, 화자가 자신에게 질문을 던지는 이중 효과를 낸다. 일탈과 귀환을 남모르게 반복하고, 뛰어내리고픈 열망을 소리 죽여 실행하면서 화자는 소나기와 얼룩과 혈흔의 나날을 겪는다.

이 시는 가늠할 수 없는 고양이의 기분을 빌려 젊음의 정체를 탐문하면서, 젊음이 영원한 것인 양 그것을 함부로 소진하면서 위험을 자처하는 무모함에 관한 이야기다. "외연에 뭉친 사람의 냄새"에 관하여 말하는 고양이의 목소리가 젊은이의 그것으로 들릴 만큼 사람 냄새를 탐닉하는 일과 배반 감정이 동등하게 실려 있다. 외연의 사람과 내면의 동물 근성이 투쟁하면서 사람 냄새를 "전부 핥아 뱉을 때까지" 살아야 한다는 고양이의 응답과 젊은이의 그것을 구별하기 어렵다. 고기 탐닉자의 내면이 도둑질로 이어지는 실존이란 것도 알고 보면 그다지 거창하지가 않다. 사람 냄새를 소거하면서 투쟁해야만 살아남는 야생의 질서로 회귀하려는 몸부림으로 질풍노도의 시기는 뜨겁고 거칠기만 하다. 돌아갈 수 없는 것에 대한 강렬한 향수를 조성하는 위험의 정점에 이 시기가 위치한다. 어른-되기를 거부하면서 야생의 생명성을 구가하려는 젊음의 향연이 이때 펼쳐진다. 시인은 이 시기에 비릿한 고기 냄새를 탐하는 고양이를 겹쳐놓고 사람 냄새란 것이 대체 무엇인지를 생각해본다.

그런 이유 때문에 화자도 눈앞에서 자취를 감춘 고양이를 찾아 난간 아래로 "마침내 뛰어내릴 뻔"하지 않았던가. 별안간 종적을 감춰버린 고양이를 찾으려는 절박한 마음 탓이지만 정작 뛰어내리지는 않았으므로 이것은 미완결의 행위다. 얼룩과 혈흔을 바닥에 남기며 "젊음 따위"를 죄 써버릴 듯한 자세를 화자는 취하지 않는다. 기울임체에 실린 여섯 줄의 목소리는 세 마리의 고양이를 차용한 화자 내면의 목소리일 것이며, 얼룩과 혈흔의 나날 위로 "뛰어내릴 뻔했다"는 발언은, 얼룩과 혈흔 위에 그것을 다시금 추가하지는 않겠노라는 다짐에 가깝다. 소리없이 뛰어내리는 고양이들의 모습을 보아온 화자가 그랬듯이, "자꾸 발목을 흔들며" 자신을 내려다보는 누군가의 존재감을 알게 된 뒤에야 화자는 함부로 써 없애려 했던 "사람의 냄새"를 문득 의식하게 된다.

장석원이 직관한 대로 "비극의 꼭짓점"에서는 생명의 기운도 절정에 이른다. 단 일회적 삶에서 솟아나는 치열성, 비(非)생명을 획책하는 체제와의 투쟁, 동등한 질량의 생명 법칙을 몸소 살아내는 苦와 樂이 거기에 있다. 청년 니체가 비관주의를 벗어나려고 『비극의 탄생』을 쓸 때 근대적 자아비판의 내면을 가졌던 것처럼, 이 계절의 시인들도 사람 냄새를 질문하면서 이것이 소진되고 말소되어가는 자아의 현대성을 탐문한다. 전자적 관찰과 감시, 심지어 돌봄조차 냉정한 기계에 맡겨놓고 마음을 거둬들여버린 현대인에게서는 사람 냄새가 나지 않는다. 이 계절의 시인들이 쓴 문장을 다시금 천천히 짚어가며 읽어보아야 한다. 이 문장, "Du riechst so gut!"를 기호 그대로 받아들이려면 말이다. '나는 사람 냄새가 좋아!'라고.

(2022.9.20)

우리(cage) 속에 있을지라도 우리는
— 이혜미

1988년생. 2006년 등단. 이 숫자가 지정하는 내용을 실제와 연결해보면 이혜미 시인에게 두 개의 항은 긴밀히 엮여 있다. 앞은 서울올림픽을 기점으로 확산 보급한 컬러텔레비전에서 송출하는 아이콘을 일상 문화로 누리면서 성장한 세대라는 점. 뒤는 2000년대 중반부터 시단을 놀라게 한 이질적인 목소리들 사이에서 등단한 시인이라는 점. 그렇다 해도 시인은 그 무렵 시단의 특이한 흐름인 시들에 대해서는 보지 않아도 되고, 알지 않아도 좋을 것으로 여기지는 않았을 것이다. 외래 영상물인 텔레토비의 분명한 윤곽과 밝은 이미지, 단순한 기쁨을 안기는 만남, 타인을 아껴주고 싶다는 감정, 만나고 헤어질 때마다 따뜻하게 안아주는 마음, 다시 만나리라는 틀림없는 기대를 안고 헤어지는 일. 이러한 영상 경험들을 내면화하면서 성장했을 시인에게 타자 탐구는 필연이지 않았을까.

일인칭을 물리고 극렬하게 타자 탐구에 몰입했던 그 당시의 시 문법을 이혜미는 추종하지 않는다. 비교적 쉬운 말로 시를 쓰면서 영원히 타자이기만 한 상대에게로 나아간다. 타자를 '우리'의 관계성으로 포용하려는 이러한 시도는 그 무렵의 시단에 선명한 선을 그었던 일군의 시인들과 다른 내면을 지닌다. '우리'의 관계에서 가장 큰 거리감과 두려움이 타자와의 간격을 자각할 때 생긴다는 사실을 시인은 잘 알고 있다. 때문에 간격을 좁히거나 벌리려는 시도에 담긴 정서가 어떠하든 간에 시인에게 이것은 똑같이 중요한 문제다. 첫 시집에서 "타인 안에서 자신의 빛나는 지점을 찾기 위해"(『보라의 바깥』, 2011. 시인의 말) 타자를 지향해온 이래 시인은 단지 자아 찾기에 머물지 않는 시적 수행을 이어간다.

인간의 갈망 중 하나는 성장기에 부족했던 것, 놓쳐버린 것을 채우려는 것임을 부인하기 어렵다. 같은 이치로, 성장기에 충만했던 것을 나누면서 유대하려는 마음을 품기도 한다. 친밀해지려 하면서 동시에 타자와의 간격을 예민하게 자각하고, 여타의 상황 논리를 넘어 관계를 지속하려는 열망을 품는다. 그래서 이혜미에게 타자성 모색은 자아가 먼저 저항하지 않는 한 변함없이 유지된다. 지금부터 읽을 시에서 시인은 종교 수행자처럼 내적인 공간을 들이면서 빈 곳을 넓히지는 않는다. 타자와의 간격을 좁히려는 시도에서라면 시적 화자는 언제든 행동파처럼 움직인다. 다가가기·포옹·귓속말·바라보기·배웅·마중 등은 시인이 성장할 무렵 함께한 아이콘들의 기다림과 헤어짐의 감정을 담은 표상이다.

하이데거의 분석을 참고하면, 표상의 어원은 '자기 앞에(vor)' '세우는(stellen)' 활동, 즉 인간이 존재자와 관계 맺는 방식을 스스로 설정하는 것이다. 우리가 정복자처럼 세계를 바라볼 때 그것이 단지 그림 같기만 하다면 여타의 존재자는 대상에 그친다. 우리 앞에 세워진 그림 같은 존재자를 대상화하면서 '자신'이라는 일자(一者)의 지평 위로 다자(多者)를 그러모으게 되므로 그렇다.[1] 이혜미는 일자의 지평에 틈을 내고 균열을 가하면서 타자와의 관계성을 그려 나간다. 이 세계를 자기중심으로 식민화하는 표상 활동은 텔레토비들의 감수성과 거리가 멀다. 이 아이콘과 이혜미 시의 인물들은 우리(cage)나 호두껍질 속에 마냥 홀로 웅크려 있지는 않는다.

---

1   서동욱, 『차이와 타자』, 문학과지성사, 2017년(1판 9쇄), 8~9쪽 참조.

1. 꿈의 엔트로피 법칙

　최근 시에서는 꿈꾸기마저 불가능해진 세대를 그리는 꿈의 비유들이 부정과 자조의 감정을 동반하고 나타난다. 꿈 구성과 젊음의 탕진을 같은 맥락에서 말하는 사회는 사실상 꿈이 사라진 곳이다. 때문에 꿈이기만 한 것에 빠져 살도록 이상을 주입하는 사회에서라면 '꿈 깨!'라는 자각 요법이 주효할 테다. 그러나 꿈은 이것을 허용하지 않는 속성을 지닌다. 현실은 꿈 공간과의 분리 법칙을 따르지만, 잠과 꿈 공간에서 분리 법칙은 가동하지 않는다. 꿈속에서 꿈을 자각하는 상태라면 꿈의 계기들은 동화 같은 상상력으로나 가능할 것이다. 게다가 이것이 꿈을 꿀 수 없게 된 세대의 고백으로 들릴 때 꿈 이야기는 정녕 현실과 화해가 불가능한 어떤 상황에서의 자각 증세다. 그렇다면 이것은 꿈 이야기라기보다, 꿈-감옥에 갇힌 자가 그곳을 벗어나려는 시도를 하는 이야기다. 자의로 벗어나지 못하는 곳이 감옥이므로 꿈 상태도 이와 다르지 않다. 자신이 몽중이라는 자각으로 꿈이기만 한 상황을 벗어나려는 시도를 동시에 하는 반(半)의식이 이때 작용한다.

　「안개병동」은 잠-꿈-각성 사이 어디쯤에 걸려 있는 이미지를 문자로 옮긴다. 몽상처럼 이미지가 흐릿한 이 시의 화자는 꿈을 깨고 나가지 못하도록 망설이게 하는 것이 꿈 세계의 조건이라고 말한다. 꿈꾸는 자는 어디에 있는가? 어디(where)에 있다(be)라고 답해야 할 때 꿈꾸는 자는 잠을 자고 있노라고 답해야 한다. 화자는 "설익은 이미지"를 상영하는 하급 영화관에서처럼 "하급 잠"을 자고 있다. 깊은 수면이 아닌 반(半)수면이어서 꿈-언어도 산만하다. 시인은 첫 줄에서부터 강렬한 비유로 문제의 지점을 드러낸다. 털북숭이 슬리퍼를 선물 받은 곳이 꿈이라는 설정으로 꿈-감옥을 말한다. 선택할 수 없는 선물의 형태로 오는 것이 꿈의 본질이어서 은총처럼 꿈에 빠져 있게 된다고 고백한다. 그가 신은 슬리퍼 속에 "한 사람분의 슬픔만이 웅크려 주인을 기다리는" 세계가 꿈의 본질이다. 슬리퍼는 꿈 내부에 웅크러 있는 화자의 대리물이어서 꿈의 안팎을 매개하지는 못한다. 꿈 바깥으로 나가려는/나가지 않으려는 길항 속에서 슬리퍼가 화자를 꿈-감옥의 파수꾼으로 만든다. 이것은 꿈/현실 간 경계에 언제까지고 고착된다. 꿈 세계가 지닌 열량은 외부로 유출되지 않기 때문에, 현실 각성과 잠의 관계성을 "자각몽"으로 표명하면서 꿈의 조건이 꿈일 뿐인 세계에서 다음 같은 일을 했노라고 말한다. 꿈을 찬양하면서 노래를 부르고 꿈이기만 한 내용에 "끌려다니며 꿈꾸기를 택"했다는 것이다. 꿈이 꿈에 포섭된 세계에서는 시종 꿈을 꾸어야만 한다.

꿈의 엔트로피 법칙은 이렇듯 꿈 자원이 오직 꿈이기만 한 데서 순환한다. 꿈은 부단히 꿈으로 환원하면서 꿈의 순교자를 낳는다. '이것은 꿈이다'라고 자각하면서도 벗어나지 못하므로 이때부터 일부러 꿈을 꾸게 된다. 반-의식의 지시대로 시인은 꿈꾸는 현장을 "안개병동"이라 칭하면서 꿈 작용을 의식 또는 정신 문제의 영역에서 말하고 있다. 바라지 않은 것들로 조성되는 꿈 세계의 정경들이 인간의 꿈-기대를 위반한다. 바라는 것의 실상은 결코 꿈이 우리에게 오는 형식처럼 선물로 주어지지 않는다. 꿈의 순환 법칙 안에서 살고자 하는 자는 꿈-감옥에 갇히고 만다.

이혜미 시의 진정성은 개인의 사회화 과정과 인간 관계론을 분리하지 못한다는 데 있다. 이사야 벌린이 개념 정의한 '진정성'을 옮겨와본다. 모름지기 인간이라면 자신이 직접 창조한 가치나 어떤 식으로든 자기 것으로 만든 가치 그 자체만을 다른 그 어떤 것보다 더 중요한 가치로 여기며 추구해야 한다는 생각[2]이 진정성의 의미다. 자신이 창안한 가치의 소중함을 일깨우는 이 문장은 이어서 그것의 추구, 즉 실행을 주문한다. 이혜미의 진정성은 「꽃에 묶인 왼손이 아니었다면」에서 냉온이 교차하는 심장으로 타자와의 만남을 이어가는 실행으로 언표된다.

---

2 이사야 벌린, 『낭만주의의 뿌리』, 석기용 역, 필로소픽, 2021, 12쪽.

왜 꽃다발 속 꽃들은 서먹해 보일까

한 손에 꽃
다른 한 손엔 칼을 들고 걸었어
최소한의 날카로움으로
심장의 안팎을 알기 위해

소중하다 말하면
다가와 아름다운 자리가 될 줄 알았지

생일 초의 은박지
잘못 다린 옷의 반짝임
꿰맨 자리의
미지근한 흰빛이 되어

스미고 싶었지 비루하지만 확실한
흠의 임자로

돌아서는 순간 돌변하는 사람처럼
전화를 끊으며 차가워지는 표정처럼
낯빛부터 시드는 것들이 있어서

꽃을 든 손은 무용한 손 무력한 손

떠나간 깃털들 헛되이
손바닥에서 부스러지고
젖은 발끝이 흐릿해질 때

저물어갈 것을 몰랐지 썩은 뿌리에 마른 꽃잎을 달고
내치지도 못할 마음이 될 줄은

풀려가는 리본을 고쳐 매면

견고해지는 옥죄임의 둘레
　　　—「꽃에 묶인 왼손이 아니었다면」 전문

　삶이란 관계의 경험이다. 이혜미는 자아가 먼저 타자에게로 지향하는 자세를 줄곧 생각한다. 관계의 아름다움만큼이나 그 이면에는 그와 다른 예각이 있다고 시인은 말한다. 시 현실에서 화자는 관계가 원만치만은 않은 타자에게 건넬 꽃다발을 들고 있다. 양손에 제각각 꽃과 칼을 쥐었다는 비유로 한 마음에 품고 있는 아름다운 관계성의 지향과 날 선 방어선을 같은 지평에 등치한다. '꽃·칼·생일 초·깃털·리본'이라는 기표들로부터 상대방의 생일에 건넬 축하 케이크, 꽃다발 등을 연상할 수 있고, '흉·돌변' 등의 기호는 앞의 분위기를 조성하지 못하는 난경을 드러낸다. 서로 서먹서먹한 꽃들이 다발에 한데 묶여 있는 정황과, 화자가 이것을 왼손에 쥐고 있다는 설정으로 자타 간 불편한 관계성을 암시한다. 타자는 언제나 자기 외부의 낯선 자이며, 그에게로의 나아감과 낯선 세계로의 진입은 동일한 지평에서 이뤄진다. 나의 나아감과 타자와의 관계를 표면으로만 현상했던 2000년대 이후의 시들과 달리 이혜미는 그러한 지향성에 구체적인 마음을 실어낸다. 꽃다발에는 아름다움·온기·향취 같은 긍정적인 소여를, 칼에는 날카로움·상처·자극 같은 부정적인 소여를 담아내면서 같은 비중으로 심장을 가로지르는 감정을 교차시킨다.
　타자에게로의 지향을 표면만으로는 알 수 없는 이치를 이 시는 묘파한다. 표면의 꽃과 이면의 칼을 동시에 품은 어떤 이의 마음이 지향하는 것이 관계의 아름다움이라 할지라도, 그것은 잘못 다려서 반짝이고, 꿰맨 자리가 번연히 드러나는 옷처럼 어색하기 짝이 없는 내면을 지닌다. 비루하고 흉스러운 상처를 주고받아온 사이라 할지라도 다시금 지향하는 마음으로 꽃을 들고 가는 화자에게 상처의 흔적이 없을 리 없다. 그럴수록 화자는 왼손이 꽃에 묶여 있지 않았다면……이라는 가정법으로 칼을 사용할 겨를이 틈입하지 않은 관계성에 안도한다. 한 손이 꽃에 묶여 있어서 한쪽의 감정은 무용하고 무력해졌을지라도, 다른 손에 든 칼도 함부로 쓸 수 없게 되면서 두 사람 간 분리 법칙이 작동하지 않은 것을 다행으로 여긴다. 점점 느슨해지기만 하는 관계의 역학이 "리본을 고쳐 매"어 한층 견고해지고, 그러면서 "옥죄임의 둘레"를 공유하는 것이 이 시가 전하는 윤리의 어떤 일면이다.

2. 우리-되기 : 지금 이곳의 존재 방식

이혜미의 시는 불가능성의 관계로부터 타자를 지향하는 마음과 우리-되기의 과정에 놓여 있다. 결코 도달하지 못할 타자이기에 더욱 간절히 그를 향해 나아간다. 아래 시에서는 음표의 위치를 짚어내듯이 마음도 그렇게 할 수 있을지를 묻는다. "마음도 음이구나"라고 쓰면서 마음을 음악처럼 정향감(sense of orientation)을 지닌 것으로 상정한다. 매순간 하나의 음이 어느 음역에 위치해 있는지 정확히 알려고 하는 음악애호가의 욕망처럼 타자 마음의 위치를 분명히 알고 싶은 주체는 타자를 애호하는 자다.

> 돌이켜보면 헝클어진 속내였겠지 음…… 대답을 미루는 얼굴을 살피며 잠시의 호흡과 모여드는 귓속말을 얻고 싶었어 작은 흔들림에도 서둘러 웃음을 깨트리면서
>
> 비슷한 각도로 기울 수 있다면 좋겠어 같은 음악을 듣는 지금이 너무 거대해 전생처럼 느껴지니까 우리는 미래를 모르는 대신 음악을 선물 받은 거야 모르는 시간을 알아가는 사건이 모여 세계의 형식을 만드는 것처럼 생각이 서로에게로 얽히고 무너지다 문장이 되고야 마는 것처럼
>
> 굳이 음표로 매듭짓지 않아도 좋은 소리가 있겠지 이건 그저 계절의 한 좌

표에서 잠시의 그림자와 함께하는 이야기, 태양과 비행기와 손님이 겹쳐지던 순간을 여름의 작은 합창이라 불렀다는 그런 이야기

—「음」 부분

두 마음의 지향을 하나의 "좌표"로 모아들일 수 있게 된 것은 음악의 정향감 덕분이다. 하나의 음악 소리가 '우리'의 마음속으로 확산하는 여기서 그러한 소리의 거리(距離)를 재는 기관은 청각이기보다 각자의 마음이다. 오직 두 사람 사이의 거리 안에서 음악은 정확한 정향감으로 감지된다. "마음도 음이구나"라는 구문에 변화를 주어 '음도 마음이구나'라고 말하더라도 조금도 어색하지 않다. 화자도 말하듯이 이 얼마나 거대한 사건인가. 이러한 경험 안에서 음악을 미래로부터 선물받았고, "전생처럼 느껴지"는 신비감으로 청취하면서 '우리'가 "겹쳐지던 순간"을 기꺼이 용납하는 일. 시인은 이렇게 마음이 합쳐지는 순간을 "여름의 작은 합창" 같다고 쓴다.

하지만 시인은 우리-되기의 실패도 간과하지 않는다. 「원테이크」에서 보는 것처럼 너와 나의 시선이 교차하지 않는 상황에서의 만남 같은 경우가 그것이다. "오늘의 감정에는 오늘의 책임이 필요합니다"라고 쓰면서 이월할 수도 빌려올 수도 없는 감정의 현재성과 즉자성을 사유한다. "하나뿐인 몸에 일렁이는 마음"이 영혼이라면, 감정은 여하한 책임을 동반하는, 언제나 매우 주의해야 할 것이라고 생각한다. 영수증에 "음용 시 주의사항"이 적혀 있는 것처럼 감정의 온도는 "첫 모금"을 마시면서 판명된다. 너의 투명한 슬픔의 출처가 어디인지 몰라 훔쳐보면서 끝내 엎지르고야 만 뜨거운 커피처럼 감정은 한 곳에 고여 있지 않다. 감정은 주의사항을 거느리고 다니면서 매우 뜨겁게 엎질러지는 것이기도 하기에 결코 화석화하지 않는 위험물이기도 하다.

그런가 하면 또 다른 시 「달 속으로 무지개 회오리 깃들 때」에서는 혼란스럽고 모순된 감정에 휩싸인 상황을 그린다. 「원테이크」에서도 시인은 카

페에서 무한 반복하는 음악에 빗대어 감정이 "다정"에서 "무심"으로 바뀌는 상황을 묘파했었다. 정적인 마음에서 출발하여 감정의 문제로 인간관계를 사유하면서, 수시로 역전하는 감정, 주저와 망설임 속에서 타자를 지향하는 결단에도 관심을 기울인다. 존재의 표면만으로는 다 알 수 없는 감정을 언어화하는 일은 이 시인에게 중요한 과업이다. 다음 시에서 말하는 "얼룩의 감정"은 어떤 것일까. 다정한 자세들의 내심에 세워진 각도를 재어보자.

무한∞을 그리는 배웅과 마중 같아서

너는 웃었다. 이렇게 다정한 교수형은 처음이야.

포근하게 뒤엉킨 사슬을 따라

고양이가 독차지한 세계의 중심으로 빙글뱅글 빨려들어갔다.

서로에게 묻어둔 두 눈이 천천히 녹아드는 오늘

어깨에 내려앉은 얼룩의 감정을 이해해.

날갯짓이 서툰 요정의 멀미를.
　　　　　　　　　　―「달 속으로 무지개 회오리 깃들 때」부분

이 시는 온갖 모순된 감정의 집합소라 해도 좋을 것 같다. 이런 시를 볼 때마다 이혜미가 감정 연구자처럼 보인다. 명쾌하게 분할하여 그 상태의 어떠함을 언명할 수 없고, 체험 당사자만이 그 정도를 알 수 있다는 점에서 이혜미의 감정 전유 방식은 독특하다. 포옹할 때의 현기증은 다정한 포즈 이면에서 감정의 각도가 급격히 좁아지기 때문이고, 목도리 하나를 같이 둘렀을 때의 현기증도 공유/얽매임 사이의 혼란이 유발한다는 것. 시인이 수다한 경우들을 들면서 이러한 감정을 차라리 "다정한 교수형"이라고 말할 수 있는 근거가 멀리 있지는 않다. '너'를 지향하는 자는 상대에게 닿으려는 최종의 상태가 사랑이라고 생각하지만 그것이 정녕 죽음의 속성이라는 점을 이 시는 환기한다. 온전히 닿을 수 없는 너를 향한 행위가 죽음 같은 감정을 동반하고, 삶의 가능성 안에서 사랑은 온전치 못한 표면을 내보인다. 시인의 어법대로라면 사랑은 "무한∞을 그리는 배웅과 마중" "다정한 교수형" "포근하게 뒤엉킨 사슬"이 생산하는 감정이다. 죽음 쪽으로 반쯤은 열려 있고, 삶 쪽으로 반쯤은 닫힐 때의 감정이라고나 할까. 또는 이와 다르게 역전하는 마음의 파동과 파문 안에서 우리-되기가 달성되기도 한다.

 감정의 현상학을 관계 지향의 행위로 읽어보았고, 이제부터는 감정선의 집합소인 어떤 '얼굴'을 떠올려보자. 앞서 읽은 시에서도 시인은 상대의 "대답을 미루는 얼굴을 살피"(「음」)고, 감정이 흐르는 눈가와의 연관으로 "얼굴의 한쪽"(「달 속으로 무지개 회오리 깃들 때」)이 무너지는 정황을 그렸다. 아래 시는 '우리'의 관계성에는 어째서 기쁨이 아닌 슬픔이 충만한지를 생각게 한다.

   쿠키를 찍어내고 남은 반죽을
   쿠키라 할 수 있을까

   …(중략)…

   마음이 저버리고 간 자리에 남은 사람을
   사람이라 부를 수 있나

   알맞은 테두리를 얻기 위해
   도려내진 잔해를

   덮지 못한 무덤이 되어
   몸은 세계로 열리고

우리는 통증으로부터 흘러나와
　　　점차 흉터가 되어가는 중이지

　　　부푸는 것을 설렘이라 믿으며
　　　구워지는 쿠키들처럼

　　　　　　　　　　　　　　―「흉터 쿠키」 부분

　형식은 간결하나 단순하지 않은 감정선이 흐르는 시다. 앞서 보았듯이 이혜미의 인간관계론은 몸으로 그 세계를 열면서도 상처 자국을 남기지 않으려는 세심한 마음 씀으로 가능한 것이었다. 인간관계론을 묘사하는 이 시에서 기본 정조는 '슬픔'과 '설렘' 사이를 오간다. 얼굴과 쿠키 모양의 동일시로 '구멍'의 존재감을, 반죽 가루를 찰싹찰싹 치대며 모양을 성형하는 과정을 "뺨을 맞"는 것으로 환치한다. 쿠키 제조 과정에서의 필연적인 상처·흉터들로 좁혀서 인간관계론을 현상하고 있다. 쿠키 모양을 성형하다 남은 반죽은 쿠키가 아닌 여분이듯이, 마음을 저버리고 떠난 자를 여분의 존재자라고 생각한다. 이혜미에게 마음의 작용점은 타자를 향한 에너지의 흐름과 같은 것이며, 매우 자연적인 기능으로 나타나는 무한한 가능성이다. 하지만 상처 없이 구워지는 쿠키가 없는 것처럼 타자에게로의 지향에서 흉터가 생기는 일은 필연이다. 시인이 "몸은 세계로 열리고"라고 쓰면서 여분의 인간이 될 법한 "무덤"에서 벗어나는 것은 그런 이유다. 세계로 나아가는 몸은 "구워지는 쿠키처럼" 흉터투성이로 완성된다. 상처가 생기면서 바삭하고 달콤하게 구워지는 쿠키처럼, 헤어지면서 받은 상처로 만남도 종결된다. 이렇게 이혜미는 관념에 머무르는 수동성으로 관계성을 말하지 않는다. 메를로퐁티도 성찰했듯이 타자를 향하여 움직이는 몸, 세계 속으로 진입하는 몸, 이때 상처가 필연인 몸의 체험을 시화한다. 그러한 몸에서 감정선의 집합소인 얼굴은 이혜미에 이르러 다시금 감정을 열렬하게 살아내는[體驗] 화소로 부상한다.

얼굴을 굴리며 나아갔다. 생각이 침묵으로 부풀린 풍선이라면 머릿속을 따스한 공기로만 채울 수도 있었겠지. 잇대인 걸음마다 행성의 이름을 붙여볼 수도 있었을 거야. 소식들은 미지의 궤도를 오가는 작은 우주선 같았으니까.

어디서 이렇게 얼룩진 마음을 모아왔냐고 묻지 않았어. 한쪽이 더 크고 무거워야 눈사람은 완성되는 거잖아. 동그라미는 구르며 커져간다. 서로 다른 궤도를 맴도는 중얼거림으로,

…(중략)…

다가선 사람의 얼굴이 문득 다른 이들과 구별되지 않을 때, 나는 멈춰 서서 가장 최소의 단위로 존재하는 방식에 대해 고민하기 시작했지.

―「ㅇㅇ」 부분

기호의 현상학을 펼치는 시다. 기호 "ㅇㅇ"이 그 무엇이라도 될 수 있는 가능성 안에서 이것을 두 개의 "얼굴"로 지정한다. 그러나 얼굴이 전변하여 "눈사람"이 되어가는 과정을 그림으로써 인간의 얼굴이 온갖 "얼룩진 마음"의 집합소임을 알린다. 기호 "ㅇㅇ" 중에서 한쪽이 비대해질 뿐만 아니라 잡다한 먼지·검불·흙들을 묻히면서 인간 형상을 갖춰가는 광경을 연상할 수 있다. 같은 크기로 시작한 눈덩이 굴리기가 한쪽이 비대해져야만 종결되는 경우를 들면서, 사람-되기의 과정에 놓인 비동일자를 불러낸다. 대칭을 조성하는 인공물의 개입은 양쪽 모두를 위태롭게 한다는 것이다. "한쪽이 더 크고 무거워야"만 가능한 비대칭의 파격이야말로 아름다움의 현대적 의미라는 점을 시사한다.

이렇게 볼 때 평등을 조성하는 동그라미 두 개는 얼굴의 좌우 대칭을 숭앙하는 세태를 꼬집는 메타포로도 읽힌다. 그럴 때 이 시는 말끔한 얼굴만

으로 인간의 어떠함을 정의하는 것에 반감을 드러내는 성찰의 결과물로 재정립된다. 다면체 같은 이 시에서 볼 수 있는 진정성은 "평등"도 "위태로운 대답"이 될 수 있다는 점이다. 그러므로 미적 거리를 확보할 때 유지되는 아름다움이야말로 인간의 본질을 부풀리지 않고 "가장 최소의 단위로 존재하는 방식"이다. 이렇게 이 시는 함께 살아가려는 기획에 동반되는 동일화에 넌지시 저항한다. 평등의 개념을 '동일성'으로 보는 착시 현상에 대한 은근한 비판이다.

3. 사랑은 잠을 자지 않는다

인간이 쓴 문장은 잠을 모른다. 문장의 생명력은 오직 씀으로써 도달하려는 문장 제작자들의 생존 열망과 더불어 활동한다. 지금 어떤 문장을 쓰는 자는 실존재자이며, 문장은 생명의 연속성을 체질로 한다. 문장은 오직 글을 쓰는 방향으로 진행하면서 생명성을 구가한다. 이것은 미래를 향한 나아가기이며, 기억을 매개하는 문장이라 할지라도 그 본성은 미래적 글쓰기다. 책·낱말·문장들에 기울어진 이혜미의 감각은 때때로 캄캄한 죽음 의식에 맞닿곤 하지만 이것이 결국에는 삶을 반사한다는 점에서 의미가 있다. 그의 시는 추상과 유추로만 구성되지는 않으며, 시 자체의 난해성으로 독자를 소외시키지도 않는다. 친숙하고 익숙한 상황을 펼쳐내면서 생생한 문장으로 우리 앞에 나타난다.

> 좋아해
> 받아진 소리를 주고받으며
> 여기를 만들어내는 모험을
> 오래 머금어 깊숙해진
> 부름을

책이 수많은 빈틈으로 이루어진 건축이라면
접힌 그늘만큼의 부피를 품어 안겠지

공중을 안쪽으로 당겨 앉히기 위해
호흡의 태엽이 조금씩 감겨드는 지금

엎질러진 의미들이
손가락을 딛고 날아간다

속삭여봐
호수를 은빛으로 채점하는 물수제비처럼

사이에서 자라난 낱말들이
새로운 방향을 얻도록

무수히 깃털을 내어놓으며
틈새를 태어나게 하는 휘황으로

—「숨은 새」 부분

책을 읽어나가는 동안의 소회를 다양한 상징으로 보여주고 있다. 숨·호흡·받아진 소리 같은 생명의 기운, 여백·갈피·빈틈·틈새 같은 텍스트의 무한한 공간, 낱말·의미 같은 개념들이 화자가 만나는 책에 숨겨진 것들의 정체를 궁금케 만든다. 우선 "숨은 새"를 책갈피에서 만났다는 발언부터 동화와 신화가 결합한 신비감을 자아낸다. 책을 숲으로 환치한 상상력은 태고의 감각 세계로 우리를 데려간다. 책사랑꾼의 감정은 한곳에 머물지 않고 진행하면서 빈틈에서까지 의미를 집어 올린다. 화자가 손가락으로 문장을 짚어가며 독서 중이라면, 새는 문장의 생명성과 관련한 비유일 테다. 그래서 화자는 책장을 넘기며 새의 날개를 꺼낸다고 말할 수 있다. 한 장 한 장 넘길 때마다 새가 날아간다는 상상력도 이럴 때 가능하다. 그러므로 마지막 문장인 "무수히 깃털을 내어놓으며/ 틈새를 태어나게 하는 휘황"은 글의 생명성을 말하려는 의도가 아닐까. 이것이 책 읽기를 "좋아해"라고 고백할 수 있는 책사랑꾼의 감정이다.

그런가 하면 「비문 사이로」에서 어떤 문장은 묘지 산책자를 더 오래 걷게 만든다. 비문들 사이로 걸어가면서 미지의 영역으로 진입하는 경외감을 갖게 되고, 비문은 죽은 자의 목소리나 주소처럼 화자에게 체화된다. 이때 애도를 연장케 하는 동력이 사랑이라고 시인은 쓴다. 죽음은 "오늘은 나에게, 내일은 너에게"(Hodie mihi, cras tibi, 로마의 공동묘지에 새겨진 문장 : 인용시에서 시인이 쓴 해제) 앞서거니 뒤서거니 다가올 '얼굴'이므로, 사랑하는 자는 상대와 "그림자를 겹치며" 걸을 수 있는 지금 "조금만 더 걸을까,"라고 제안한다. 사랑은 살아 있는 동안의 가능성이기에 생명이 다하여 "사라짐이 멀지 않"을 때까지의 감정이다. 그러므로 산책자에게 애도는 산 자로서 할 수 있는 사랑의 지속성을 지금 실현하는 일이다.

이혜미의 사랑 작업은 이렇게 가없는 온기를 지녔다. 우리(cage)조차 우리(we)가 함께하는 곳으로 바꿀 수 있는 능력 안에서라면 오직 사랑만이 서로 부대끼는 불편을 포옹의 자세로 전환할 수 있다. 처음의 자리로 "돌아가는 법을 잊은 사람들처럼" 지금-여기서 부단히 재출현하는 사랑의 미시사. 이것이 이혜미가 변주하는 관계성의 시학이다. 사랑의 현재성이 언제나 중요한 이유는 우리 모두가 이곳의 현존재이기 때문이다. 만남의 기쁨을 단순하고 투명하게 나눌 수 없게 된 탈-텔레토비의 정서를 안타까워하면서, 그리고 그것을 잊지 않으면서 이혜미는 타자와의 만남을 시화한다. 내적 관계가 없는 타자는 그저 나타났다가 사라지는 현상일 것이기에 이혜미는 진정한 관계성 안에서 사랑의 이름으로 삶을 성찰한다.

(2022.11.15)

차가운 시대의 금욕
— 조동범, 『금욕적인 사창가』

1. 역설적 도약

어떤 이가 이렇게 물을 수 있다. "한국영화〈설국열차〉가 어땠어?" "답답했어." "그럼 그 영화, 성공작이네!" 이 같은 대화는 역설적이다. 열차에 갇혀 이상향을 향해 가는 현실이 그 답답함의 진원지이니 말이다. 『금욕적인 사창가』에서 인간의 욕망은 금욕이라는 역설에 감금된다. 그곳이 사창가여서 그 역설은 더욱 견고하다. 그러면서 한 편에서는 도덕과 윤리를 강화한다. 조동범의 소녀들은 설국열차 같은 폐쇄공간에 있고, 몸에서는 종말의 이미지가 흘러 넘친다.

역설을 구사하는 조동범의 문장은 시집 제목에서부터 예고되었다. 상보적일 수 없는 금욕과 사창가. 이러한 대립으로부터 조동범은 말하기를 시작한다. 이 시인은 인간 욕망의 비가시적이고 무의식적인 동요 대신에 가시적인 물질과 사물의 움직임에 진실을 실어낸다. 이른바, 우리의 눈이 보는 순간 욕망이 작동하는 그때의 행위에 집중한다. 우리의 눈이 이미 많이 보아 버린 것들 중에서 아직도 시인의 유별난 시선이 선택할 수 있는 여지가 있다는 사실은 놀라운 일이다. 이제 이 세계에 새로움은 없지만 시인의 존재만이 새로움일지도 모른다. 시인의 또 다른 명칭은 그래서 언제나 '발견하는 자'였다. 그런 이유에서라면 시인은 언제든 불멸의 상징이 되어준다. 그의 언어가 이 세계를 새로이 부각하고 부상시킨다. 시인은 누군가를 가둔 세계를 부지런히 방문하고 있다. 눈물 없는 매춘부의 눈망울, 구체성을 일부러 보여주지 않는 상징적 자세 같은 것이 조동범의 시에서는 오히려 인간의 어떠함을 한층 잘 암시한다. 그의 시에서 영상은 다음같이 펼쳐진다. 여러 장의 사진이 암실에서 빛의 세례를 받는 순간 신속하게 자리바꿈하는 현상, 즉 풍크툼의 배열과 연립들처럼 말이다. 그의 시는 인화지 위로 떠오르는 현상들처럼 보인다.

2. 몸의 식민지 : 이중 자아의 자리바꿈

당신은 눈물조차 흘리지 않는다. 버려진 콘돔과, 무감각한 당신의 마지막 자세가, 물끄러미 당신을 바라보고 있다. 어느덧 오전 6시는 밝아오는가. 당신의 마지막 자세는 고개를 돌려, 남자가 빠져나간 자리의 텅 빈 허공을 감각한다. 바람이 불어오면 그곳에서, 휘파람은 오래전의 유적처럼 흐느끼고 있구나.

어느덧 오전 6시는 다가오고, 거룩하고 성스럽게 아침은, 여전한 어둠을 웅성거린다. 당신의 절정은 언제나 절제되어 있으며, 당신의 어제는 금욕적인 휴일 오전을 예비하여 무감각한 절망에 침묵할 뿐이다. 버려진 콘돔으로부터 당신의 마지막 자세는, 비릿한 절정의, 마지막 순간을 반추한다.

느리게 발기되는 성기처럼, 휴일 오전은 쉽게 도래하지 않는다. 정체된 고속도로마다 휴일 오전의 지리멸렬은 시작되고, 당신의 마지막 자세로부터, 열린 창문과 흔들리는 커튼은 이윽고 나른한 오전을 배회하고 싶어진다. 그것은 금욕적인 휴일 오전이고, 당신의 마지막 자세는 금욕적인 모든 관계와 피크닉을 상상한다. 휴일 오전마다의 피크닉은 찬란한 하늘과 금욕적인 해안선의 한 끼 식사를 마련할 것이다.

신파처럼 한 모금의 담배는 피어오르는가. 당신의 마지막 자세만 이 침대 위에서 고요히 울음을 터뜨리고 있구나. 그것은 아침상의 생선구이처럼, 혹은 미역국처럼, 그리고 흰쌀밥처럼 홀로 그곳에 남겨진다.

지리멸렬처럼 놓인 수건을 마지막으로 금욕적인 휴일 오전은 비롯될 것이다. 당신의 마지막 자세는 아무렇게나 버려진 금욕적인 휴일 오전을 위해 바쳐지고, 그것은 비릿한 콘돔이거나 생선구이, 혹은 미역국, 그리고 흰쌀밥.

—「금욕적인 사창가」 전문

연을 구분하지 않고 쓴 산문시이지만 상황 중심으로 5개 연으로 구분해보았다. 쉽게 읽으려는 방편으로 이미지들을 분리한 것. '당신'의 연속 동작이 진술되지 않고 있어서 사진을 한 장 한 장 들었다 놓으면서 보는 식이다. 이렇게 블록화하여 시를 읽는 일은 사진 한 장에 현상된 이미지들을 조각내어 뜯어보는 것처럼 파편적일 수 있으나 시인이 파편적·파국적 국면들을 배치하고 있는 만큼 영 어긋나는 시 읽기 방식은 아니지 않을까. 시인이 배합한 이미지들을 부수어보는 즐거움이 우리에게도 얼마간 필요하니 말이다. 시인은 위의 표제 시를 "프랑스 사진작가 브라사이의 작품"이라고 시 말미에 부연하면서 사진 텍스트가 시 창작의 배경임을 밝힌다. 이 시 한 편에 배치된 정황으로 그 핵심을 짚어낼 수 있다. 화자 의식의 떨림이 전해오지는 않지만 어떤 절제력이 이 시의 정조를 지배하고 있으며, 사건의 중심을 보여주기보다 모든 것이 지나간 후의 텅 빈 감각에 대하여 써나간다. "지리멸렬"과 "신파"를 적당히 배합하여 우리가 잊고 지낸 잉여 감정을 환기하려 하지만 그 의도는 의도에서 그친다. 결론부터 말하자면 이 시에 신파는 없다.

그간 보여준 조동범 시의 현상 기법은 이번 시집에서도 여실히 발휘된다. 자신의 시론서에서 기술한 것처럼 그는 많은 경우 영상조립시점의 시를 쓴다.[1] 시를 읽는 동안 그 핵심이 저절로 표면에 떠오른다. 화자의 무의식에

---

1 조동범, 『묘사』, 모악, 2017.

숨겨둔 내용을 사진이 현상할 수 없다는 관념 바깥에 시의 몸이 놓여 있다. 조동범에게 이 세계의 진실은 우리의 눈이 선택적으로 응시하는 어떤 사물의 표면에 머문다. 그것을 바라보는 자의 선택이 이 세계의 모습을 규정하는 한, 위 시가 채택한 몇 개 현상들은 적어도 지금 이곳 어느 구석의 진실 중 한 컷이라 해야 한다. 그곳에 '당신'이라 명명하는 매춘 주체가 있다. 그는 1연에서처럼 자아가 분열하면서 매춘의 육체를 물끄러미 바라본다. 매춘의 시간을 빠져나온 자아가 공허와 허무로 얼룩진 물질인 자신의 육체를 응시하고 있는 것. 이러한 반성적 응시가 『금욕적인 사창가』를 지배하는 기본 정조다. "당신의 마지막 자세"에서 바라봄의 시각을 가진 매춘 주체의 자의식을 읽어낼 수 있는데, 이는 몸을 과거의 시간에 두고 시각만 감각체로 떨어져나와 온몸이 눈이 된 자아다.

이렇게 이 시는 의식적으로 분리한 자아로 매춘 이후의 정념을 이야기한다. 쾌락에 자신을 던져넣지 않으므로 '당신'은 어떤 범죄나 광기에 사로잡힐 이유가 없다. 그의 감각은 짧은 쾌락을 탐미하는 것을 지나 허무의 시간에 당도하여, 거기에 머문다. 이때를 금욕의 시간으로 현상한다는 데 조동범 시의 진실이 있다. 시 앞부분에서부터 당신의 휴일은 어제의 기억과 바깥 세계에 대한 상상으로 채워진다. 이전 시간의 쾌락과 열기가 담배 연기처럼 연소되고, 고요한 울음소리로 정화되고, 쾌락 이후의 허무감이 무려 일곱 차례에 걸쳐 "당신의 마지막 자세"로 고정된다. 이것은 어떤 규범에 어긋나는 시간을 지나온 '당신'의 정지 동작이며, 이제 그만 멈춰야 할 때를 아는 자의 자세다.

여기서 인간의 감각과 서로 바라봄이라는 관계성은 죽음을 맞는다. 이러한 정지 상태만이 금욕 실행의 뚜렷한 계기가 된다. "정부군과 반군의 총성"이 "죽음을 배치"(「탐미」)하는 시간에도 침대 위에서 마지막 자세가 되어가는 이에게서 관계의 종결과 죽음 이미지가 겹친다. 눈물 없이 마른 울음을 삼키는 차가운 시대, 값을 매겨 거래하는 에로스 소비의 시대, 감정의 교호도 서로에 대한 발견도 없는 인간 개체들이 떠돌이로 살아가는 시대를 시인은 사유한다. 그러면서 시인의 서사 감각은 인용 시 외 다수의 시편에서 오디세우스와 세이렌의 일화로 나아가고, 이 서양발 고전적 매춘의 전형으로부터 이 시대에 매매되는 몸으로 점층한다.

나아가 시인은 당신의 마지막 자세라는 스냅 하나에다 여러 정황을 덧댄다. 자신의 분열체인, 이 알 수 없는 자세가 또 다른 자신을 바라본다는 데 이 시의 문제의식이 있다. 그러니까 행위 주체는 이 자세를 취하고 있고, "남자"와 교섭한 바로 그 당사자다. 수치심·후회 같은 부정적 감정을 막 느끼는 순간의 포즈로 고정된 또 다른 자아이기도 하다. 혐오에 겨워 떼어내버린 자신을 바라보는 또 다른 자기가 여기에 있다. 이러한 응시는 다분히 의식적인데, 의식한다는 것은 자신의 경험을 스스로에게 이야기하는 것(피에르 자네)이다. 그런 차원에서 보면 '의식'은 심리적이면서 철학적이다. 모든 질문은 결국 자신에게로 회귀한다. 그래서 '당신'은 의식적 존재이며 언제나 자신을 돌아보는 반성적 주체다. 자신을 바라보면서 자기에게 말하므로, 스스로를 문제삼아 벌이는 질문과 답변이 의당 반성적이다. 조동범 시의 이러한 자기 회귀적 의식, 어제를 반추하는 일이 오늘의 일상이 되는 반복성에서 어쩔 수 없이 장황한 서사가 태어난다. 이 점에 답답해하던 우리는 그러한 반복성으로부터 반성적 사유를 하는 '당신'을 마침내 발견한다. 장황해 보이는 문답들이 두 개의 자아를 들고나며 서로를 바라본다.

자기 회귀식 문답법을 붙안고 휴일을 보내는 당신. 자신의 마지막 자세에게 심정이 투시당하는 당신. 어제 행한 일들이 자기 감정 안에 갇혀 환히 들여다보이는 그때 삶의 등고선은 가파르게 움직인다. 또 다른 자아에게 노출당하는 자신이 부끄럽지만, 휴일인 오늘 당신이 할 일은, 어제의 당신을 사물화하여 그 무감각한 몸을 자신과 분리하고 어제와 결별한 뒤 성휴일의 갱신을 꿈꾸는 것이다. 휴일의 자세는 "금욕적인 모든 관계와 피크닉" 같은 것이어야 하고, 그것은 "생선구이, 혹은 미역국, 그리고 흰쌀밥"과 교환해 줄 "콘돔"의 세계를 벗어나는 일이어야 한다. 이 고무 제품은 자본주 남성의 은유로서, 들뢰즈와 가타리가 말했다시피, 자본주의와 함께 부끄러워할 일이 여기서도 시작된다. 값을 매겨 거래하는 물질의 세계에서 '당신'의 육체는 어제 죽었고, 그때의 마지막 자세가 오늘은 금욕의 제단에 바쳐진다. 그 자아는 어제 사용한 수건과 함께 당신의 마지막 포즈를 기억하고 있을 터. 자신을 객체로 보는 자아가 있기에 당신은 폐허의 어제로부터 비로소 구출된다. "고요히 울음을 터뜨리"는 오늘은 그러니까 성휴일의 아침이다.

그런데 당신만 이 휴일에 반성적이어야 하고, 의도적으로 "거룩하고 성스럽게" 이 아침을 맞이해야 할 이유라도 있는 걸까. 시인은 당신이 누렸던 쾌락의 시간을 기록장에 아예 등재하지 않는다. 당신은 적어도 어떤 짝패와 꾸려가는 행복 따위에는 희망을 걸지 않는 자로 보인다. 당신에게는 자신을 유지하려는 욕망과 변혁하려는 욕망이 똑같이 강렬하고, 그 욕망은 언제든 충돌할 수 있다. 당신은, 그 누구도 자신에게 위로가 되어주지 않는 현실 바탕에서 자신의 마지막 자세에다 기대를 걸어둔 것처럼 보인다. 진행을 멈춘 어떤 포즈에서 절제와 금욕을 읽어내야 하고, 그 정지 장면만이 절망을 초월하는 가능성이 되어주어야 하지만 정작 위로가 되어주지 못하는 폐허의 시대에는 자신만이 유일한 위로처가 된다.

그렇다면 당신은 일상이 지리멸렬하고, 극단적 무의미로 점철되어 있으며, 일상의 고리를 그럭저럭 이어가는 일을 삶의 이유로 알고 있는 것일까. 하지만 당신은 이 같은 범주에서일망정 자신의 상(像)이 하나의 상품으로 전시되는 현실을 스스로 관람하면서도 관찰자에 머물지 않고 "가슴"에 수시로 청진기를 갖다 댄다. 과연 심장이 박동하는지를 자가 진단할 줄 아는 당신은, "남자가 빠져나간 자리의 텅 빈 허공을" "고개를 돌려" 바라보면서,

그때의 "마지막 자세"를 성찰하는 또 한 사람의 남자가 아닐까.

3. 자기보존이거나 변혁이거나

조동범은 도플갱어 같은 자기시(自己視)의 주체나 이중의 육체를 창안하는 일에 골몰하지 않는다. 자기보존 또는 변혁의 욕망과 그 이유에 대한 고민이 그에게는 한층 큰 현실이다. 통합체로서 자아가 무너진 사회에서 자기를 찾으려는 자들에 대하여 그는 쓴다. 다음 시에서 섹슈얼리티 기호는 본연의 정체성을 거부한 카스트라토에 집중되고, 그의 이전 상대역이었을 '당신'을 등장시켜 카스트라토 본연의 섹슈얼리티가 무력화하는 지점에 주목한다. 사회적 자아와 개체의 인격 간 연속성이 단절되지 않는 성 정체성 유지가 과연 가능한지에 대하여 거듭 질문을 한다. 질문이 많다는 것은 세상이 의문투성이라는 관점을 드러내는 일. 그렇다면 여기, 중간적 존재로서 애처롭게 목소리를 떠는 카스트라토를 누구라고 불러야 할까.

> 사건의 지평선을 노래하며 카스트라토는 부풀어 오르지 않는 가슴을 잠시 슬퍼합니다. 다시는 만날 수 없는 당신들은 사건의 지평선을 흐느끼고 있습니까. 당신을 향해 사건의 지평선은 오래도록 느려지고, 모든 것을 감추고 어두워집니다. 책장에는 페이지를 넘길 수 없는 시집들이 가득하고, 창공에 가득한 별들을 떠올리는 당신은 그리하여 누구입니까. 완고한 아버지의 음성은 어디에 있습니까. 아들의 심장을 찌른 아버지는 피 묻은 칼을 씻으며 저녁 식탁의 완전한 행복을 떠올립니다. 가슴을 풀어헤치면 그곳은 무덤입니까. 텅 빈 무대 위로 누군가는 뚜벅뚜벅 걸어갑니다. 수많은 당신들은 아침이 와도 소환될 수 없습니다.
> 　　　　　　　　　　　　　　　―「mail」 중간 부분

적극적으로 묻는 자와, 질문자보다 소극적인 응답자 간 문답이 반복된다.

"사건"의 당위성을 따져 묻는 쪽이 한층 적극적이고, 한번 열린 질문의 포문은 닫힐 줄을 모른다. 질문으로 시작하여 질문으로 끝나는 이 시에서 카스트라토는 정체성을 물을 수 없이 변해버린 인물이다. 사건은 명시되어 있지 않으나, 그 일이 카스트라토에게 일어난 것이라는 단서 하나로 "거세당한" 그 존재를 추측할 수 있다. 생명력 넘치는 남성성이 식물성이거나 중성적 존재로 연화하지만, 이 생명체의 섹슈얼리티 전환을 간섭할 강력한 부권은 여기에 없다. 이 거세가 남성에서 해방되어 여성성으로 다시 감금되는 일일 뿐일 때, '없는' 부권과 '없는' 남성성의 관계항은 묘하게 충돌한다. 무덤일 수도 희망적인 미래일 수도 있는 이 사건은, 섹슈얼리티를 전환하려는 아들을 용인하느니 그의 심장에 칼을 꽂아 생명을 절멸하려는 부권이 부재하다는 데 그 핵심이 있다. 성 선택을 할 수 없었던 자가 장성하여 본연의 성 정체성을 거부한 이 사건 이후의 미래는 그러나 희망적이지 않다. 여성성을 부각할 가슴이 "부풀어 오르지 않는" 현실, 성전환이 오히려 정체성을 왜곡하는 이곳에는 통합된 자아의 안정성도 없다. 이러한 카스트라토의 성 정체성을 두고 시인은 그의 연인이었을 '당신'에게 염려를 표할 수 있을 뿐이다. 다만 "만날 수 없는 서로의 미래만을 예감"할 수 있을 뿐이라고.

위의 시 두 편에서 자기를 보존하려는 현실적 고투 뒤 잔존하는 감정은 슬픔이다. 이 시집에서 무수히 마주하는 질문 앞에서 우리는 매춘 주체와 카스트라토의 삶은 필경 혼란스럽거나 불경할 거라고 예단하면서 그들의 불행을 함부로 상상한다. 그들의 경험에 우리의 감정을 겹쳐놓기에는 현격히 먼 현실, 그것이 이유다. 매춘 주체와 카스트라토의 이러한 사정에 대하여 시인은 이들의 자기변혁 욕구가 사회의 요구이기보다 개인의 선택권이라고 말한다. 거세자를 불구로 승인하는 사회라면 카스트라토는 엄연히 자기보존에 실패한 자일 것이나, 남다른 음역을 획득하여 보존하려는 예술 창조자로서의 의지가 선택권을 지원한다. 이 경우 불구란 타자가 판별하는 것이 아니며, 선택이 가로막혔을 때 남과 다르게 살아가야 할 필요에 따른 지극히 개별적인 증상일 테니 말이다.

4. 어린 매춘(賣春), 어른 매춘(買春)

이 시집에서 매춘과 퀴어, 마스터베이션, "마지막 자세" 등의 행위성, 아군과 적군의 교전처럼 몸을 밀고 당기는 육박전으로 묘사하는 부분은 정상성을 초과한 어떤 모럴에 대한 질문처럼 보인다. 정부군과 반군의 교전이 한창 벌어질 때 절정을 향해 죽음을 배치(「탐미」)하거나, 어른인 당신의 손끝에서 어린 소녀의 심장이 뛸 때 "제단에 바쳐진 한 마리 양의 피"(「어른 어른 그리고 어른」)에 대해 꿈을 꾸는 식 같은 것들.

> 퇴역한 해군 제독은 기억나지 않는 전투와 이국의 해안가를 떠올리고 있어요. 석양은 물들고 휴양지는 아름다워요. 이국의 소녀와 함께 아름다운 밤은 깊어만 가고요. 소녀는 온 힘을 다해 제독의 정액을 받아내고 있어요. 소녀의 사타구니에서 흘러내리는 정액은 닦아내도 닦아내도 씻을 수가 없어요. 적란운은 피어오르고 수평선 너머로 유람선은 오래도록 정박하지 않아요. 정액을 닦아내며 소녀는 친절하고요. 옷걸이에 걸린 제복에서는 지워지지 않는 화약 냄새가 피어올라요.
> ―「틸라푸쉬」 앞부분

퇴역한 군인과 10대 매춘부의 조합은 관능을 탐미하기에는 나쁜 조건이다. 금기를 깨는 이 에너지를 밀어 올리는 건 죽음에 대한 불안이다. 생식 가능성 하나로 포화를 쏘아 올리면서 사내는 도덕과 질서를 넘어 공격성을 발휘한다. 전투에서 해방된 사내가 다시 육박해가는 10대 소녀의 몸. 거대 역사 속에 포위되었던 남성의 힘과 권위가 소녀에게 집중되면서 "사소한 개인사로 기록"(「탐미」)된다. 침투력·정복욕 같은 전쟁의 기호들은 이때 남성적 매력으로 작용한다. 그러나 시인이 그려낸 섹슈얼리티는 남녀가 느끼는 성적인 쇼크나 감동과는 관련이 없다. 탐험가의 기항지에서 호기심 어린 소녀들이 이방인을 침대 위로 영접(「소녀들」)할 때 그들의 가슴이 부풀어오르는 현상을 보자. "헐벗은 가슴"(「기항」)으로 온 '당신'이 찬양하는 것은 소녀의 몸 이전에 건강하게 펌프질하는 심장이다. 생명 에너지가 사라진 차가운 세계에서 먼 항해를 이어온 그들은 뜨겁고도 젊은 피에 끌린다. 소녀는 뜨거운 피의 에너지를 간직하였고, 남성은 그것을 탐한다. 돌발성 폭풍처럼 위험한 심장을 가진 자들, 그러나 심장의 '두근거림'이 없다면 세계는 죽음일 뿐이라는 역설을 감당하는 자들. 시인은 심장이 두근거리는 삶과 그렇지 않은 자의 저조한 생명력을 세심히 들여다본다.

저녁이 오면 나는 어느덧 혼자입니다. 침대에서 일어나 죽어버린 나로부터 내가 걸어 나오면, 그곳에 타오르는 죽음은 비로소 참혹합니다.(……) 철길마다 오래 전에 죽어버린 나의 소녀는 울음을 그칠 줄 모릅니다. 그것은 불행한 밤입니까. 아니면 숨 막히는 절정입니까. 저녁이 오면 여전히 나는 혼자입니까. 교살당한 나의 몸이 타오를 때, 가랑이진 곳으로부터 숨 막히는 매음이 교성을 내지를 때, 나로부터 걸어 나온 나는 비로소 죽음을 흐느낍니다. 가랑이진 나의 절정은 이단입니까. 불길이 어느새 침대와 커튼, 벗어놓은 교복치마를 태우며 타오를 때, 당신은 어디에 있습니까.

―「15세」 부분

소녀는 다시 본래의 자기에서 자아를 분리한다. 절정의 시간이 곧 죽음의 시간임을 예감하는 찰나 그녀는 매음으로부터 이탈한다. 그러나 용납이든 거부든, "가랑이진 나의 절정"은 끝내 이단적 선택일 수밖에 없다. 매춘은, 자아의 경계를 지워 상대에게 몰입하는 '진행' 중 사건이다. 그러면서 동시에 자아도 실종된다. 몰입했기에 자기를 죽이는 매춘에서 과감히 탈출한 소녀이지만 이때 그녀에게 상대역인 '당신'은 없다. 무인격 3인칭인 당신은 있어도 없는, "영원토록 아름다운"(「매춘부의 사생활」) 소녀의 모습과 "언제나 순결한 소녀의 성기"(「틸라푸쉬」)만을 탐하는 공상가일지도 모른다. 여기서 시인은, 사용을 금지해야 할 소녀들의 몸이 시장에서 유통되는 정황도, 성애의 쾌락 감정도 시에 주입하지 않는다. 이는 아마도 '금지'된 소녀들에게 품을 법한 인간애가 아닐까. 뿐만 아니라 시인의 관심은 성 노동자들이 당할 법한 학대나 인신매매·감금 등에 있기보다 어린 성 노동자를 비인간화하는 어떤 권력과 권위, 그리고 저들의 성적 도구로서 쾌락의 공여자인 소녀들의 정염에 밀착한다. 따라서 소녀들의 서두름은 자아를 분리하여 공포와 불안·수치를 벗어나려는 몸짓이다. 이러한 자기보존과 보호 심리는, 주변화한 자신의 삶을 더 이상 이중적으로 유지할 수 없다는 소녀들 내면의 표현일 테다. 소녀들은 성인 남성이나 사회와 협상하거나 계약·거래하는 객체이기보다 상대방에 의해 강압적으로 선택되어 쾌락 공여자가 된 경우로 보아야 할 것이다.

그렇다면 남성들은 어떤가. 그들은 낭만의 여정을 따라가는 항해자처럼 보인다. 그러나 이것은 그의 여정을 절반만 본 것이다. 세이렌의 노래가 들려오는 곳으로 항해하는 운명적 떠돌이 같으나 최종 목적지는 자신의 집이 있는 이타카인 오디세우스. 저 남성들은 그의 아바타처럼 보인다. 세계의 비극은 여기서 발원한다. 남성의 불길한 매혹이나 불량한 유혹이 낭만을 부추기면서 "사랑의 실체"를 "증명"(「THE END」)하지는 못한다. 그래서 시인은 유혹하는 자의 가슴마저 뛰지 않는 현대인의 고형화한 감정, 마지막 자세와 함께 박제된 감정에 주목한다.

시인은 세이렌의 노래에 매혹되어 그 소리를 낭만으로 오해하는 방랑자의 감정을 비판적으로 복원하고 싶었을지도 모른다. 그렇다면 근대의 계몽 주체가 이미 지나온 그 지점에 대한 통찰이 왜 이 시대에 필요한 것일까. 그 연원은 아마도 깊은 슬픔에 잇댄 연민에 있지 않을까. 룻소의 이 말, 연민이 자기애의 작용을 완화하면서 종 전체의 상호적 보존에 기여[2]하는 것에 대하여 시인은 여성의 자기보존 본능과, 남성의 종족보존 본능이 충돌하는 지점을 이중 관점으로 써나간 것이 아닐까. 상보적일 수 없는 기이한 관계가 역으로 인류를 존속하게 한 이 역설은 언제나 수상한 감정을 동반한다. 자본 앞에 사랑은 없으며, 사랑은 허구다. 유물론자들의 욕망 거래가 매춘의 형태로 나타날 뿐이다.

(2021.4.30)

---

2 장 자크 루소, 『인간 불평등 기원론』, 주경복·고봉만 역, 책세상, 2006(초판 8쇄), 83쪽.

인간 상징과 표현
— 이현호 · 박춘석 · 임유영

인간이야말로 가장 깊은 심연이다. 그 심연에 닿으려는 인문학이 인간 중심의 학문이라 해서 인간의 정체에 관한 결정판이나 완결판을 만들 수 있는 것도 아니다. 시대가 바뀌고 문화가 변하는 만큼 인간은 놀라운 적응력으로 멈출 수 없는 진보의 형식을 만들어왔고 이후에도 그럴 것이다. 하여 자연 중심의 사유로 인간이 누구인지를 결정해온 방식은 큰 힘을 발휘하지 못한다. 현대의 개인은 특유의 상징을 통하여 자신이 누구인지를 보여주면서 미래까지도 만들어간다. 우리가 이런 점을 이해하는 데 선행하는 것이 이 시대의 다양한 상징형식들이다. 카시러는 인간을 말하기 위해 의식과 정신의 흐름을 전제하면서 이것을 매개하는 '표현'의 문제를 들었다. 그는 인간이 상징을 사용하여 자신의 의식을 표현하는 방식에 주목한다. 자신이 누구인지를 말해주는 상징이 자신을 형성하게 되는데 이때 언어가 매개해준다는 것이다.

지난 계절의 시에서 인간 상징에 눈길이 갔던 건 그 언어 표현에 이유가 있다. 인문학조차 완성하지 못한 인간론을 보충하는 시인의 고유 언어에는 정신의 내용이 깃들어 있다. 이것이 카시러가 말하는 "상징적인 표현"[1]이다.

---

[1] 에른스트 카시러, 『인문학의 구조 내에서 상징형식 개념 외』, 오향미 역, 책세상, 2019 (초판 4쇄), 21쪽.

상징은 신성의 영역인 종교에서 시작했으나 현시대의 상징은 여기에 구속되지 않고 다양하게 분화한다. 모든 예술 분야와 철학은 물론이고 일상 대화에서도 비유나 상징이 없이는 표현 미학을 적절히 살리기 어렵다. 비유와 상징이 단지 관념에 그친다면 사회적 관계를 지향하는 인간이 굳이 이것을 구사할 이유가 사라진다. 언어가 사회의 소산인 것처럼 상징과 비유도 그 언어를 옷처럼 두르고 사회적 기능을 하게 된다.

인간-시인이 시인에 앞서 인간에 관한 의식을 표명하는 상징은 어떻게 구사되고 있을까. 인간의 표정에서 스스로 본성을 탐구해보는 호기심의 화신, 자동사처럼 풀리는 생각을 멈출 수 없는 사람, 뒤죽박죽인 데다 부유하는 현실임에도 과거와 미래에 속수무책 견인되는 사람, 디지털 테크놀로지 기록시스템이 개인 간 담화에 끼어들지라도 인간에 대한 믿음만은 견지하는 사람. 이 시들은 현시대 문화적 인간의 표상을 상징적으로 담아내면서 표현 미학을 발휘한다.

1. 표정으로 말하는 사람

내가 이걸 또 하면 사람이 아니다
다짐하고, 다음날
사람이 아니게 되었습니다 나는

사람이 사람 같지 않으려면 어떻게 해야 할까

사람과 다른 동물의 차이점을 고민하다가
눈썹을 밀었습니다
사람 말고는 있는지 없는지 잘 모르겠더군요

그것은 시 같기도 했습니다

있으나 없으나 사는 데 별 지장이 없지만
없으면 어쩐지 무표정해지고

여전히 사람같이 말하고 걷는

눈썹 없는 사람
눈썹을 지우면
없는 사람
사람이 아니니
없는

…(중략)…

까슬까슬 자라난 까만 털을 긁으며
있으나 마나 한 것이 왜
사람의 표정을 짓는지 궁금해합니다

무슨 생각하는 동물처럼
— 이현호, 「인간성」 부분(『상상인』, 2024년 여름)

"사람의 표정"을 만드는 눈썹에 관한 인간론이라 해도 좋을 시. 본연의 눈썹을 뽑아버린 후 젊은 인상을 만드는 문신이 유행하는 이 시대에 시인은 이와 다른 차원에서 인간의 눈썹에 상징을 입힌다. 시적 주체는 사람과 동물의 차이가 극명하지 않아 이런 점을 분별하고 싶은 호기심에 따른 행동을 한다. "사람이 사람 같지 않으려면 어떻게 해야" 하는지에 관한 실험으로 자신의 눈썹을 밀어버린다. 이런 행동은 사람이 사람 같아지려면 어떻게 해야 하는지 알고 싶어 하는 궁금증이 추동한다.

눈썹 무용론과 유용론 사이에서 정처를 잃었던 경험이 한 편의 시가 되었다. "그것은 시 같기도 했습니다/ 있으나 없으나 사는 데 별 지장이 없지만/ 없으면 어쩐지 무표정해지고" 마는 것이 눈썹이기도 하다는 인간론이 이때 발생한다. 눈썹을 밀어버린 일을 계기로 '표정'의 미학을 알게 된 이치를 말하면서도 "사람 말고는 있는지 없는지 잘 모르겠"다고 고백함으로써 인간의 표정 외에는 생각해본 적이 없는 자신의 무딘 감각을 점검하기에 이른다. 그리고 거기에 인간만의 고유하고 특수하고 특별한 말인 '시'에 대한 질문이 들어 있다. 인간을 성찰하는 시인의 언어에서 인간의 눈썹은 사물화한 것 같으나 정작 이 눈썹은 단순한 대상에 그치지 않는다. 여기에 상징을 입혀 인간의 정신 활동인 '시'가 지닌 표정으로 사유가 진전한다. 눈썹 상징이 단순한 표상에 머물지 않고 인간의 고유한 표정, 인간의 언어 중 고도의 정신적인 힘인 시와 그 표현의 문제를 함유한다. 카시러가 상징을 단순한 암시나 표상으로 보지 않고 그 하나하나가 고유한 세계를 형성한다고 말한 것도 여기서 인간 정신의 힘을 읽었기에 가능했다.[2]

　이 시는 시인의 의식을 담은 상징으로 눈썹을 제시한다. 눈썹 무용론과 시 무용론이 만나는 지점은 '무표정'이다. 표정 없는 사람과 표정 없는 시는 모종의 제한에 갇혀 독특성과 고유성을 끌어내지 못한다. 이런 일이 자신의 정신을 가두는 일과 동시에 일어난다. 시적 주체가 경험한 표정의 미학에서는 시인의 정신이 살아서 꿈틀거린다. 눈썹을 밀어버린 뒤에야 눈썹은 그에게 무표정한 인간과 시의 그러함을 발견하는 계기를 안긴다. 인간 상징을 밀어버린 뒤 "무슨 생각하는 동물" 같은 표정을 지어보면서야 이것이 곧 무표정임을 알게 된다. 다양한 인간 상징 중 하나가 무표정에서 표정으로 바뀌는 순간의 변화를 읽은 이현호 시인은 마침내 자신의 시론으로 도약한다.

2　에른스트 카시러, 『언어와 신화』, 신응철 역, 지식을만드는지식, 2015, 16쪽.

2. '생각'보다 '존재'를 생각하는 사람

  우리의 생각 속으로 부단히 침투하는 어떤 대상이 있을 때 우리는 그것에 의해 살아간다. "숨을 쉽니다"라며 자신이 살아 있음을 전제한 뒤 그 증거를 기술해나가는 다음 시에서 우리가 만나는 몇 종류의 사람은 생각에 겨운 나머지 "아무 생각 하지 않는 순간에도 살아 있다고 믿고 싶"어 한다. 치열하게 보일 만큼 분열하는 생각 속에 존재하는 모든 '나'들의 연합을 화자는 "모인 사람들"이라 부르고, 이 무리에서 "최종적인 사람"은 결코 찾을 수 없을 것임을 암시한다.

    그는 전화를 할 때마다 내 마음이 어떤지 물어오곤 합니다 우리는 공간이
  므로 축소될 수 있고 방안에 든 물건을 아예 들어낼 수 있다는 것을 알고 있
  는 것일 테죠

    당신은 발이 있어 어디로든 갈 수 있고 손이 있어 누구든 만질 수 있어 날
  개가 있어 날아갈 수 있어 당신을 의심해 그러나 곧 당신을 희망해 에고. 숨.
  익시스토

                — 박춘석, 「나는 생각한다」 부분(『현대시』, 2024.7)

  자신의 관념 속에서는 하나의 생각마다 하나의 사람이 살아간다. '내 안의 사람'인 그는 내가 생각함으로써만 살아 있다. 데카르트가 기존의 모든 지식들을 의심하면서 생각하는 주체인 인간을 내세워 근대의식을 표명한 이래 인간은 관념으로 구성된 정신주의의 주체였다. 하여 이들은 시에서 보듯이 잠시 생각을 멈추면 자신의 삶이 휴지가 되어버렸다고 본다. "사람의 중력을 감당하는 침대가 사람"이라는 언명처럼 이들은 심지어 자신 안의 사람이 또 다른 자신 안의 사람을 감당하는 생각의 연쇄를 살아가야 한다. "커피가 사람"이라는 관념에까지 도달한 화자가 그 사람을 "날아가는 향기만

큼만"이라고 말하는 것은 아무리 경량의 관념일지라도 이것이 생각과 함께 일어나는 일임을 뜻한다.

마트료시카 인형처럼 겹겹 자아 속에 거처를 둔 사람이지만 가끔은 "함께 걸어보고 싶다던 남자의 말을 떠올"려보기도 한다. '우리'를 공간으로 보는 그의 관념에는 인간의 몸이 지닌 체적을 공간화하는 의식이 작동한다. 그러면서 두 사람 간 간격을 좁히는 방식을 생각해보고, 당신을 의심하는 동시에 희망하는 모순덩어리인 자신을 인정하기도 한다.

생각에 겨운 그의 기대는 정작 생각을 좀 비워내고 싶은 곳으로 움직인다. "에고. 숨. 익시스토"라는 구문에 이런 점이 실려 있다. 발음상 탄식 소리 같은 '에고', 호흡과 동의어인 '숨'은 데카르트 철학의 기본 명제에서 '그러므로 존재한다'("에고. 숨.")에 해당한다. 여기에 데카르트식 생각주의는 비어 있다. 그는 'Cogito, ergo sum'이라면서 생각하므로 존재가 가능한 인간을 강조했으나, 시적 주체는 두 차례나 '존재(sum, existo)'를 강조할 뿐 생각은 증발하고 없다. 생각의 분열을 멈춘 그는 휴지와 다를 바 없는 근대식 주체에서 벗어나 "곧 다시 모여서 생각하고 이해하고 발견하고 상상"하는 통합체이기를 바란다. 다만 세상만사 "확고부동"한 것은 없기에 의심하면서 존재하는 방식을 선호한다. 자신에게 "마음이 어떤지 물어오"는 '그'에게 마음이 곧 생각이라고 답변하지 않았다 하여 상대가 그 마음을 모르지는 않을 테다.

3. 회고와 전망에 갇혀 지내는 사람

사람의 감정은 계절에 따라 변하기 쉽다. 그런데 다음 시에서처럼 계절이 바뀌어도 좋은 시에 대한 고민이 이어지는 시적 주체는 우울감에 붙들려 지낸다. 시 쓰는 과업에 충실한 그는 시에 제한되고, "대낮에 만날 수 없는 사람과는 만나지 말"기로 한 그는 사람을 만나지 말아야 할 조건에 제한된다.

> 봄 날씨 탓인지 시에 자꾸 우울하다고 쓰고 싶은 충동이 일어난다 시에 우울해 우울해 그런 말을 쓰면 좋은 시가 안 되겠지 …(중략)… 창밖에는 멀고 높은 가을 하늘이 있고 나는 소파에 길게 누워 생각해 본다 너무 어려운 시절을 함께한 사람과는 잘 만나지지가 않는 일 그 사람 생각은 자주 하는데 정말 이상해 옛날 생각이라는 건 하면 할수록 우울해질 뿐 정말 그렇지 좋은 시란 무엇일까 생각할수록 우울해질 뿐이다 참 멍청하게 드러누워서 껌벅껌벅 무섭다 무섭다 춥다 춥다
> ― 임유영, 「회고와 전망」 부분(『시사사』, 2024년 여름)

오직 시를 위하여 사는 듯한 그의 마음에 봄에서 가을까지 우울이 침윤하는 것은 그가 거듭 생각을 몰아가는 데 원인이 있다. 하나는 회고하는 방식이고, 다른 하나는 전망하는 방식이다. 앞은 "옛날 생각", 뒤는 "좋은 시란 무엇일까 생각"하는 일이다. "생각할 게 분명 있었"으므로 그것을 놓칠 수 없는 그는 회고와 전망 사이를 오가며 과거를 복원하거나, 미래에 도달할 일을 현재로 앞당겨 좋은 시를 미리 쓰는 성과를 추수하고 싶어 한다. 하지만 "정말 이상"하게도 과거도 미래도 현재의 우울에 제한될 뿐이다. 놓쳐버린 생각들과 이후에 하게 될 생각이 지금 여기서 만나 그가 쓰는 "글자는 흩어져버리고 이렇게 우울"에 처한다. 오늘은 우울과 생각이 결합한 시간일 뿐이고 그것은 과거와 미래의 틈새에 끼어 있다.

"너무 어려운 시절을 함께한 사람"이 있으나 그를 만나고 싶지 않은 이유는 지난날의 우울에 침윤될까 봐서다. 대체 무엇이 우울한 생각을 거둬갈 수 있을까. 그건 너무나 자명하게도 회고와 전망에 빠진 생각을 구출하는 일이다. "훤한 대낮에 만날 수 없는 사람"을 생각만 하기보다 우울은 과거로 보내고 그를 대면하리라는 기대와 상상을 펼쳐보는 일. "생각은 자주

하"지만 만나지 못했던 그를 만나 어려운 시절의 회고담에 머물지 않고 현재의 삶을 나누는 일. 그럼으로써 오늘의 자신을 직시하는 일. 그럴 때 이 시에 여덟 차례 등장하는 '우울'과 일곱 차례 등장하는 '생각'은 오늘의 감정과 인식에 기반하여 활기를 되찾게 될지도 모른다. 그러니 자신의 "멍청"함을 자각하면서 그 주범으로 생각만 많은 자신을 지목하는 것에 그친다면 현실과 유리된 채 시 쓰기에도 제한을 두는 일과 별반 다르지 않다. 잘 알면서도 생각만 하고 있겠지만, 회고와 전망에 함몰되고 생각에 갇혀 글을 쓸 수 없게 된 시적 주체는 지금-여기의 흐름에 몸을 싣고 움직이는 물리적 존재여야 하지 않을까.

4. 디지털 시대의 인간

사물은 시각의 범주, 소리는 청각 범주의 현상이다. 소리의 흐름은 의식의 흐름처럼 공간을 차지하지 않는다. 온갖 소리에 포위되어 살아가면서도 우리가 그것을 채집해야 할 필요를 느낄 때는 그 소리와 더불어 우리가 관계하는 대상을 받아들여야 할 때다. 소리를 선택적으로 채집하는 일은 많은 경우 어떤 목적을 수행하는 것이므로 그 의도가 선명하게 보인다. 김이섬 시인은 어느 날 오후부터 밤까지 녹음 파일에 저장된 내용을 공개하는 방식으로, 듣는 문학의 비물질성과 읽는 문학의 물질성을 사유하면서 디지털 기록 시스템의 시대를 조망한다. 인간은 물론이고 그의 기억을 믿을 수 있을지, 작품은 기억에 의한 것인지 장소에 의한 것인지, 그리고 주체가 사라져 버린 유령적 글쓰기에 관한 이야기를 펼친다.

녹음기는 껐나요
클라우드에 있는 디지털 파일은 어때요?

그걸 감당하기 위해서 기계와 전기가 필요하죠
전기는 어떻게 기록하죠?
음— 으음— 음— 음—
이 만남은요?
이 만남은 믿어요
하하하
웃으니까 무엇인가 태어나는 것 같아요
…(중략)…
잠깐 이런 생각을 했어요 머릿속에만 있는 소설을 사람들 앞에서 낭독만 한 뒤 헤어진다면 그건 작품으로 남을 수 있을까
기억이 작품이죠
제 생각엔 그 장소에 머문 사람들이 작품이에요 그곳에 있던 사람들까지요
아뇨 작품은 그냥 거길 걸어 나갔을 겁니다
— 김이섬, 「비물질 기록원」 부분(『파란』, 2024년 여름)

3쪽에 이르는 장시에서 일부를 인용했다. 글쓰기 주체들의 담화로 보이는 이 시는 이들의 의식이 흘러가는 방향에 주목하게 한다. 이들이 경험한 문화 텍스트인 시·영화·소설·노래, 무가 연구자·죽은 친구, 그리고 자연의 소리인 허밍·바람·휘파람, 꿈, 사랑의 감각, 상상의 영역 등에 관하여 난상 토론을 벌이면서 방향을 종잡을 수 없게 내용이 흘러간다.

담화 내용을 놓치지 않으려는 주체는 녹음 기기의 음성 파일에 모든 것을 담아두고 싶어 한다. "글을 쓰려 하면" "개념들이 막 엉겨 붙어 버"려 의미가 미끄러지거나, 주체가 사라져 유령의 목소리로 말하는 것 같았다는 경험을 토로한다. 녹음 장치의 기록물을 낭독물과 유사한 것으로 보는 자는 녹음기를 껐는지 물으며 전자 기록 장치보다는 상대와의 만남 자체를 신뢰한다. 이는 인간에 대한 믿음이며 그가 처음부터 지니고 있었던 것이다. 하여 그는 "지금을 기록"하는 디지털 방식에 의문을 품는다.

이들의 담화에서 수집한 내용을 보관하고 싶어 하는 자와 기록이 "아무것

도 남지 않아서 다행"이라 여기는 자의 의식은 엇갈린다. 앞은 디지털 파일에 음성을 보관하려면 "기계와 전기가 필요하"다고 보고, 뒤는 기분 내키는 대로 허밍을 하면서 의식이 흘러가는 형식의 자유를 즐긴다. 사람과 사물까지를 작품으로 보는 자는 이것의 물질성을 말하면서 장소성을 강조한다. "기억이 작품"이라고 보는 자는 텍스트의 비물질성을 말한다. 그는 녹음 장치에 의하여 실시간으로 장소를 벗어나는 텍스트성을 강조한다. 이로 미루어 한 사람은 기억을 흘려보내버린 점을 아쉬워하는 기록 중심주의자여서 작품을 강조한다. 다른 한 사람은 기록되지 않은 기억들로부터 자유를 만끽한다. "안 티 고 네"를 띄엄띄엄 발음할 때마다 등장했다 사라지는 음소처럼 모든 기억은 누군가의 담화에서 살아났다 사라질 뿐이라며 텍스트성을 신뢰한다.

  이 시는 클라우드 기반의 디지털 파일이 음성 텍스트를 생산하는 시대에 문자 문학도 이와 교환하는 힘을 키워갈 수밖에 없음을 시사한다. 작품의 물질성과 텍스트의 시간성이 대립하는 것만은 아니며 두 개의 항은 첨단 기술력에 의해 상호 교환하는 능력을 키워간다. 시간과 장소가 같은 지평에서 만나야만 '지금'이라는 시간성과 '기록'이라는 물질성이 가능해지지 않던가. 한 편의 영화 텍스트가 완벽하게 소실되어 복원이 불가능해졌다 할지라도 이것을 관람했던 순간의 공기·느낌·이미지들, 그리고 "맥락 없는 대사 같은 것이 끝없이 재생"되는 경험은 이 시에 여실히 살아 있다. 요점은 이것이다. 그때그때 발생하는 텍스트들에 둘러싸여 살아가는 디지털 시대 인간의 면모는 이제 소리와 음성으로도 기록된다. 그럴지라도 기억을 매개하는 내적인 의식의 주체도, 형식의 변화를 꾀하는 예술 창작의 주체도 인간이라는 사실만은 불변한다.

  위에서 읽은 시들은 문화 텍스트에 포위되어 살아가면서도 종전의 양식을 고수하는 예술가가 닿지 못할 인간형을 사유한다. 인간이 인간 안에 머무를 때는 인간에 대한 정의를 주관적으로 굳혀놓는다. 시인도 자신을 시인이라는 범주에 가두어 시 쓰는 사람의 포즈를 외재화하기 쉽다. 그러나 언어의 표정이라 할 표현은 인간과 시인이 누구인지를 상징으로 말하면서 새로운 세계를 만들어낸다. 인간은 스스로 바꿔가는 문화 안에서 줄곧 예술 형식과 내용의 변화를 꾀해왔다. 문화를 만들어가는 인간을 상징화하여 글의 표정인 '표현'을 고유한 언어에 실어내는 일을 지난 계절의 시인들이 하고 있었다.

(2024.7.25)

외상 공동체에서의 하루
— 조혜은 · 신정민 · 남현지

1. '위해'와 '위하여' 사이에서

　공동체의 일원으로 참여한 개인이 외상 없이 지내는 것은 불가능에 가깝다. 갖가지 요구와 욕구가 교차하면서 개인은 자신의 의지와 감정을 유지하기 어렵게 된다. 개인을 자연적 존재라 할 수 있다면 공동체는 인위적인 인륜으로 엮인 집합체다. 가족은 어떠한가. 인륜을 강조하는 구성체이면서 특히 혈연 중심의 돈독한 결속을 요구한다. 하지만 겉보기에는 잔잔하고 아무런 분란의 기미도 없어 보일지라도 외부로 노출되지 않는 곳에 균열과 단절, 불안정성이 흔연한 구성체다. 최근 들어 혈연 중심 가족 구성을 부정하는 개인들이 늘면서 가족 개념은 이제 전통적인 관습을 훌쩍 넘어서는 양상을 보인다. 접두어 비(非)의 쓰임을 혈연에도 적용하여 비혈연을 조성하는 환경이 가속화하는 세태다. 자기 주도적 삶을 위하여, 분란 없이 사랑할 수 있는 대상을 선택적으로 사랑하기 위하여, 미니멀한 삶을 구성하는 데 방해가 된다면 위해(危害)가 아닌지를 의심하면서 무해(無害)한 방식을 추구한다. 이 모든 것들이 종전의 관습들을 부정해야만 가능한 것이기에 이전의 양식들은 급속히 낡은 것이 되어간다.

　조혜은 시에는 가족과 관련하여 지울 수 없는 재현의 흔적들이 있다. 가족을 '위하여'와 '위해' 사이에서 자학과 가학이 난무하는 상황을 상상적으로 구성한다. 시현실에서 일어나는 일을 보편적인 현상으로 볼 수는 없으나, 시인의 언어 토대가 경험과 해석이 가능한 현실에 맞춰져 있고, 인물들의 내면을 파고들기보다 그 표면 작용을 날카롭게 언어화한 것이어서 충분히 공감할 수 있다. 이것이 보편적 공감을 유발하지는 않을지라도 이 시대인의 의식 변화를 가늠할 만한 경우인 것만은 분명해 보인다. 조혜은이 본래 지닌 시 세계를 확장한 이 시에서는 어느 가족의 주말 나들이가 "연습"처럼 펼쳐진다. 직접 실행한 일을 연습으로 언표한 데서 엿볼 수 있는 것은 가족 나들이가 연습이었기를 바라는 마음의 반영은 아닐까 하는 것. 어색하게 끝난 연습 시간처럼 실수와 실패를 용인하는 정서를 화자는 바라고 있을지도 모른다.

더 묻지 않았어요
칠이 벗겨진 목조 의자처럼
버려진 유원지의 모습으로
음산하게 웃고 있었어요
어떤 발랄함은
칠이 벗겨진 슬픔이구나
주말마다 아빠는 자신의 뺨을 때리며 운전했어요
조용히 하라고 욕을 하며
좋은 곳에 데려갔어요
너희는 너무 버릇이 없어
아빠는 눈을 감고 운전했어요

우리는 들키면 혼나는 진실을 감추려 거짓을 공고히 세우고
단란한 주말에 결박당한 맥쩍은 표정을 깔고 앉아
아빠의 옆에 앉은 서로를 부러워했어요
좋겠다. 나도 아빠 옆에 앉아서 아빠를 때리고 싶다
우리는 너무 버릇이 없어

나무들에 둘러싸인 공원에 내려졌어요
그늘이 많은 얼굴로
우리가 서로를 봐주면 좋을 텐데
우리는 음란하게 서로의 흥을 파고들었어요

오늘 재미있었지?
주말이 지나기 전에 아빠는 꼭 물었어요
연약한 허벅지 안쪽과 팔뚝 안으로 피가 고였어요
아빠의 허리를 밟고 배를 발로 걷어차는 건
우리의 오랜 버릇이었어요

엄마, 엄마, 내가 무서운 이야기 들려줄게
옛날 옛날에 돼지가 있었어요
쉬지 않고 이야기하는 건 동생의 오랜 버릇이었어요
분만틀에 갇혀 삶이 멈춰버린 채 살아 있는 엄마
도구가 된 엄마를 사랑하는 건 나의 오랜 버릇이어서
칠이 벗겨진 목조 의자처럼
버려진 유원지처럼
흉물스러운 사랑을 구걸했어요
날 안아줘요
슬픈 웃음을 지었어요

— 조혜은, 「주말 연습」 전문(『문파』, 2023년 가을)

 첫 행의 "더 묻지 않았어요"에는 화자의 질문에 답변하는 상대가 생략되어 있다. 그가 주말 나들이의 기획자라는 가정이 가능하고, 더 물을 수 없거나, 더 묻지 않아도 되는 경우이겠지만 정황상 전자로 보인다. 가족 서사에서 기대하기 어려운 평화·위로 같은 것은 역시 여기에도 없다. 슬픔, 욕지거리, 거짓말, 무례함, 음란하게 흉허물 들추기로 얼룩진 주말 한가운데에 갇힌 가족이 있을 뿐이다. "단란한"이라는 수사를 동원하여 말해야 할 가족

이야기가 아닌, 아빠의 옆자리를 차지한 형제자매를 부러워하면서 아빠의 뺨을 때리고 싶은 욕구, "아빠의 허리를 밟고 배를 발로 걷어차는" 행위는 태중 배냇짓 같은 본능으로 위장된 폭력의 증상이라 해야 한다. 더불어 화자가 엄마의 사랑을 구걸하는 장면은 더 이상 나눠줄 것조차 없을 만큼 메말라버린 모성의 밑바닥을 긁어대는 것처럼 보인다.

시인이 이전부터 재현해온 괴물화한 가족이 다시금 등장하는 주말 나들이 장면에서 보이는 구성원의 면모는 자학과 가학이 횡행하는 난투극 무대에 올려진 인물들과 다를 바 없다. "자신의 뺨을 때리며 운전"하는 아빠의 자학적인 자세는 주말 나들이의 인도자로서 지난 일주일 간 누적된 피로를 몰아내는 장면이지만, "눈을 감고 운전"하는 아빠를 흔들어 깨워야 하는 당위성을 재미삼아 실행하는 "우리" 공동체의 감정은 분열적이고 가학적이다. 자신을 때리는 아빠, 아빠를 때리는 우리가 똑같이 아빠의 졸음운전과 관련되면서 아빠의 욕설, 아빠의 옆자리를 다투어 앉아 아빠의 뺨을 때려놓고 시침을 떼는 우리의 거짓말과 형제자매 흉보기가 어지럽게 얽힌다.

가족이라는 이름으로 공동체의 윤리를 강조하던 시대의 재현물은 아니지만 이 시는 지금도 여전한 부권 중심주의와 그에 따른 책임감, 아이 낳는 기계의 기능을 완수하는 "분만틀"로 살면서 자기 주도의 삶을 잃어버린 엄마, 그 와중에도 부모의 사랑을 바라는 자녀에게 무궁무진 공여해야 할 심적·정서적 자산을 관리해야 하는 가족 구도를 그리고 있다. 가학과 자학이 교차하면서 가족이라는 동일자의 이름이 파열하는 곳에서 가족 구성원이라는 타자는 서로의 외상으로 존재한다. "오늘 재미있었지?"라는 아빠의 물음이 긍정적인 대답을 이끌어내지 못하는 것도 주말의 가족 나들이가 가족을 넘어설 수 없다는 데 그 원인이 있다. 가족을 '위한' 결행이 가족 간 불화를 감싸안는 것으로 이어지지 않고, 가족에게 가까이 다가가는 일마저 투쟁과 폭력의 모습으로 드러나면서 괴물은 오늘도 가장 근접 거리에서 태어나고야 만다.

　엄마에게 "날 안아줘요"라고 말하는 화자가 "슬픈 웃음"을 짓는 마지막 장면에서 엄마는 "쉬지 않고 이야기하는" 동생의 말을 들어주는 동시에 화자의 요구도 수용해야 한다. 가족을 위한 도구화의 삶을 여일하게 이어가는 엄마의 지체와 감각 기관들은 가족이라는 괴물이 빨대를 꽂아놓고 흡입하는 출구로 기능한다. 자신의 뺨을 때리면서 가족을 위하여 잠을 쫓는 아빠가 그런 것처럼 엄마도 '위하여'의 윤리에 복무하는 자세를 의연히 견지하면서 엄마의 자격을 유지 중이다. 하지만 위한다는 명분으로 타자 지향을 우선시하는 삶에서는 자신의 열정과 시간을 투여하는 일의 가치를 존중받기 어려워진다. 가족을 위한다는 명분으로 끝없이 책무를 다한다는 부모의 무게가 고스란히 자녀를 압박하면서 채무감을 유발할 것이므로 그러하다.

　시인이 그간에 문제삼아온 결혼 제도를 근간으로 이 시를 읽으면 의무와 책임을 다하려는 아빠가 주도하는 주말 나들이가 아이들에게 기형적인 재미를 유발하면서 이것이 폭력화하는 양상이 선연히 보인다. 결혼 제도에 포섭되지 않고 살기 위하여 제도를 문제삼으면서 가족 바깥에서 사는 방식을 고안하는 현 세태를 반영한 이 시에서 우리는 가족으로 묶여 살아가는 사람들의 말 못 할 상처를 보게 된다. 결혼·출산·육아 과정에서 가족 공동체가 공고히 해온 아름답다 여겼던 가치들이 실상은 무수한 상처를 볼 수 없게 덮어버린 수사 같은 것이었다는 데 이 시의 진실이 있다. 가족이라는 이름으로 묶여 있는 하나의 구성체에서 진정 재미있는 일은 일어나지 않을 것이기에 아빠가 모처럼 주도한 나들이 기획은 성공리에 완수되었어야 했다. 하지만 이러한 기대에 대한 좌절이 어느 한 날에 국한되지 않는다는 것이 가족이라는 외상 공동체의 지대한 슬픔이다.

2. 말문이 트이는 날의 첫말

이 세계의 전모를 언어로 규정할 수는 없다는 절망이 시인을 만든다. 이 세계를 언어로 설명할 수 있다는 희망으로도 시인은 될 수 있다. 언어가 매개할 때 가능한 타자와의 관계, 이어지는 상호작용에서 상대방의 고유성을 훼손하는 일도 언어가 하며, 그 상처를 봉합하려는 시도도 언어가 한다. 말을 하는 동안에는 정확한 인식에 근거한 반성적이고 합리적인 언어만 선별하여 쓰기란 어렵다. 언어는 반성을 모른 채 스스로 말을 하면서 수습할 수 없을 지경이 된 것을 재차 수습하기도 하면서 앞으로 진행한다.

반면에 추정을 불허하는 언어, 규준이 명확한 언어, 논리화에 동원된 언어는 과학의 언어다. 시언어는 계산적으로 제작된 인식의 언어가 아니므로 썼다가 지우고, 수정하고, 교체하기를 반복하면서도 끝내 의미 규정이 목적은 아닌 언어다. 다음 시 「함묵」에서 시인이 돌멩이 하나를 놓고 깊이 언어 고민에 빠진 정황도 이 같은 점에 기반한다. 그는 지금 언어를 돌멩이라는 기호로 표상하면서 그간에 발설해온 말을 성찰하고 있다. "입을 열지 않겠다는 약속"이 자기 단속 차원에서 이뤄지면서 말문을 닫아걸게 된다.

　　돌멩이를 기른다

　　말이 없어 좋았고
　　말이 통하지 않아서 좋았다

　　하지 않아도 될 말이 너무 많았다

　　침묵은 침묵끼리 참을성을 길렀다

　　머문다는 건,

움직이지 않는 자세를 잡기 위해 몸을 뒤척이는 것

그런 날 밤엔 코를 심하게 골긴 하지만
이마에 생기기 시작한 뿔처럼

목에 칼이 들어와도 입을 열지 않겠다는 약속은 자란다

아프지도 않고 보채지도 않아서 외롭고
가타부타 쓰다 달다 투정 없어 더 외롭다

풀어놓은 망아지처럼 뛰어다녀도 부르면 언제나
제자리로 돌아오는 돌멩이

수많은 언어와의 작별에도 불구하고
언젠가 마지막 한마디 해줄 수 있을 때 듣고 싶은 말

오늘이 무슨 날이야,
내가 가장 좋아하는 날이야,*

돌멩이 말문 여는 날,
그 날을 기다리며 기른다

*곰돌이 푸가 친구 피글렛이 묻는 질문에 답했던 대사
— 신정민, 「함묵」 전문(『상징학연구소』, 2023년 가을)

    돌은, 말을 복제하여 말을 부풀리는 세속에서와 달리 그 본성이 침묵이다. 자라지 않는 돌멩이를 기르면서 이 세계를 고요 속에 잠기게 한 화자는 지금 말의 번식을 원하지 않는다. 말이 말을 끌고 다녔던 저간의 사정을 이어가지 않고 발설하는 말의 기능을 잠시나마 잠가두었다. 그가 돌멩이를 기르는 것은 아이러니하게도 그 자라지 않는 속성을 자기 내면으로 들여야 할 필요에 의해서다. 더구나 돌이 아닌 돌멩이라는 점에서 이 기호가 함유하는 것은 "하지 않아도 될 말이 너무 많았다"는 자기 성찰과 관련이 있다. 돌멩이를 던지는 행위와 상대에게 투척하는 말의 속성을 감안할 때 말은 그에게 돌멩이화로써만 그 의미를 지닌다. 개념 정의를 할 수 없다면 침묵을 택하라고 한 비트겐슈타인의 요청은 말을 거듭할수록 모호해지는 말의 속성을 지적하는 차원이었다. 정의되지 않은 말은 본디 모호한데다 말을 할수록 모호성이 가중되면서 그 진정한 의미를 점점 알 수 없어진다는 것이다. 그러나 시언어는 개념 정의를 목표로 하지 않는다. 되레 그것을 위반하고 객관 세계를 의심하면서 시적 진실을 상상적으로 구현한다. 신정민 시인은 자라지 않는 돌멩이를 미메시스하면서 이 사물을 "함묵"의 이상적 가치로 내면화한다. 그러면서 불투명성을 운위할 수 없을 만큼 투명한 자의식으로 함묵 뒤에 터져나올 진정성 있는 어떤 말을 예비한다.

 백과사전식 정의만으로 이 세계의 전모를 통합적으로 정의할 수는 없는 것처럼 시인의 언어도 모호하기 마련이지만 시인은 시를 씀으로써 모호한 세계의 어떤 구석들을 직관하게 된다. 시언어는 개념과 정의를 밝히는 데 종사하지 않으며 오히려 그것의 자명성을 흐려놓고 잠입해 들어간 세계를 뒤집어내는 능력으로 언표된다. 자명하지 않은 세계를 언어의 매개로 펼쳐내는 일은 이 세계가 본디 그러하다는 점 이전에 언어의 불완전성을 전제한다. 타자를 향하여 격발하는 '돌멩이 화법'으로 그간에 숱한 말을 쏟아냈던 화자가 말을 간수하는 모습은 타자에게 생긴 무수한 상처들이 돌멩이들의 황무지를 만든 것은 아닌지 하는 자성의 자세처럼 보인다. 언어의 자의성을 돌멩이가 지닌 침묵의 윤리로 성찰하면서 시인은 문학 언어의 순수성을 빌려 말을 하고, 시 현실에서의 돌멩이가 자폐적 상황을 대리 표현하는 상징은 아님을 전한다.

 이 시에는 타자에게 건네고 싶고 자신도 듣고 싶은 말이 있다. 오랜 침묵

끝에 나온 "오늘이 무슨 날이야,/ 내가 가장 좋아하는 날이야." 같은 대화가 그것이다. 말문이 트이는 날에 서로 주고받는 말이 상대의 기분을 살핀 인 삿말이라는 데서 화자가 그간에 침묵을 택한 이유가 한층 선명해진다. 해야 할 말을 찾지 못한 채 하지 않아도 될 말을 투척해온 언어를 성찰하는 내용이 이 시를 이룬다. 이해 불가의 타자성을 전제로 하는 인간관계에서 상대에게 격발한 언어가 돌멩이라는 무언의 기호에 실린 상황을 상상하게 하면서 시인은 타자에게 건넬 인삿말 한 마디와 여기에 적절히 답해줄 수 있는 소소하지만 기분 좋은 말을 주문한다. 그날은 상대에게서 "내가 가장 좋아하는 날"이 바로 오늘이라는 답변을 이끌어내는 날이면서, 그간 침묵으로 일관했던 돌멩이 같은 자신이 비로소 말문을 연 날이기도 하다.

3. 꿈속의 꿈에 집착하는 이유

꿈을 꾸는 언어는 외부 세계와 관련한 것을 중얼거리는 듯한 어법으로 거기에 서정을 깔아놓는다. 우리가 꿈의 말과 현실의 말을 구분할 수 있는 근거는 시인이 꿈을 꾸었노라 말하는 데 있다. 꿈조차 꿀 수 없는 사람에게는 하룻밤 꿈으로나마 찾아와주는 희망이 현실의 그것보다 더 선명하게 여겨진다. 꿈을 꾸는 자는 꿈의 내·외부를 동일시하면서 꿈 바깥에서도 꿈의 연장을 꿈꾸지만, 꿈조차 꾸지 않는 자는 꿈을 꿀 수 없는 현실에 더 붙들려 산다.

꿈에서 관리자가 되었습니다.
구름이나 과자의 관리자는 아니었고
화단을 관리하지도 않습니다
길에 떨어진 휴지를 줍지 않습니다
그것의 관리자가 아니니까 지나쳐서

창문 시트지가 조금씩 떨어진 작은 사무실에 앉아
모니터만 쳐다보는 이들을 물끄러미 바라봅니다
이 사람들을 관리해요? 꿈인데도?
근태를 확인하고 파견을 보내고
목표 달성률을 그래프로 만들어서 보고합니다
등 뒤에 상사가 있어요 상사 뒤에는 또 상사가 있고
상사가 아주 많이 나오는 꿈이구나
…(중략)…

개발자 B님이 잠깐 졸다가 다시 성실하게 일을 합니다
상사가 나타나서 화를 냅니다 문제가 있나요?
관리자는 기쁘게 되묻습니다
그래야 해결을 할 수 있기 때문에 문제를 생성합니다
문제는 달콤하다 그런데
잠을 자지 말라고, 졸지 못하게 하라고?
하지만 관리자는 그것이 정말 문제라는
근거가 필요합니다
확신만 있다면 해결할 수 있습니다
자신이 얼마나 기계적인지 자랑스러워하며
관리자로서 이 꿈에 최선을 다해

오늘도 적절하게 실패한 채로 끝납니다
그게 꿈의 기교하고 납득했던 때로 돌아갈 수 있다면
아니다 돌아가고 싶지 않다
이런 꿈이라도 사라지지 않길 바라면서
눈을 뜨고 뜨거운 아침 햇살을 맞이합니다
또 늦잠을 잤구나

— 남현지, 「꿈의 번영」 부분(『현대시』, 2023.9)

이 시는 화자의 꿈 내용으로 구성된다. 꿈 바깥과 꿈속의 경계가 선명하며, 그는 꿈속에서 자신이 되고 싶은 것이 되어 있다. 계급 구조를 한눈에 보여주는 좌석 배치로 자신보다 하위직의 등을 보고 앉아 있으면서 동시에 다른 상사에게 등을 보이고 있는 직원들 가운데 그도 앉아 있다. 다른 직원의 등을 보고 앉아 있는 구조에서는 타자에게 등을 보이지 않는 상사가 최고참이다. 화자는 꿈속에서 어제의 일을 중얼거리면서 야채 장사를 하지 않게 된 오늘의 꿈에 "집착"한다. 자신이 지금 "밤마다 번영을 꿈꾸는" 일에 복무 중이라고 몽중 자각을 하고 있는 것.

인물 구도를 보면 개발자 B님, 상사, 관리자가 등장한다. 개발자의 졸음을 둘러싸고 양방향에서 이해가 엇갈리는 경우를 볼 수 있다. 무리 중 유일하게 성실하지만 과로에 찌든 개발자의 졸음을 두고 상사가 화를 낸다. 관리자는 개발자의 업무에 무슨 문제가 있는지를 기쁜 마음으로 묻는다. 개발자가 풀지 못하는 문제를 생성해야만 관리자의 소임을 다할 수 있기 때문이다. 그와 달리 상사는 관리자에게 개발자를 "졸지 못하게 하라"면서 개발자의 업무와 관련 없는 지시를 내린다. 하여 관리자는 "그것이 정말 문제라는/ 근거가 필요"하다고 생각한다. 개발자의 졸음이 문제가 된다는 근거를 제시하고, 그것에 확신을 갖게 하는 대응 방식은 "기계적"일수록 좋다. "관리자로서 이 꿈에 최선을 다해" "적절하게 실패한" 보고서를 제출하는 것이 그로서는 최선책이다.

직원의 졸음을 둘러싸고 상사와 관리자가 이 문제를 풀어나가는 방식은 매우 다르다. 상사가 문제시하는 건 단지 졸음 현상이며, 관리자는 졸음의 이유를 업무와 연계하여 풀어나가고자 한다. 때문에 그는 개발자의 과중한 업무를 비켜간 상황 진단으로 상사의 판단을 훼손하지 말아야 하며 적당한 절충주의 아래 '적절히 실패'한 보고서를 제출해야 한다. 그럴 때 자기 보신과 안위가 보장되면서 그 어떤 것이 아닌 오직 인간 관리자로서 생명을 연장할 수 있다. 목표 달성을 최우선으로 하는 성과주의에 포섭되어 노동-기계화한 개발자는 과중한 업무 탓에 생명력이 소진되어 간다. 관리자 계급이 두꺼운 층위로 존재하는 체계에서 하위 주체는 "사람들을 개별화하고 고립시키는 고독한 피로"[1]를 해소할 길이 없다.

  모두가 상사이자 관리자인 구성체에서는 개발자의 업무를 분배하기 어려우므로 화자로서는 개발자 혼자 과로에 시달린다는 의견을 제출할 수 없는데, 상사들의 업무 태만을 지적할 상황도 아니다. 꿈속의 관리자로서 자신의 업무에 "기교"를 부려 관리자의 소임을 적절히 피해 간 화자가 그것을 꿈 밖에서 다시금 들려주는 "이런 꿈"의 경험은 취업을 꿈꾸는 화자에게 하룻밤 달콤한 경험으로 도래한 에피소드였다. 현실의 번영을 대체하는 "꿈의 번영"이나마 "사라지지 않길 바라면서" 늦잠에서 깨어나는 화자는 "우주를 떠돌고 고래가 되는" 거대한 꿈도 아닌 그 꿈에 집착하면서 아침을 맞는다. 꿈꾸기조차 불허하는 상황에서는 꿈에 집착하는 일마저 불가능하지만, 꿈에 집착하는 꿈꾸기나마 그는 경험할 수 있었다. 개발자를 기계적으로 관리하려면 자신마저 기계가 되어야 한다는 원칙을 세워야 하는 성과주의를 이 시는 패러디한다. 말할 기력조차 소진되어가는 피로 주체에게 그가 속한 공동체는 모든 친밀함, 그리고 언어의 기능마저 앗아가면서 그를 왜소하게 만든다.

(2023.9.20)

---

[1] 한병철, 『피로사회』, 김태환 역, 문학과지성사, 2017(1판 50쇄), 66쪽.

아디아포라의 시 : 사랑과 이별의 윤리
― 여성민

　사랑과 이별의 관계만큼 불가해한 정념이 있을까. 여성민 시인은 「기적」을 포함한 다섯 편의 시에서 이별이 필연인 어떤 사랑을 이야기한다. 사랑보다 빈도수가 높은 어휘가 이별인 것만 보더라도 그만큼의 긴장이 이 관계항에 작용하고 있다. 죄악인지를 의심하게 하는 세속의 사랑, 고행을 거쳐야만 완수할 사랑의 불가능성을 예감하면서 이별하는 일화들에는 아디아포라(adiaphora)[1]의 윤리가 담겨 있다. 모종의 금기를 자기화한 감각으로 지레 염려하면서 이별을 하고, 분란도 갈등도 없는 평화만을 사랑이라 믿어야 하며, 고행과 사랑의 완성은 신의 일이므로 인간은 사랑 앞에서 무력할 수밖에 없는 이치들에 대한 역설이 이어진다.

　종교의 언어는 현실을 변화시키려는 시도를 담은 것이어서 세세한 윤리들까지 명문화하기는 어렵다. 이때 규율 바깥에 있는 주변부의 윤리가 아디아포라다. 본질주의가 명목화하지 못한 세부 윤리인 자유의지를 제기할 수 있는 근거가 아디아포라이기도 하다. 하여 아디아포라는 디아포라(diaphora) 관점으로는 불온하고 불순하기 짝이 없는 요구에 속한다. 규율 범주에서 예외인 개인 윤리에 따라 본질주의의 구속력을 문제삼기 때문이다. 예컨대 법

---

[1] a는 '없음'을 의미하는 접두어다. 디아포라는 본질적인 규범을, 아디아포라는 디아포라 바깥의 윤리로서 불간섭 영역을 이른다.

과 금지가 죄를 낳고, 계율에 묶인 사랑이 악을 낳고 타락을 생산한다고 보는 것이 아디아포라의 윤리다. 시 언어는 바로 이러한 바깥의 윤리에서 발생한다.

하지만 이때 외부는 그 자체로 고정된 위치를 점하지 않는다. 내부라는 대립적 장소를 부단히 자극하여 각인시키면서 동시에 양자를 해체하는 전략적 장소가 이곳이다. 여성민 시인은 반복 화법을 통한 해체 전략으로 차연의 화술 행위를 이어가면서 두 개의 영역을 미결정인 채로 남겨둔다. 상호 대치되는 의미 항에서 반전의 계기를 마련케 하는 자극제. '사이'를 공유하거나 '경계'를 가로지를 때 만나는 난경들. 이곳이 여성민 시의 발생지다.

여성민은 해방을 꿈꾸는 시인이다. 언어의 고정된 의미로부터, 사랑이 아니면 이별이라는 이항 대립의 관념으로부터 부단히 벗어나는 언어를 구사한다. 사랑의 기표인가 하면 이별의 기표이고, 빛인가 하면 어둠의 기표들로 자리가 이내 바뀌면서 그 의미가 유보된다. 의미화를 위한 공간을 차지하지 못한 기표들이 다음 기표에 자리를 내주기 때문에 실재를 구성하지도 못한다. 그럼에도 시인은 빛과 사랑을 이야기한다. 죽음 같은 심연과 어둠의 통로는 그의 관심사가 아니다. 그에게는 이별 없이 사랑하며 사는 일을 생각하는 사랑꾼이라는 별칭이 한층 잘 어울린다.

1. 순수 시대에 내려온 고행의 언덕

여성민 시인은 이별 감정으로 사랑을 되짚어내는 역설의 시를 쓴다. 「나의 아름다운 프랑켄슈타인」에서 "서른 번의 이별"을 거쳤는데도 "여전히 이별"하는 것은 온전한 사랑의 불가능성에 대한 역설이다. 이별은 사랑과 분리하고선 일어날 수 없는 일이기에 사랑의 어떠함을 말하려는 시도 속에서 빈번히 겪게 되는 경험이다. 사랑을 '영혼'이라는 추상으로 관념화하여 육체의 경험과 분리한 종교의 기획, 그리고 그 반대편의 세속에서 사랑을 오염·타락·유혹과 등가물인 정념으로 보는 이분법을 해체한다.

이별이 순수의 시대입니다

처음 입 맞추며 눈감은 이유도 같은 주제일까요 흉곽에 밤하늘을 넣는 자,
젖에 밤기운이 사무쳐 눈감은
사랑은 오래 참고
사랑은 온유하며
진리와 함께 기뻐하지만

이별은 타인의 집에서 잠든 얼굴을 찾아 순회하는 선한 목자입니다

얼굴에 묻은 쑥이며 별빛이며 고린도서며 위험한 것을 두고 나는 언덕을 내려온 선한 사람입니다

인간의 얼굴이었던 밤하늘을 보며 기적을 믿습니다
―「기적」부분

이 시는 순수 시대에 일어난 사랑과 이별의 경험을 이야기한다. "언덕을 내려온 선한 사람"이 기적을 믿는다고 말하고, "시인을 빨리 말하면 신"이라면서 "신의 사랑"과 "시인의 이별"(「나의 아름다운 프랑켄슈타인」)을 대비한다. 이렇게 사랑과 이별은 신과 시인의 존재 사건에 연원을 둔다. 게다가 그것이 빈번히 아이러니한 상황을 몰아오고 있어서 여성민 시는 거듭되는 역전과 혼돈을 거쳐야만 간신히 의미의 입구로 접근할 수 있다.

화자는 사랑의 완성을 위해 고행의 언덕을 올랐던 나사렛 사람이 아닌, 결국에 그 비탈길을 내려와버린 한낱 범부에 불과하다. "쑥이며 별빛이며 고린도서"가 "위험한 것"이라는 언명은 자칭 "선한 사람"인 화자가 사랑의

계명을 위험하다고 판단한 데서 발생한 아이러니다. 언덕을 내려온 것을 보면 그는 오래 참으면서("쏙") 꿈을 꾸는("별빛") 사랑("고린도서")의 지속성에 대한 불가능을 내면화한 자다. 따라서 그가 입맞춤을 철회한 것은 신-사랑, 시인-이별이라는 등호가 움직일 수 없는 것임을 뜻한다. 사랑은 신의 계명이지만, 이별은 사랑을 지속할 수 없는 사람에게 불시에 닥치는 일이다.

그렇다면 사랑은 심야 라디오 방송에서 전파되는 타자의 이야기에 존재하는 "순수의 시대"의 정념이라고나 해야 할 것이다. "가장 서정적"인 사랑만이 선하고 순수하며, "처음 입 맞추며 눈감은 이유"를 "진리와 함께 기뻐하"면서 지속성을 꾀하는 사랑은 어떤 위험의 빌미를 누설한다. 그런 이유로 화자는 아디아포라가 깊어지는 위험으로부터 황급히 벗어나 안전한 자리로 내려온다. 그에게 신-사랑은 이룰 수 없는 것의 비유이며, 시인-이별은 가능성의 비유다. 시인은 입맞춤이라는 상징으로 자유의지와 계율 간 불화를 짚어내면서 이별이야말로 사랑의 증명으로써 명백한 경험임을 전한다.

2. 접촉 시대에 끓이는 이별 국(soup)

「숙희」에서는 '우리'의 관계성을 이야기한다. 관념적 사랑이라는 억견에 대하여 해방시학을 펼치는데 이는 "신학자와 물리학자와 철학자와 정치가"(「나의 아름다운 프랑켄슈타인」)라는 다중 정체성으로도 다 알지 못할 것이 사랑과 이별이라는 점에 기반한다. "사랑의 물질"적 작용을 말하기 위해 동원한 수다한 "문장"에도 불구하고 사랑학은 제각기 다른 관념을 유발한다. 하지만 사랑의 혁명가이기도 한 시인은 사랑을 관념에서 구출하면서 화학작용도 소외시키지 않으려 한다.

눈이 내렸을까 모르겠다 신비로워서 만질 수 없는 것을 나는 모른다 두부 속에 눈이 멈춘 풍경이 있다고 두부 한 모에 예배당이 하나라고

사랑하면 두부 속에 있는 느낌이야 집에 두부가 없는 아침에 우리는 이별했다

—「숙희」 부분

시인은 사랑을 설명하지 못한다 신이 몸에 구름을 넣었다

백억 개의 구름이 흘러가고 있다 모양도 없고 일정한 구조 없는 프랑켄슈타인이어서 신의 사랑이여 시인의 이별이여 하다가

아름다운 프랑켄슈타인이여 하고 말했다

—「나의 아름다운 프랑켄슈타인」 부분

물리학자를 들먹이고, 신이 자신의 몸에 변화무쌍한 감정("구름")을 주입한 탓으로 돌리는 것은 그가 인간의 사랑법을 다양한 지식에 기대어 알고자 하기 때문이 아닌가. "신비로워서 만질 수 없는 것"이라는 언명에는 접촉 금지의 기율이 작동하지만 그럼에도 화자는 그 금지에 대하여 "나는 모른다"라며 부인한다. 무지의 순수는 앎을 전제하지 않는 까닭이다. 이때 앎과 무지 사이에 상호 제외 법칙은 가동하지 않으며, 앎이 무지의 우위를 점하지도 않는다. 앎은 배워야 가능한 것이지만 배우지 않고도 알게 되는 것을 화자는 본질적인 자유로 본다. 그는 "예배당 종소리"를 들으면서 이별을 실감하는 순간에도 속수무책 흘러가는 백억 개의 감정만이 아름답다고 생각한다. 완강한 원칙주의나 근본주의와는 어긋난 국면에서 "백억 개의 구름이 흘러가"는가 하면, 아름다운 건 부단히 변하는 "프랑켄슈타인"과 같다는 고백이 이어진다.

인간에게 감정을 심어놓고 그것을 금지하는 규범들로 하여 만신창이가 되어버린 사랑은 이제 순수와 더불어 운위할 수 없는 것이 되었다. 이는 단지 종교 차원에 국한되지 않는 원심력을 지닌다. 윌리엄 블레이크의 시집 『경험의 노래』에서 들려준 '경험'도 그의 다른 시집 『순수의 노래』에서 구가한, 어릴 적의 순수를 잃어버린 상태를 '타락'으로 자임하는 행위와 연계된다. 하여 세속의 사랑을 타락과 동일시할 때 사랑을 구제할 방도란 것은 종교 본질주의밖에 없다. 이 같은 타락은 누구에게나 예외가 없는 존재적 사건이지만 타락의 경험이 없이 순수를 들먹이는 것도 불가능하기는 마찬가지다.

「숙희」의 화자처럼 부드러운 "두부" 비유로 사랑과 죄를 동시에 함유한 상황을 이야기하거나, 두부를 먹어 죄를 씻는 의식을 치르면서 인간은 사랑하면서 죄를 짓거나, 지은 죄를 씻으려 부단히 이별을 생산하는 체제에 놓인다. 금지가 죄를 낳고, 사랑은 모든 '숙희'들과 '나'들 사이에서 사멸하며, 이별은 당연한 절차가 된다. 이별은 사랑한 죄의 삯이며, "아름다운 눈사람"에 대한 접촉 금지만이 진리인 사랑을 보존케 한다. 데리다의 부정신학을 분석한 실버만이 말했듯이 부정에 의해 존재를 패러디하는 것은 그 존재를 궤변으로 재확인하는 것과 다르지 않다.[2] 따라서 금지의 법칙에서조차 신-사랑의 등호는 번번이 재확인될 뿐이다. 이는 부정신학으로도 부정할 수 없는 개념 안에 갇힌 완고함이기에 부동의 지위를 갖는다. 인간인 시의 화자는 결코 고행을 통과하여 사랑을 완성한 나사렛 사람일 수가 없는 노릇이다.

3. 금지를 금지하는 사랑의 (불)가능성

[2] 휴 J. 실버만, 『데리다와 해체주의 : 철학과 사상』, 윤호병 역, 현대미학사, 1998, 237쪽.

사랑은 이별을 전제한다는 한용운식 인식은 여성민에 이르러 사랑은 이별로써만 증명된다. 그리고 그 어떤 이즘으로도 사랑을 온전히 정의하지 못하지만 시인은 모든 이즘과의 불화, 개념 해체를 거치면서 사랑의 기하학을 언어화한다. 그는 사랑은 금지로부터의 자유라는 세간의 인식을 멈춰 세우고 그 금지의 윤리가 작동하는 방식을 말한다. 사랑과 이별 사이에 끼어드는 계율은 급기야 개인성을 탄압하는 '사회주의'로까지 확장한다. 그 와중에 시인은 매일같이 사랑과 이별하는 경우를 '퇴근'에 빗대면서 자신의 사랑이 '빛'이 있을 동안에 가능한 것임을 전한다.

> 나의 약한 노동자여 하고 빛이 줄어든 쪽으로 돌아앉은 것이다 잘 자요 빛의 아내여 노동자의 아내에게도 담요를 흘러내린 머리카락 올려주다가
> 사랑을 쓸어 올리는 사람 있을 것이라고
> 사랑으로 약해진 사람들 이별의 수비수들 언덕에 모여 하늘이 핏빛이라면
> 빛이 언덕을 빨아올리는 것이라면
>
> …(중략)…
>
> 타인의 도움 없이 혼자 할 수 있어서
> 이별은 부드러운 노동
>
> 그리하여 어둠 속에서 내 쪽으로 돌아앉으며 부드러운 노동자여 하고 불러본 것이다
>
> 피의 노동자도 되고 약간 연한 노동자도 된 것이다 하지만 사회주의 연애는 존재하지 않는다고 국가는 나의 부드러움을 구속할 것이다
> ―「나의 아름다운 사회주의」 부분

이 시는 사랑을 유연한 자유의지로 이해하고자 한 '루터'를 불러내어 이해해야 할 것 같다. 그의 개혁 의지에는 금지로도 자유로도 규정할 수 없는

양가성인 아디아포라의 영역이 있다. 그곳에서 사랑의 윤리는 계율과 개념 정의에 구속된 채 번번이 상처를 입는다. 교리를 숭앙하는 율법 본질주의, 즉 디아포라에 구속된 사랑은 "부드러움"의 덕목들을 불손하고 불경한 것으로 강등시킨다. 규율의 눈금이 경건이 아니면 불경 쪽으로만 작동하는 까닭이다. 시인은 사랑을 율법에 편입시키려는 디아포라의 시도를 사회주의에 빗대면서 아디아포라의 유연한 적용을 상기시킨다. 사회주의 국가가 개인의 연애를 구속하는 것처럼 디아포라도 사랑의 부드러움과 관용을 구속한다고 본다. "사회주의 연애"의 당사자인 개인에게 노동생산성을 훼손하는 쁘띠 부르주아의 혐의를 가하듯이 디아포라의 계율은 아디아포라를 구속하여 그 숨통을 막아놓는다. 육화된 신-사랑은 나사렛 사람이 언덕을 오르는 고행으로 완성되었으나, 시인-사랑은 '시인'을 "빨리 말"한다 해서 신-사랑을 완수하는 일로 이어지지 않는다.

시인은 완성도와 순수성을 정당화하는 사랑을 의심하고, 사랑의 완성을 불가능케 하는 대립 요소인 이별로 사랑의 정체를 말하는 이중 전략을 편다. 이는 사랑과 이별의 대립을 보여주면서 해체하는 효과를 낳는다. 하지만 세계를 단순화하여 유일한 관점에 고착시킨 결과 사랑이라는 입방체는 불완전한 모형에 그친다. 나사렛 사람의 고행이 사랑의 완성을 위한 것이었을 때 온갖 상처와 고통과 모멸을 수반했으나, 시의 화자에게 사랑은 번번이 죄의 삶(이라 여겨지는 것)이었다. 서른 번의 이별은 사랑의 완성이 불가능했다는 전언이며, 그에게 이별은 타자의 도움 없이 혼자 언덕을 내려오는 것처럼 "부드러운 노동"에 속한다.

반면에 사랑은 고통 어린 노동이고 타자와의 연합이 필연인 강도 높은 노동이다. 하여 시인은 "나의 아름다운 사회주의"라는 역설로 완전한 사랑의 (불)가능성을 말한다. 그는 사랑의 관계도를 강대강 구도가 아닌 것으로 보고, 사랑할수록 상대에게 약해지는 사랑꾼을 "이별의 수비수들"이라 부른다. 그러면서도 계율과 자유의지 사이에서 사랑의 자리를 찾지도, 그 부드러움 속에 안주하지도 못한다. 부정의 부정을 끝없이 반복하는 역설을 「루터」에서 다시 펼친다. "이별이 종교적"인 이유가 이별이 자신을 "악에서 구"하기 때문이라고 말이다. 그렇다면 종교의 사랑은 사람의 것일 수가 없는 노릇이다. 그 어떤 종교나 이즘으로도 사랑을 정의하지 못하지만 이별만은 사랑의 기억을 여실히 되살린다. 하여 이별을 말하는 화자는 사랑했으므로 가능한 사후적 말하기의 주체라 할 수 있다.

사랑은 사람의 일이 아니므로 "두 눈"(「기적」)으로 빛을 볼 수 있는 동안에 기적이라는 이름으로 우리에게 당도한다. 세상을 이별할 때 두 눈이 캄캄해지기 전 사랑하라는 뜻으로 여성민 시를 읽는다면 시인이 구사한 역설의 역설 중 일부는 짚어낸 것인지도 모른다. 시인에 따르면 사랑은 이별이 아니고선 증명할 방도가 없다. 어느 날 이별했노라고 고백하는 자는 정녕 사랑을 한 자다. 사랑이 없는 사회에서나 마찬가지로 이별이 없는 사회에서도 사랑은 발견되지 않는다. 발견은 있는 것 위에서의 발견이지만 사랑은 없는 것 위에서의 창조이며, 지금까지 없었던 것을 만들어내면서 금기를 범해야 하는 창조 작업이기도 하다.

그런데도 "인류의 90%는 이별한 사람"(「루터」)이라는 언명에 틀림없이 내재한 사건이 사랑이다. 이는 아이러니하게도 이별만이 인류를 "악에서 구하"고 90%의 사랑은 미완성이라는 말과도 같다. 그리고 나머지 "10%는 이별할 사람", 즉 지금 사랑을 수행 중인 사람이다. 이렇게 시인은 이별이 인류를 죄악에서 구원한다면서 이별이 "종교적"이기까지 하다는 역설로 사랑의 (불)가능성을 짚어낸다. 이렇게 시인은 우리가 살아 있을 동안에 가능한 사랑하기의 윤리를 줄곧 이야기한다.

(2024.1.28)

어떤 변항에 대한 질문
— 송승언 · 손택수 · 양선주

　시인은 시를 쓸 때는 시에 포함되고, 시를 쓴 뒤에 시에서 빠져나온다. 그렇지만 이것은 기술(記述) 과정의 종료일 뿐이다. 시인은 시를 앞서가지 않으면서 그 언어에 속하고, 시 쓰기를 멈추어 기능적으로는 시와의 연결성이 사라졌다 해도 시와 시인의 정신은 단절되지 않는다. 따라서 시인의 고독은 그 흐름이 끊겨 시로부터 현격히 멀어졌을 때의 감정일지도 모른다. 부단히 시로 돌아가려는 시인에게 쓰기는 그의 정신을 매개하는 행위라 할 수 있다. 따라서 시 안에 정신이 머물러 있는 한 시는 종결되지 않는다. 시가 완성되었으므로 시를 떠난다는 자세를 스스로 인정해야만 시는 독자에게 온다. 이전 시의 죽음 위에서 피어난 지금의 시는 이전과 다른 목소리를 지녀야만 새로운 것이 된다. 이렇게 하나의 완성물을 제작한다는 감각으로 시에 머물렀던 시인이 떠나면서 우리 앞에 시가 놓인다. 집을 짓는 자가 도구를 물리고 그 집에서 떠날 때처럼 시 제작자도 자기 작품을 떠나야 한다.
　시인이 자신의 시를 떠나듯이 어느 날엔가는 삶도 우리를 떠난다. 삶은 나의 것이지만 죽음에 먹혀버려 삶이 타자가 된 현상을 우리는 죽음으로 인식한다. 삶의 연속성을 바라는 인간에게 죽음만큼 강렬한 사건은 달리 없다. 그래서 강렬한 죽음 의식이 되레 삶을 발견하는 계기를 안기기도 한다. 이렇게 볼 때 실존재에게 삶이란 죽음을 포함하는 원칙 아래 가동하는 현상이다. 예컨대 죽음 현상을 사유하는 시에서도 우리는 반어적으로 삶을 읽을 수 있다. 죽음을 죽음이라 말하지 않고 분리 · 멀어짐 · 사라짐 등의 경험을 말하는 시에서 삶을 보게 되는 것도 자신의 삶을 애호하므로 생기는 일이다.

죽음은 곧 소멸이라는 감각으로부터 거리를 두고 인식을 바꾸어 변형은, 변환은, 변신은 어떻게 진행하는지 질문하는 시들, 소멸 현상을 원격화하여 다양한 방식으로 죽음을 사유하는 시들은, 종말의 껍데기를 둘러쓴 모습으로 닥치는 죽음 현상을 다시 생각해보게 한다. 삶과 분리된 현상을 죽음이라 해야 할 때 양자를 매개하는 정신의 사라짐은 필연이겠으나, 시인은 죽음 뒤에도 소멸하지 않는 그 무엇이 있다는 듯이 별다른 이름을 붙여준다. 그래서 우리는 실존재의 연속성을 갉아먹는 그 무엇의 이름, 외부에서 가하는 불가항력을 다음 시들에서 짚어볼 수 있다.

1. 열정을 갉아먹는 그 무엇

실존재인 우리는 삶의 이유와 그 연속성을 부단히 생각한다. 죽음을 종말 현상으로 의식하기 때문에 반사적으로 생기는 반응이다. 희망과 기대가 번번이 좌절되어 목표마저 세울 수 없다면 절망도 없을 것이나, 단 하루분의 목표에 매여 살아갈지라도 하루분의 꿈은 있기 마련이다. 일회적 삶의 주인에게 하루와 백 년의 시차란 수치로 따질 수 있는 것이 아니다. 하루를 백 년의 단위로 아는 자도 있고, 백 년을 하루처럼 소비하는 자도 있어서 하루는 백 년처럼 길거나, 백 년은 하루만큼 짧기도 하다. 아래 시에서 벌레는 짧은 시간 동안 살아 있으면서 인간의 하루가 어떤 위협들에 에워싸여 있는지를 환기한다.

나는 벌레를 사랑한다 그들이 어둠 속에서 환하게 쏟아져 나와 발견되는

순간이 좋다
　그 조우는 사람들을 경악시킨다

　나는 벌레를 사랑한다 그들은 인간의 보법을 초월한다 여러 다리를 질서 있게 통제하며 영역을 전개하는 그 동세가 좋다

　나는 벌레를 사랑한다 내가 흘린 빵가루가, 내가 가진 피가 그들의 양식이 된다는 점이 좋다

　한밤에 간지러워 불 밝히면
　검은 내 몸을 광산처럼 헤집던 벌레가 발견되기도 한다
　나는 대개 그것을 짓뭉개고 흰 수의로 전신을 휘감아 매장시키는 편이지만
　작은 것들아 미워 말기를, 나는 정말로 너희를 사랑한다
　나는 내 사랑을 매번 죽인다
　(그럴 자격이 내게는 없다 아무에게도)

　나는 벌레를 사랑한다 그들이 나보다 일찍 죽어버리는 게 좋다 그리고 볕 좋은 하루
　복수하듯 내 몸을 파먹어대는 게 너무 좋다
　저 처먹고 번식하기 바쁜 것들……
　　　　　—송승언, 「벌레 예찬」 전문(『문파』, 2024년 겨울)

　어느 시에서도 보지 못한 인간형이 출현한다. 시인의 말도 새로워서 시적 인물이 첫 인간이라는 점에 쉽게 동의하게 된다. 이 사람은 벌레를 사랑한다는 위악으로 무엇을 말하려는 것일까. 이질적인 것이 그를 "경악"하게 하고, 평범하지 않은 상황이 새로운 말을 불러들인다. 벌레가 출현한 시 현실을 두 개의 국면으로 조망할 수 있다. 하나는 현상적인 생물의 나타남이고, 다른 하나는 은유로 가능한 그 무엇이다. 먼저 앞의 경우를 보면, 벌레를 죽여놓고 자신을 벌레 예찬자라 하는 화자가 이 곤충의 생사를 주관한다. 사

랑한다는 반복어로 이 사실을 자기에게 주입하는 듯한 그의 태도를 일반 범주에서는 도무지 이해하지 못한다. 벌레를 짓뭉개어 죽여놓고 엄숙히 장례 의식을 치르지만 내면에 웅크린 가학성을 어쩔 수 없이 노출한다. 이때 사랑하므로 죽인다는 역설이 발생한다. 예찬과 증오 사이에서 어긋나는 이 역설은, 무참히 죽임을 당하는 벌레가 번번이 "내 사랑을 매번 죽인다"는 화자의 고백을 듣는 일에서 생긴다. 죽여도 무궁히 태어나는 벌레의 번식력은 새로운 사랑의 탄생을 말하는 듯 보이고, 이 점이 화자가 일관되게 사랑을 고백하는 이유다. 하지만 사랑은 어둠 속에서 태어나 곧장 사멸의 단계를 밟는다. 사랑의 이름으로 폭력을 당연시하는 상황에서 사랑은 타협점이기보다 영영 어긋나는 관계에 대한 독설로 읽힌다.

다음으로는, 탄생의 조건이 어둠인 저 벌레를 지각하는 순간 어쩔 수 없이 소설 한 편이 떠올랐다는 사실이다. 시인의 선험적 사유를 반영했다면 동의를 얻지 못할 수도 있겠으나 「변신」(프란츠 카프카)에서 하루아침에 쇠똥구리로 변신한 그레고르 잠자의 이미지가 저 벌레에 겹친다. 송승언 시인이 쓴 것처럼 "여러 다리"의 통제력을 발휘하는 "동세로" 어둡고 더러운 장소만 골라서 숨는 소설의 벌레. 이 미물을 "짓뭉개고 흰 수의로 전신을 휘감아 매장시키는" 시적 화자의 행위와, 벌레의 점액질이 묻은 유리컵을 흰 헝겊조각으로 감싼 채 집어드는 소설 속 누이동생의 혐오 섞인 표정 같은 것들이 연상된다. 점액질을 남기며 기어다니는 소설의 벌레가 이 시에서처럼 어둠을 틈타 화자의 몸을 헤집고, "흘린 빵가루"와 "피"를 양식 삼아 살아간다 해도 어색하지 않은 조합이다. 인간에게 여분인 것뿐만이 아니라 생명의 근원까지도 갈취하는 벌레의 생리를 단선적으로 읽을 수만은 없겠다는 생각이 든다.

시적 화자는 벌레를 대면하는 순간 낯설어진 세계에 감응하면서 거듭 놀란다. 그것은 어둠으로부터 환한 곳으로 쏟아져 나왔고, 명도가 높은 이곳은 본래 인간의 자리다. 그런데 화자는 이 어둠의 자식들을 반기면서 사랑한다는 고백과 더불어 연신 그것을 죽인다. 화자 내면의 소리, 즉 "(그럴 자격이 내게는 없다 아무에게도)"를 깊이 숨겨두고 그 행위를 이어간다. 벌레가 된 그레고르를 방치한 가족의 행위가 더는 인간일 수 없는 그레고르에 대한 마지막 사랑일 수 있었던 것처럼, 시인의 벌레 사랑도 상대를 죽임으로써만 완성할 수 있는, 기이한 어떤 감정이다. 시인의 벌레와 인간의 동일시처럼 보이는 이 표현에 그 이유가 있다. "검은 내 몸을 광산처럼" 더듬는 시인의 벌레, 그리고 "거대한 검은 얼룩"(「변신」)처럼 누워 있는 소설의 벌레가 정확히 겹친다.

벌레에게 뜯어먹히는 신체를 그레고르와 동일화하는 시인의 전략일 수도 있다는 추정 속에서 이 장면은 노동 주체의 휴식과 열정까지도 가혹하게 갉아먹는 성과주의의 은유로 다시 읽힌다. 가난한 가족의 생계를 전담해온 성실한 외판원 그레고르가 변신 후 경제활동을 할 수 없게 되었을 때 가족은 그가 인간으로 돌아오기를 희구하는 동시에 그 불가능성에 절망하며 그에게 인간의 음식을 던져준다. 시인의 벌레는 인간의 소유물은 물론이고 인간의 몸까지 탐하다 죽임을 당한다. 이 벌레는 인간에게 처음이자 마지막인 "몸"까지 노린 반면, 소설의 벌레는 가족의 탐욕에 의해 끝까지 인간이어야 했던 벌레의 '죽음 같은 삶'을 이야기한다. 그러므로 시 현실에서 "사랑"이라는 미명 하에 "저 처먹고 번식하기 바쁜 것들"에 가하는 폭력이 인간의 행태에 대한 은유라면 이 또한 얼마나 참담한가.

더구나 시적 화자가 일껏 벌레나 잡는 청년이라면 그가 이 시대의 노동 환경에서 소외된 자라는 추정이 조금도 어색하지 않다. 최종까지 자신의 몸으로 가족의 생계를 책임져야 했던 미혼 청년 그레고르가 벌레가 되었을 때 자본 경제에서 쓸모없어진 자신에 대한 좌절감과 외로움, 그리고 무력감은 충분히 죽음과 동의어였다. 마찬가지로 시인의 벌레도 주체의 몸을 간지럽히는 분명한 타자로 출현한다. 소설의 벌레는 아버지가 던져주는 인간의 음식인 사과 한 알에 치명상을 입었으나, 시 현실에서 화자는 벌레에게 던져줄 사과 한 알조차 없을 만큼 무력해 보인다. 겨우 벌레나 일껏 죽일 수 있을 만큼의 에너지를 보유한 청년 세대의 무력감을 시인이 대변하고 있다는 가정하에서라면 벌레를 사랑한다는 저 고백은 우울증이 깊어진 자의 욕구가 폭력성을 동반하여 나타난 것으로 읽힌다.

소비 중심의 산업사회가 그레고르에게 변함없는 정체성을 요구한 건 성과 위주로 인간의 성분을 판별하려는 시도였다. 벌레에게 뜯어먹히는 시적 화자의 검은 몸, 소설 속 쇠똥구리의 캄캄한 몸이 중첩되었던 건 그런 이유다. 예사롭지 않은 "보법"으로 닥쳐들어 급기야 화자의 고유한 자산인 신체를 갉아먹는 "질서"들과 "통제"들을 시인은 벌레라 칭한다. 불시에 닥치는 강압의 표징들 속에 공존하는 사랑과 죽음의 은유는 필경 그가 관여할 수 없는 현실에서 나온 것이리라. 자신과 벌레 사이에 거리를 두어 벌레 같은 존재로 박제되지 않으려는 벌레 죽이기, 자신이 기어이 살아남아야 할 이유를 인간으로서 확인하는 과정, 그리고 외부의 강압에 반발하는 그의 행위가 희망 없는 세대의 우울로 읽힌다. 이 시가 벌레만큼 작아진 인간의 독백으로 들리기 시작할 때부터 그렇게 읽힌다.

2. 정점에서 해체까지의 변항들

꿈을 꿀 때만 배당된 어떤 가능성에 집착하는 것이 삶의 본질일 수 있다. 하지만 반드시 그렇지만도 않으므로 다른 잠재성들도 배제하지 못한다. "저 너머"를 상상하면서 지금 이곳의 법칙들을 비현실로 상정하고 싶을 때가 있으나, 이런 점을 삶의 현장과 연결하려는 시도들로 우리의 꿈과 기대가 다시 저 너머의 것일 수만은 없는 것이 된다. 다시 현실로 귀환할 때 자기 몸

이야말로 이 세계에 틀림없이 속한 실제임을 자각하기에 이른다. 다음 시에서 손택수 시인은 "건축"이라는 추상어로 여전히 진행 중인 이 추상 형태의 의미가 무엇인지를 질문한다.

> 건축은 여기에 있으나 얼마쯤은 저 너머에 있다
> 그 너머를 지평선이라고 한다면
> 건축은 지평선을 이미 품고 있다
>
> 공기의 이동은 물론 표가 나질 않는다
> 그러나 예민한 건축가는 알고 있다
> 완공과 동시에 해체가 시작된다는 걸
>
> 구름을 새로운 시공사로,
> 비바람이 작업반으로 투입된다는 걸
>
> 풍화야말로 참 설계도면이다
> 빗물이 흐르거나 흠집이 나거나
> 바랜 흔적들이야말로
> 끝없이 관계하는 건축의 숨결
>
> 먼지나 얼룩이, 녹슨 쇳물이,
> 새의 내장을 통과한 벌레들이
> 건축의 생애를 새로 쓴다
> 기록을 지우는 기록
>
> 벽을 지고 지평선을 넘는
> 모래들이 있다
> ―손택수, 「건축」 전문(『시격』, 2024년 겨울)

모래 한 알, 공기, 구름, 비바람 등의 자연 현상이 "건축"으로 확장하는 사유를 보여준다. 완성체로서 건축물을 이 미소한 것들과 분리할 수 없는 것 이상으로, 이 작은 것들 또한 완성체로부터 분리하지 못한다. 미소한 것과 완성체는 언제나 현실이라는 작용점의 양쪽 영역에서 다른 형질을 지닌 듯이 놓여 있다. 평범에 속하는 이 사실이 특별해지는 것은, 건축의 구성 요소들이 시인의 사유가 가능한 최대치에 이르러 해체가 시작된다는 점에 있다. 실제인 건축물은 "완공"을 정점으로 차츰 해체된다는 것이 시인의 인식이다. 정점에서 해체를 시작하는 바로 그곳은 건축이 하나의 연속체가 아니라 변화의 일로에 놓인 구조물인 점을 노정한다.

이 시는 몸을 구성하는 재료로서의 그것은 물론이고, 건축물의 해체 후 다시 원형질로 환원하는 이치를 생명의 순환 논리로 전하고 있다. 건축이 비로소 인간 몸의 메타포로 읽히기 시작하면서 물성을 지닌 것으로 육박해 온다. 정점을 향해 가는 건축의 구성물로 젊음의 표상을 시사했다면, "빗물", "먼지나 얼룩", "녹슨 쇳물", "벌레"들은 인간의 시간 속에서 해체 일로에 놓인 표상들이다. 정점을 향해 가는 힘과, 그곳에서 멀어지는 힘 간 균형에서 밀리기 시작한 자라면 필경 정점을 지난 것이리라. "지평선" 이쪽만이 아니라 저 바깥을, 그리고 "벽"을 마주보기만 하는 게 아니라 그 벽을 등지고 자유로워지기 시작했다면 그는 이미 이 세계와 저 세계를 가르는 상징과 기의들을 간파한 장본인일 것이다.

현실은 이전 상태의 연속일 수가 없으므로 화자는 변하고 허물어지는 것 투성이인 생애를 반추한다. "풍화"야말로 삶의 진정한 "설계도면"이라는 언명에서 보듯이 생애의 온갖 변항들은 외부에서 가하는 힘이 결정한다. 건축물의 풍화가 시간 개념을 고스란히 입증하는 것처럼, 지금-여기서 과거를 파면하는 시간의 힘으로 우리에게 미래가 주어진다. 이러한 파면의 과정에 빗물·먼지·얼룩·쇳물·벌레 같은 것들이 개입하여 되돌릴 수 없는 과거를 만든다. 그러므로 한 인간의 삶을 건축하는 일이란 그 정점에서 해체 일로에 들어선 것이기도 하다는 것이 시인의 시간관이다. 그렇다면 인간 개체인 '나'는 시간이 결정 가능한 것으로서의 자아이며, 시간이 할당해준 가능성 안에서의 주체라 할 수 있다.

그러면서 이 시는 죽음의 문제에 몰두하지 않고 삶의 사건을 시간 안에서 사유하는 데로 나아간다. 우리에게 주어진 삶의 시간 속에 포함된 죽음을 "건축은 여기에 있으나 얼마쯤은 저 너머에 있다"고 쓰면서 "얼마쯤은 저 너머에 있"는 삶의 잠재성을 발견하도록 이끈다. 이런 점은 삶과 죽음의 관계를 베르그송의 죽음관으로 말하는 듯한 인상을 준다. 에너지의 엔트로피 법칙에 따라 감소하는 생명 법칙에서 예외인 생명체는 없으므로 모든 생명체는 완벽한 평형상태에 도달하는 물질 같은 것임을 시사한다.[1] 모래알로 시작한 건축의 시간이 그 정점에서 다시 모래알로 해체되는 존재 사건에서 무(無)를 사유하는 것은 불가능하다. 순환과 회귀의 생명 법칙 안에서는 모래 알갱이와 거대한 건축물의 차이를 확정하기 어렵다. 부분이 전체를 이루기도 하고, 전체가 부분이기도 한 것이 이 세계의 존재 원리다. 손택수 시인은 상반되는 것들의 평형상태로 인간의 생애 곡선을 그리면서 이것을 가능케 하는 질료들을 공평하게 배치한다. 상승 곡선은 물론이고 하강 곡선에 놓인 것들까지도 모두 소중하다고 그는 쓴다. 삶이란 천천히 풍화하는 느린 시간이라는 점을 우리도 천천히 음미해볼 수 있다.

3. 순환과 갱생의 표징

삶을 단지 상실의 개념 안에서 생각하는 사람이라면 이 불길한 것을 아예 삭제하려 들지도 모른다. 가차없이 진행하는 시간 속에서 빈곤과 결핍을 앓

---

[1] 에마뉘엘 레비나스, 『신, 죽음 그리고 시간』, 김도형 외 역, 그린비, 2013(초판 2쇄), 104쪽.

는 이들은 다시는 회복할 수 없는 시간의 무상함을 안타까워하면서 조급해질 것이다. 그래서 이런 점이 삶 부정, 죽음 부정으로 나타나는 건 당연한 반응이다. 탄생이 없다면 죽음도 없다는 인과 법칙 안에서 양자를 부정하게 된다. 그런가 하면 또 다른 이는 삶을 소멸 현상이라고도, 우주적 순환 과정이라고도 말할 것이다. 아래 시는 물방울 하나에 거대 우주가 담겨 있다는 관념을 넘어 현존재의 존재 사건으로 나아간다.

맥박이 두근댄다

심장 가득 고요히 물이 든다

늑골에서 울리는 텅 빈 메아리

석양은 제 몸 돌아 붉은 재로 타올라

검붉은 서녘
암모니아 냄새 길게 퍼진다

왼 발등 위
지글거리는 땅거미 올라와

무릎이 녹고
발목이 주저앉는다

저벅저벅 짓밟히는
몸뚱이의 울음
진흙 속으로 빨려든다

네가 지워질 때

물은 제 몸 돌아 싱싱한 빛으로 온다고

눈부신 눈발
나부낀다
　　　　　　— 양선주, 「한 방울의 눈사람」 전문(『푸른사상』, 2024년 겨울)

행간을 더 많이 두어 침묵의 의미를 강화하는 시다. 여하한 이유로 말을 멈추지 못할 때 "침묵을 부과한"[2] 형태가 이 행간이다. 다변보다 침묵이 더 많은 정보를 안기고, 시인은 사라졌으나 의미의 잠재성이 만든 지층은 한층 깊어진다. 시인은 첫 행에서부터 "맥박이 두근댄다"며 급박한 상황이 이미 진행 중임을 알린다. 이 시는 겨울날의 눈사람이 어떤 이의 오줌발로 녹아내리는 정경을 현상적으로 묘사한다. 눈사람을 지배하는 강력한 힘은 "암모니아 냄새"의 근원인 사람에게서 비롯한다. 이 냄새의 유발자가 가한 힘이 눈사람에게 절체절명의 위기로 닥쳐든다. 사방이 고요한 가운데 아주 짧은 시간에 벌어진 소멸 사태가 아무 일도 아닌 듯이 진행 중이다. 심장까지 물이 들어차고, 늑골 안쪽이 녹아내려 텅 비어버린 사태. 이는 인간에게 닥쳐든 마지막 시간의 풍경과도 같다.

눈사람은 불시에 자기 신체에 가해진 외부의 힘에 의해 소멸 일로에 놓인다. 삶을, 죽음을 향해 가는 사건으로 본 하이데거라면 이런 경우를 무(無)로의 진행으로 보면서 모든 것이 사라져버린다는 불안과 함께 이 현상을 사유할 것이다. 그는 시간성을 세계-내의 존재 근거로 파악하면서 이것을 무한한 연속으로는 보지 않았다. 현존재가 살아 있을 동안에 마음 씀이 가능한 구조 안에서 시간성을 사유한 점에 기대어 이 시의 전반부를 읽게 된다. 가슴 높이에서부터 아래쪽으로 차츰 녹아내리는 눈사람 형상에서 보듯이 외

2　모리스 블랑쇼, 『문학의 공간』, 이달승 역, 그린비, 2019(초판 5쇄), 23쪽.

부의 힘이 겨냥한 것은 "심장"이다. 심장이 녹아내려 물이 고인다는 표현, 이 장기를 감싼 늑골이 텅 비어버린 현상을 보면 시인은 현존재의 사라짐을 더 이상 마음 씀이 불가능한 상태로 보고 있다.

시인은 짧은 시간 동안 일어난 생명체의 소멸 현상과 그 이후의 파장을 사유한다. 죽음에 의해 제한된 현존재가 소멸하고 마는 것으로 시적 상황이 종결되었다면 이 눈사람은 '무'를 향해 가는 시간 속에서 불안에 떠는 인간 표상에 그칠 테다. 불안에 처한 인간 삶의 조건이 죽음 의식과 연동할 때 현존재에게는 불안의 이유도 그 대상도 자기 자신이다. 자기의 삶 자체를 소멸 일로에 놓인 현상으로 보기 때문에 삶을 세계의 '무'를 향해 가는 사건으로 보게 된다. 시적 전환은 시의 후반부에서 일어난다. 진흙·물·빛·눈발 같은 현상들이 눈사람과 인과관계를 이룬다. 눈사람의 흔적으로조차 보이지 않는 이 물질들이 눈사람의 근원으로 제시되는 여기서 변형된 눈사람을 만날 수 있다.

삶의 발생과 소멸을 물질의 변형으로 사유하는 이 시에서 소멸 현상은 단지 시간이 조형한 각기 다른 형상일 뿐이다. 삶에 극적으로 끼어드는 죽음 현상들로 하여 물질은 변형되고, 이전의 형태는 사라진다. 삶은 희박한 반면에 죽음은 강렬하고 분명한 사건이므로 우리가 그 현상을 사유할 수 있다고 믿고 있으나 이는 억견일 수 있다고 시인이 말하는 듯하다. 죽음과 소멸이 동의어라면 소멸은 이전 것으로부터의 변형을 이르며, 시간 속의 사건인 죽음을 두고 소멸이라고 말할 수 있는 근거는 이런 점에 기반한다. "눈부신 눈발/ 나부"끼는 결구에서 우리가 눈사람의 갱생을 상상할 수 있다면 죽음과 소멸은 능히 삶의 변형을 가능케 하는 사건이라 해야 한다.

그렇다면 양선주 시인은 이 시에서 일정 부분 레비나스의 죽음관을 표명하고 있는 것이 아닐까. 죽음 현상을 단지 '무'가 아닌 "소유할 수 없는 신비"로 보고 이런 의미에서 "내재의 동일자 속을 침투"하며, "전적으로 다른 것, 미래, 시간의 시간성의 발생 가능성"[3]을 말하면서 죽음을 신비의 영역에 두고 그 타자적 속성을 '사유할 수 없는 사유'를 하는 것으로 말이다. 소유할 수 없는 타자와 죽음을 동일선 상에서 바라보는 타자성은 죽음을 불시에 닥치는 도둑 같은 것으로 만든다. 하지만 위의 시에서처럼 죽음의 시발점이 갑작스런 사태에 있을지라도 그 이후의 변형과 변화는, 다르면서도 같은 입자들로 하여 이전과 다른 삶이 시작된다는 점을 시사한다.

나날이 취약해져 벌레만큼 작아진 듯한 인간 존재도, 완성된 건축물의 아름다운 외양도, 공들여 눈을 뭉쳐서 만든 눈사람도 외부에서 침투하는 힘에 의해 축소되고 사라지고 분해되고 변형된다. 개인을 통제하는 구조적 질서 속에서 무력감에 빠진 젊은이의 우울, 변화와 변형을 필연이게 하는 시간의 힘, 죽음이 또 다른 삶의 잠재성을 품은 점에 착안한 세 편의 시를 보건대 자신을 둘러싼 환경이 원천적 삶의 조건으로 작용하는 법칙에서 예외인 자는 없어 보인다. 다만 사람답게 살고자 하고, 더 이상 쓸모없어져 외부의 힘에 의해 변형물이 되는 상황은 아니기를, 삶의 정점에서 쇠락을 예감하며 지레 불행의 감각을 앞당기지는 않기를, 그래서 뜻 없이 소멸하지는 않기를 바라는 시인들의 마음을 읽을 수 있다.

(2025.2.10)

---

[3] 에마뉘엘 레비나스, 『시간과 타자』, 강영안 역, ㈜문예출판사, 2015(제1판 17쇄), 23쪽.

열림과 트임
— 이소연·김행숙·김종미

세상이 빠르게 변하면 시인의 언어는 그 속도를 따라가지 못한다. 변하는 만큼 좋은 세상이 되는 것도 아니어서 그는 변화 뒤에 남는 것과 앞으로 올 것에 대한 이야기를 어떤 식으로든 하게 된다. 그러다 보면 시언어의 변화를 따라 세상이 변하는 경우도 생긴다. 어쩌면 시인은 좋아지는 세상에서는 희귀한 존재일 수가 있다. 그는 자신이 몸담은 세계를 함부로 유토피아라 말하지 않으며, 사막 같은 세상에서 어떤 절박함을 마음에 품고, 나쁜 세상에서 살아가는 이들에게 글을 보내어 고단함을 위로하고 열정을 응원한다.

비상계엄 사태 이후 많은 시인들이 참혹에 빠져 살면서 언어의 집을 짓는 일에 집중하지 못했다. 외부의 막강한 힘을 거스를 수 없는 무력감이 지배하려 들었고, 자유주의자의 성향을 지녔음에도 아이러니하게도 체제 없음의 불안 속에서 살아야 했다. 개인의 출입이 자유로운 공론의 장을 시민 사회라 한다면, 국가는 그런 점에서 자유롭지 못한 공동체다. 그 와중에 시인은 시민과 국민 사이에서 시대적 소용돌이를 겪으면서 상상력이 폭발하는 시기를 맞았다. 이 시대의 시민이라는 당사자성으로 다시금 글의 힘을 믿어 보는 시인의 시를 우리는 계엄 사태 이후 속속 접할 수 있었다. 무수한 단독자들이 소중한 자기를 응원하면서 시위에 참여한 광장에는 시인들도 있었다. 그들은 이름도 없이 얼굴도 없이 시민들 사이에 끼어 앉아 자신의 염원과 기대가 현재화하기를 바랐다.

외부의 말들이 더 목소리를 높이는 시대일수록 시인은 자신의 언어를 절실히 찾아 나선다. 시가 독자를 향하는 말이라는 점에서 양자의 대화적 관계는 철회될 수 없는 것이다. 대화를 중시한 하버마스가 제시한 공론장도 대화의 장이었다. 그는 타자에게 관심을 갖는 일로부터 시작한 타자 알기, 그리고 타자를 이해하기까지 상호작용을 하면서 의사소통하는 일이 긴요하다고 보았다.[1] 하지만 이 같은 실천적 방식에도 한계는 있다. 상대방에게 대화의 불모성이 내면화되어 있다면 인간에 의한 인간의 지배력과 소유욕에 대하여 해방적 사유는 기대할 수 없게 된다. 대화 관계를 성립하고자 하는 열망이 있을 때 자타 간 관계의 열림이 가능해진다.

지난 계절의 시에서는 열림과 트임의 사유를 읽어보았다. 길 잃기의 경험을 즐거운 텍스트 읽기의 경험으로 말하는 시에는 기억과 경험의 불일치와 미결정성에도 불구하고 촉각만은 생생히 살아 있는 주체가 있다. 자기기만에 빠진 자가 당대 사회를 희비극 무대로 만들어버린 이야기에는 품격 낮은 인물이 이 세계를 암흑 속으로 몰아가는 연기에 몰두하는 장면이 있다. 기어이 인간이어야만 하는 자가 한 뼘의 속옷으로 그 고유성을 견지하고자 하는 이야기는 인간인 자신을 얼마큼 열어놓고 비인간 타자들과 동등한 지평에서 대화 관계를 형성할 수 있을지, 자신마저 객체화하여 성찰할 수 있을지를 생각게 한다.

1. 길 잃은 자의 즐거움

길을 잃었을 때 더 즐거운 사람 중에 시인이 있(다고 나는 생각한)다. 길 잃기와 미망의 경험 때문에 무수한 길이 있다는 것을, 이 점이 도리어 시인의

---

[1] 이유선, 『사회철학』, ㈜민음인, 2024(1판 6쇄), 108~117쪽.

감각을 해방시킨다는 것을 알게 된다. 길 잃기와 표류의 경험을 텍스트에 관한 사유로 이론화한 이는 롤랑 바르트다. 그런데 그가 이론 체계를 수립했다는 것은 사실상 맞는 표현이 아니다. 그는 이전에 만능으로 여겼던 이론이 인간의 의식과 관계 맺는 방식을 의심하면서 그것을 해체했다. 그러면서 '작품'이라는 절대 개념에 억눌린 독자를 해방시켰다. 읽기에 몰입하다가도 딴생각과 공상을 즐기고, 길 잃기의 즐거움을 긍정하는 읽기를 '텍스트' 중심으로 이야기한다.

아무것도 떨어뜨리고 싶지 않다는 건/떨어뜨릴 게 있다는 고백

열쇠가 하수구에 빠지면/한동안 열 수 없는 마음이 되는데/열려 있다

잠글 수 없게 된 거다/아무나 열어 보게 된 거다

해장을 하러 국밥집에 들어갔다

"어젯밤에 키스를 했어"/나는 남편에게 안 해도 될 말을 한다/안 해도 될 말이 제일 하고 싶다

"누구랑?"/"얼굴을 못 봤어."

국은 나오고 밥은 나오지 않았다

'도대체 누구랑 키스를 한 거지?

국이 다 식어가는데/도무지 생각나지 않는다

누가 입구 쪽에 밥이 있다고 알려준다

나는 밥을 가지러 간다/종업원은 보이지 않고/공깃밥은 쌓여 있다

따뜻한 공기 하나를 집어 뚜껑을 열어본다/옆에 것도 열어본다/또 열어본다 또/또또… 또

"공기만 있고 밥이 없는데요?"

주방에선/밥을 하는 냄새

어젯밤엔 분명 키스를 했는데/누구지?/누굴까?/남편일 수도 있다

얼굴이 보이지 않는 꿈속을 헤매다가/국밥집에 와서 소리친다

"저기요! 아직인가요?"

내가 누굴 좋아하는지 나도 모름

뜸 들이는 중

— 이소연, 「텍스트의 즐거움」 전문(『문파』, 2025년 봄)

    롤랑 바르트의 저술을 제목으로 차용한 시다. 그가 기술한 내용을 근거로 이 시를 상호텍스트로 읽을 수 있다. 열쇠를 잃어버려 문을 잠글 수 없게 되었으나 도리어 "아무나 열어 보게" 되었다는 열림의 사유를 초입에서 표명한다. 지난밤의 키스 경험을 남편에게 이야기하는 상황을 지나 결구에 이르면 자신이 누구를 좋아하는지 모르겠는 상황이 된다. 키스 경험은 촉각에 새겨져 있으나 상대의 얼굴은 기억하지 못한다. 화자는 눈으로 본 "누구"는 기억하지 못하지만 입술을 접촉한 감각으로 "텍스트의 즐거움"을 말하고 있다.

    시적 상황의 황당무계를 감당하려면 균형감각과 보충 지식이 어느 정도 필요하다. 텍스트(text)는 작은 단위의 문자나 글은 물론이고 과제물·발표문, 상업적인 광고문 등을 지칭하는 단어와 동일하게 쓰인다. 그런데 이 개념을 읽기·쓰기와의 관련으로 사유한 바르트는 소유 개념인 '작품'이 지

닫힘을 열림으로 전환하는 용어로 '텍스트'를 채택하여 이것을 재의미화한다. text가 texture라는 어원에서 파생한 것을 보면 어떤 직물에 대한 질감, 씹히는 느낌 등 경험자의 감정과 느낌을 표현할 때 쓰는 어휘라는 점이 매우 자연스럽게 다가온다. 직물은 살갗에 닿는 감촉에 의해 선호도나 애호도가 엇갈린다. 바르트는 그 감촉의 즐김을 텍스트의 즐거움으로 변용한다.

이쯤이면 위의 시에서 어떤 질감을 조금은 감촉할 수 있지 않을까. 누군가와 "어젯밤에 키스를 했"다는 화자의 고백이 우리의 감각을 깨운다. 그것도 남편 앞에서, 얼굴도 모르는 이와 입술을 접촉했다는 고백일까? 여기서 잠깐, 화자가 접촉한 입술의 질감을 음미해보는 상상력을 발휘해야 한다. 화자는 입술을 접촉한 경험으로 텍스트에 대한 정의를 하나씩 열어나가고 있다. 남편과 그 밖의 타자 사이에 있는 모호한 그 누구, 꿈과 현실 사이에 있는 모호한 지점에서 "분명 키스를 했"다는 감각만은 생생하다.

바르트는 사랑하는 사람과 함께 있으면서 딴생각을 할 때 가장 좋은 생각이 떠오르고, 일하는 데 요긴한 착상을 얻을 수 있다면서 텍스트가 주는 최고의 즐거움을 딴것에 주의를 빼앗기는 기분과 엮어 이야기한다. 읽는 도중 간간이 고개를 들어 다른 것에 귀를 기울일 수 있다면, 하고 바라면서 "가벼운, 복합적인, 미세한, 거의 얼빠진 행위일 수도 있"고, "듣는 것은 아무것도 이해하지 못하면서, 우리가 이해하지 못하는 것은 듣는 새의 움직임과 같은 그런 갑작스런 머리의 움직임"[2]과도 같은 책 읽기의 즐거움을 선호한다고 쓴다. 시적 화자는 어떠한가. 상대의 "얼굴을 못 봤"으나 입술의 감촉만은 감각에 생생히 새겨져 있다. 해장을 위해 남편과 국밥집에 들어간 것으로 보아 키스 경험이 꿈인지 실제인지, 상대가 남편인지 그 밖의 타자인지조차 분간되지 않는다. 입술의 감촉을 몸이 기억하고 있을 뿐, "안 해도

---

2 롤랑 바르트, 『텍스트의 즐거움』, 김희영 역, 동문선, 2022(재판), 48쪽.

될 말이 제일 하고 싶"어져 남편에게 즐거이 하고 있을 뿐이다.

 누구나 궁금해할 만한 것은 화자가 경험한 입술의 주인이 누구냐일 것이다. 그러나 이 같은 궁금증만 커간다면 이 시의 의도를 크게 비껴선 것인지도 모른다. 화자가 말하고 싶은 것은 내용이 없는 경험("공기만 있고 밥이 없는")에 관한 것이다. 이름이 아니라 도리어 이것을 해체하고, 경험에 대한 산만한 말하기로 그 느낌을 즐거이 표현하고 싶어 한다. 마음을 열어두고 "뜸 들이"며 자기가 "누굴 좋아하는지" 알지 못하는 상황을 즐기는 일. 텍스트에 집중하다가도 간간이 딴생각에 빠지는 일. 상황의 어긋남, 기억의 착종 속에서도 촉각 경험만은 분명하므로 그 느낌을 전하는 어휘를 찾는 일. 이것이 화자가 즐거워하는, 상대가 미확정인 가운데 어떤 억압도 없이 복수(複數) 상황을 즐기는 딴생각의 내면이 아닐까. 이는 자신의 감각을 재현하거나 알리바이를 수립하려는 시도가 아니며, 도덕이나 올곧은 정신의 문제를 추궁하는 것일 수도 없다. 사실임 직하지만 확인 불가능의 즐거움을 말하면서 화자는 이 점을 쾌락주의와 일치시키지는 않는다.

 상대를 좋아하며 살아가는 경험에서 시인이 만나는 세상은 이렇게 열림의 경험을 반복하는 일이다. 열쇠를 잃어버리면 "잠글 수 없게" 되므로 언제든 문을 열 수 있는 열린 사고를 시인은 상상한다. 부부라 할지라도 상대의 소유물일 수는 없으므로 억압과 금지에 매이지 않고 잠시 텍스트의 맥락을 벗어난 것처럼 행동하거나, 막 지어 내놓은 뜨거운 밥을 "뜸 들이는" 지연술처럼 기다림의 미학이 필요한 '좋아하기'에 대하여, 입술의 주인을 생생히 기억하지 못하면서도 상대와 해장국집에 마주 앉아 그 느낌을 말할 수 있는 탈억압에 대하여, 막 지어낸 밥처럼 지난밤의 촉감이 따끈했으므로 그 열기를 식혀보는 일에 대하여, 그리고 잠시 멀어졌다가 그만큼의 탄성으로 다시 돌아와 더 깊어질 사랑에 대하여, 다시 새롭게 사랑하기 위하여 때때로 비평적 거리가 필요한 너와 나의 관계에 대하여 이소연 시인은 이야기하고 있다.

2. 시대극을 상연하다

'달력의 시간'에서 이탈하여 턱없이 길어진 하루가 이 시대에 급습했다. 누구에게도 예외일 수 없는 시간이었으므로 누구든 그때를 기억에 각인해 두었다. 도저히 기억 바깥으로 나갈 수 없는 이 날을 어떤 숫자로 기록해야 할까,라는 고민이 시 형식으로 다시 깊어졌을 때 시인은 그날을 "12월 32일"이라고 적는다. 이는 31일이 마지막 날인 달력의 시간 바깥의 시간이며, 시로써만 말할 수 있는 시의 시간, 그리고 아침이 멀기만 한 캄캄한 밤의 시간이다. 12월이 31일로 종료되지 않고 "오늘밤부터 12월 32일이었"다고 말하는 것으로 보아 이후의 시간은 32일에 내내 박제되어야 할 '오늘밤'이다.

그러나 오늘밤부터 12월 32일이었습니다. 12월 32일을 우리는 모르지만 12월 32일은 우리를 다 아는 것같이 굴었습니다. 12월 32일이 우리에게 수수께끼를 냈습니다. 맞혀봐! 맞혀봐! 스무고개를 넘으면, 거긴 허허벌판, 누구라도 눈이 밝아지는 실외 사격장. 자칫하면 처형장으로 돌변할 수 있는

설원에서 군인들이 대테러 사격 훈련을 하고 있었습니다. 12월 32일이 묻습니다. 너는, 너의 용도를 아느냐? 내일 너는, 누구를 과녁에 세워놓을지 아느냐? 내일은 모르고 오늘은 아느냐?

오늘은 모르고 어제는 아느냐?

12월 32일은 밤이 깊어도 물러가지 않습니다. 12월 32일은 진지를 구축하고 아침을 맞았습니다. 깊은 밤에 몰래 눈이 내리면 겨울 아침은 대체로 아름답습니다. 그러나 지나치게 많은 눈이 쏟아지면, 그것은 눈폭탄, 백색의 계엄령, 창살 없는 감옥, 하얀 비명, 바로 그때엔 아름답다는 말! 예술이 숭배해온 문제적인 그 말! 때문에 구토를 하는 사람이 있습니다. 그의 구부러진 등으로

시여 구토를 하라!

가까이에서 보면 비극, 멀리서 보면 희극이라고 했습니까? 그럴지도 모르겠습니다만, 희극과 비극은 주인공의 품격에 의해 결정된다고 했습니까? 그럴지도 모르겠습니다만, 우리는 연극이 시작된 것도 모르고 있을지도, 그러다가 어느새 연극이 끝난 줄도 모르고 있을지도

모르겠습니다. 12월 32일은 우리를 전혀 모르는 것처럼 굴기 시작했습니다. 그때부터 우리는 12월 32일을 천천히 알아보기 시작했어요. 하 하 하, 이것이 멀리서 들려오는 웃음소리인가요? 아주 가까운 곳에서 들리는 것도 같습니다만……

— 김행숙, 「12월 3일부터」 전문(『창작과비평』, 2025년 봄)

12월 32일이라는 질문자와 이에 응답해야 할 '우리'가 있다. 시 전반부에서는 우리가 알 턱이 없는 객체가 친근하게 굴면서 수수께끼 같은 질문을 쏟아낸다. 어둠의 목소리는 "맞혀봐! 맞혀봐!"라고 채근하며 우리의 무지를 즐기는 듯하다. 심지어 실외 사격장과 처형장이 연상되는 총을 상상하게 하면서 맞혀보라는 환청도 우리의 귀에 꽂아 넣는다. 시 중반부에서 우리는 아름다운 서정으로 시대를 묘사하는 형식들에 대하여 "시여, 구토를 하라"며 저항한다. 이로 보아 '우리'는 이 세계를 미적 가공품으로 받아들일 수 없는, 각성된 시인이리라.

시인이 아리스토텔레스를 인용하여 쓴 것처럼 "희극과 비극은 주인공의 품격에 의해 결정"된다. 그런데 시인은 '비극에도 희극에도 능한 사람'(소크라테스)이다. 셰익스피어가 시인이기도 했다는 점을 보더라도 이 극작가는 희극에도 비극에도 능하여 양자를 혼합한 감각을 타자와 공유할 수 있었던 예술가가 아닐까. 시적 화자는 이 시대의 희극을 말하고 싶어 한다. 이 시대의 무대 위에서 연극으로 비유되는 사태가 상연되고 있으나 처음부터 우리가 모르는 것투성이였다. 연극이 시작된 시점도 종료 시점도 알지 못한다. 12월 32일이 급기야 우리를 모르는 사람처럼 취급하자 우리가 그 시커먼 속

내를 "천천히 알아보기 시작"했다.

　아연한 것은 이 시대극을 비극이라고만 할 수 없다는 사실. "하 하 하" 크게 웃는 소리가 사방에서 울리는 것으로 보아 희극인 것 같다. 캄캄한 밤의 은유가 가능한 시대에 이 극이 상연되는 동안 우리는 중심인물이 희대의 희극을 연기하는 것을 보았다. 그런데 고대 그리스의 비극은 대화와 코러스를 도입하여 인물의 운명에 공감케 하면서 관객의 마음을 정화시켰다. "품격" 있는 인물이 자기도 모르는 운명에 의해 중죄인이 된 것을 보면서 비극의 관객은 그 인물이 모르고 지은 죄에 눈물을 흘렸다. 지금의 시대극은 대화를 생략했으며, 합창은 합창대로 바깥의 광장에서 시민들이 주도했다. 폭력 주체가 기획한 12월 32일 밤은 캄캄하게 깊어졌다. 어쩌면 이 시의 화자는 자신이 상정한 무대 위의 광경을 기술하고 있을지도 모른다. 무대 바깥에서 총소리가 들리더라도 관객은 가만히 앉아 있으라는 명령을 수행하면서 말이다.

　극장의 우상을 말한 철학자 프랜시스 베이컨이 하나의 체계를 연극 무대로 비유했을 때 그 무대 위의 중심인물은 맹목에 사로잡혀 있었다. 지금의 시대극에서 무엇엔가 사로잡힌 인물은 희극에 매우 능했다. 자기 맹목이 그르쳐 놓은 세상을 태연히 연기하는 것처럼 보였다. 그래서 우리는 "내일은 모르고 오늘은 아느냐?// 오늘은 모르고 어제는 아느냐?"라고 묻는 목소리에 이렇게 답할 수 있다. 현재야말로 과거와 미래에 대한 지식의 기준점이 되어준다고. 그의 품격 없음은 오늘만의 현상이 아니며 과거로부터 미래까지 불변할 것이므로 이 같은 현상에 대한 해석과 이해가 오늘의 무대 앞에서 이뤄져야 한다고. 그래서 비극은 품격 있는 인물이 운명에 의해 스러져 가는 모습을 보는 관객을 눈물 흘리게 하지만, 희극은 품격 낮은 인물이 스스로 비천해지는 자멸의 형식이라고 말이다. 자기도 모르는 죄를 범한 후 할 말을 잃어버린 오이디푸스와 다르게, 지금 이곳의 시대극 연기자는 자기기만에 빠진 말로 자신조차 속이지 않았던가.

3. 곤혹스러운 인간성

한 세계를 바꾸는 질문은 지금까지 당연시해온 것을 의심하는 데서 발생한다. 시인은 의식에서 수시로 일어나는 어떤 가려움증을 언어로 표현하는 사람이다. 질문하는 자를 불경하고 불쾌하게 여기는 이들에게 새로운 세상은 열리지 않는다. 자기 안에서도 바깥에서도 질문이 일어나지 않기 때문에 당연한 것과 변하지 않을 것의 주인으로서 그것을 관리하므로 그렇다. 시인은 다르다. 당연한 것과 변하지 않는 것은 그에게 죽음과도 같다. 김종미 시인은 아래 시에서 한 뼘의 천 조각에 과연 인간성을 담보할 수 있을지를 질문한다.

이것이 인간이 듣는 최고의 욕이라는 말 듣고
잠시 참혹했다

티브이 속 동물의 세계

사자가 어린 임팔라 여린 목덜미에 모질게 이빨을 꽂고
사자 식구들 빙 둘러 앉아 허겁지겁 고기 살점 뜯어 먹다가
머리 큰 수놈 사자 잠시 고개 들어 피칠갑한 얼굴 보여줄 때

왜 장엄한가

하얀 식탁보 위 촛불까지 밝히고
한껏 모양낸 스테이크
잘 드는 나이프로 썰어 우아하게
붉은 루즈 바른 내 입술로 밀어 넣을 때
티브이 속 저녁 뉴스

날마다 살인사건 하나쯤 흘러나오고
제 손으로 죽인 남편을 넣은 트렁크 끌고 가던 여자

> 길거리에 뜨거운 오뎅국을 사 먹는 장면
>
> 왜 먹는가
>
> 배불러도 먹고
> 배고파도 먹고
>
> 니가 인간이가?라는 말에
> 내가 인간인가?
>
> 손톱을 물어뜯는다라는 습관
>
> 피맺힌 손가락을 토토에게 내어주자
> 관심이 없다 상냥하게 흔드는 꼬리
>
> 옥상에 널어놓은 팬티는 잘 말랐을까
> 갈아입을 팬티가 없다
> ― 김종미,「니가 인간이가?」전문(『시와편견』, 2025년 봄)

인간에게 인간이 맞느냐고 묻는 것만큼 가혹한 비판이 달리 있을까. 화자는 인간중심주의를 벗고 동물 편에서 인간을 바라보고 있다. 여기서 전제는, 인간을 가장 참혹하게 하는 것이 바로 그 인간에 대한 회의라는 점이다. 더구나 인간인 자기를 부정하는 상황에 이른 화자는 지금 곤혹에 참혹을 더한 감정에 빠져 있다. 약자가 맹수의 먹이인 양 태어나 살다가 죽는 정글의 법칙을 보며 '장엄'을 느끼고, 남편을 죽인 손으로 여자가 오뎅국을 사 먹는 티브이 뉴스를 보면서 "왜 먹는가"라고 묻기도 한다. 하지만 자기에게서 나온 이 질문은 결국 인간인 자신에게로 돌아가야 할 반성회로 안에 놓여 있다. 상위 포식자의 먹잇감이 된 "임팔라"의 최후를 응시하면서 입으로는 스테이크를 "우아하게" 씹어 넘기는 그때 스펙터클 이미지가 대자연의 생명 법칙을 당연한 것처럼 가공하여 송출하고 있기 때문이다.

이때 화자가 느끼는 '장엄'은 자신이 몸담은 자연을 직접 경험한 데서 온 경외감이 아니다. 복제된 자연이 상품화 단계를 거쳐 시청자의 감각을 자극하는 그 순간에 화자는 '장엄'이라는 숭고를 토설하고 만다. 그런데 이는 매끈한 기표로 다림질한 가짜 감정일 뿐이다. 인간의 그러함을 성찰해야 할 계기가 주어졌음을 자각하는 순간에 그는 재차 인간으로 깨어난다. 그는 동물의 세계를 응시하는 권력의 눈을 티브이에 맞춰 놓고 육식을 즐기는 자신에게 "왜"라고 묻는 사람이다. 한 조각의 가리개(팬티)로 동물과 차별화를 꾀하면서 갈아입을 속옷을 찾는 시인이기도 하다. 한시라도 벗어던져선 안 될 인간 형상을 모델로 정해놓은 사회에서 정녕 인간으로 살아가야 할 사람—시인이다.

이 시는 동물과 공유하는 세계를 갖지 못한 인간을 이야기한다. 천 조각 하나를 국부에 붙이고 살기 위하여 "옥상에 널어놓은 팬티"가 마를 때를 기다리고, 이 천 조각으로 인간이 사는 집이라는 표식을 휘날리면서 기어이 인간으로 살아가야 하는 자다. "니가 인간이가?라는 말에/ 내가 인간인가?"라며 자기를 성찰하는 그에게 "최고의 욕"은 그가 지금 들은 바로 그 욕이다. 이토록 곤혹스러운 물음을 되뇌는 그에게 인간성이라는 가치는 여전히 속옷 한 장만으로 증명이 가능한 것이게 될까. 자기조차 객체로 상정해놓고 반성의 계기를 만들어나갈 수 있는 주체가 인간이다. 인간 존재의 근원적 양태를 동물과의 차이로 부각하는 분절화 또는 경계 짓기, 자기 안의 타자를 자기 바깥의 타자들과 동등한 위치에 세워놓을 때 비로소 보이는 인간성을 이 시는 묘파한다.

(2025.4.30)

찾아보기

용어

ㄱ
가정 내 돌봄 82
감정노동 122
감정 집단 17
검열 정국 23
계몽 40
계엄군 39
공리주의 143
과학 기술체 107
'관계'로서의 모성 81
관계성의 시학 256
괴물 40, 42
교차성 115
교차적 존재론 114
교환가치 94
국가 18, 41
궁핍의 시대 235
권력-이성 21
근대식 성과주의 234
글 노동자 84
기록 시집 30
기억 말살 정치 23
기후 위기 202

ㄱ
깃발 20

ㄴ
난해시 68
난해시 논쟁 74
남영동 대공분실 23
낭송시 78
낯설게하기 72
내란성 질병 39
녹색 정치 132
농민 투쟁단 18

ㄷ
다다(DaDa) 72
다양체 이론 20
당사자성 314
대중문화 26
대중음악 28
돈키호테 216
돌부처 시위대 26
동물 타자 118, 124
두꺼운 행위자 115
듣는 문학 276

디지털 기록 시스템 276
디지털 시대 76

ㅁ

마음 현상학 152
메타 계몽 46
모계사회 87
모성 신화 83
몸-정 83
무급 양육자 84
문화계층 28
문화적 항거 27
물질주의 31
뮈토스 176
미래적 글쓰기 254
미적 거리 254

ㅂ

바벨의 언어 211
반유대주의자 32
방송 문화 164
배치 19
부권 중심주의 283
불가해한 시 73
비상계엄 15
비인간 주체 107
비폭력 연대 16
비혈연 가족 85

ㅅ

사물-권력 111, 112, 116
사물화 110
사용가치 94

산문시 40, 68, 73, 77
상호 돌봄 82
색깔론 49, 229
생기적 신유물론 113
생기적 유물론 112
생명 공동체 133
생성형 인공지능 106
생태 사슬 146
생태시 109
생태 우산 115
서울올림픽 242
성과주의 290, 305
소비경제 109
순혈주의 32
시민사회 16, 18, 19, 32
시민-시인 26
시위 문화 21
시적인 산문 77
신유물론 106
신자유주의 109
심층생태론 112
써야 할 시 29
쓰고 싶은 시 29

ㅇ

아나러니스트 47
아디아포라 292
아버지-시인 90
아버지 중심 가족주의 81
아우슈비츠 29
알레고리 41, 69, 72, 78
얇은 행위자 115
어머니-시인 90

에포케 35
엘리트 감수성 76
여성의 연대 16
영상 문화 110
오성 35
유기체적 생태 담론 110
음성언어 217
응원봉 20
의식의 현상학 152
이성애 가족 84
인간중심주의 58, 119
인공지능 과학 152
인권 229
인지과학 152
읽는 문학 276

ㅈ

자기 계몽 42
자기보존 본능 268
자매애 88
자민족중심주의 221
자본주의 유령 57
자유주의자 229
작품 278, 317
저항운동 14
전자적 관찰 241
전체성 229
전통주의자 229
정상성 210
정치 언어 46
젠더 불평등 80
젠더 억압 83
종교 21

종족보존 본능 268
주권 침탈 30
주입식 교육 231
집단 심성 17

ㅊ

차이의 철학 211
챗GPT 78
총체성 210
친척 126

ㅋ

카스트라토 263
컬러텔레비전 242
콜라주 186
쾌락주의 41
쿠데타 36
키세스 시위대 26

ㅌ

타자 계몽 42
탄핵 심판 54
탄핵 정국 57
텍스트 278, 318
텍스트성 278
텔레토비 242

ㅍ

팡시울 41
패러디 15, 185
패스티시 186
팬데믹 107
평등주의자 229

평화 투쟁 31
폐쇄적 군중 17
포스트코로나 186
포스트휴머니즘 64
풍요의 시대 235
프랑스 상징주의 72

ㅎ
핫팩 39
혁명 45
현대시 69
호모루덴스 108

혼종적 배치 112
확장된 행위자 115
획일화 정치 193
횡단성 113

기타
K-문화 15
K-민주주의 15
K-시민 22
K-시위 16, 19, 23, 31
12·3 비상계엄 19

인명

ㄱ
가리, 로맹 118
가타리, 펠릭스 178
강지혜 81, 85, 87
골드만, 루시앙 165
괴테 71
권혁웅 185
그람시 18
그레고르 잠자 304
기든스, 앤서니 83
김건영 48, 92
김경미 160
김구용 73
김근 173
김기림 72
김명인 93

김바다 122
김상희 32, 33
김성규 235
김수영 16, 56, 69, 74
김이섬 226, 277
김재환 63
김종미 324
김종철 112
김종훈 69
김진선 45
김행숙 61, 321
김희정 19, 30

ㄴ
나정욱 200
남현지 131, 289

니체 69, 200, 233

ㄷ
데란다, 마누엘 21
데리다 221, 297
데카르트 273
뒤르켐, 에밀 17
드 만, 폴 71, 72
들뢰즈 21, 175, 178

ㄹ
레비나스, 에마뉘엘 150
로티, 리처드 49
루소, 장 자크 217, 268
루카치 165
르봉, 귀스타브 17
리치, 에이드리언 80
린네 127

ㅁ
메를로퐁티 154, 252

ㅂ
바우만, 지그문트 92
박세미 23
박춘석 273
발레리, 폴 96
백민석 134
벌린, 이사야 245
벌핀치 176
베넷, 제인 111
베르그송 309
베이컨, 프랜시스 322

벤야민, 발터 55, 57, 78, 149, 150
보들레르 40, 78
봉주연 97
부르디외, 피에르 28
브레히트, 베르톨트 29
블레이크, 윌리엄 297
비트겐슈타인 287

ㅅ
사라마구, 주제 118
서동욱 243
성욱현 103
소쉬르 221
손택수 65, 307
송승언 303
송승환 218
송찬호 110
슈나이더스, 베르너 43
신용목 129, 148
신이인 94
신정민 286
실버만, 휴 J. 297
심보선 52

ㅇ
아도르노, 테오도르 W. 28, 172
양선주 311
엘리아데, 멀치아 95
여성민 292
여세실 62
오정국 222
요나스, 한스 113, 119
유계영 134

유수연 36, 37
윤혜지 60
이대흠 101
이상 70
이소연 317
이소호 81, 83
이승하 109
이영은 125
이유선 315
이현호 271
이혜미 242

ㅈ
장석원 231
장일우 74
정성훈 17
정우신 114
정재학 81
조혜은 81, 89, 282
지드, 앙드레 78

ㅊ
최백규 20

최현우 239

ㅋ
카프카, 프란츠 304
칸트 42, 113, 119
크리스테바, 줄리아 232

ㅍ
파묵, 오르한 193
파스칼 165
푸코, 미셸 64, 99, 216
프로이트 177
피카르트, 막스 59

ㅎ
하버마스 19, 315
하이데거 165, 243, 311
해러웨이, 도나 120, 126
헤즈먼드핼시, 데이비드 27
호르크하이머 172
횔덜린 165

작품 및 도서

ㄱ
「개발 그만해 이러다 다 죽어」 92
『거짓말의 역사』 47
「건축」 307
『계몽은 계속된다』 42

「고양이 목에 방울 달기」 143
『공포의 권력』 232
『괴물과 함께 살기』 17
『군중심리학』 17
「근황」 170

「금욕적인 사창가」 259
「금욕적인 사창가」 257
「기도 놀이 하는 사람들」 60
「긴긴 밤」 154
『김수영전집 1 : 시』 16
『김수영 전집 2 : 산문』 75
「꽃나무의 가계」 85
「꽃에 묶인 왼손이 아니었다면」 247
「꿈의 번영」 289
「꿈의 집」 94

ㄴ

「나는 생각한다」 273
「나의 아름다운 사회주의」 298
「나의 아름다운 프랑켄슈타인」 296
「나의 차례」 239
「남의 금산」 95
『낭만주의의 뿌리』 245
「내란 24」 30
「내란 34」 30
「내일부터 장마 시작」 97
「냉이꽃」 110
「노래를 불러요—웨이러블 로봇」 63
「누구나 한눈에 알 수 있는 글자」 223
『눈 내리는 체육관』 81
「니가 인간이가?」 324
「니체에게 묻는다」 203

ㄷ

「달 속으로 무지개 회오리 깃들 때」 250
「당신의 다음 작물」 131
『당신이 어두운 세수를 할 때』 173
『데리다와 해체주의 : 철학과 사상』 297

『데리다의 동물 타자』 124
「독일어 교실」 231
「동지」 235

ㅁ

「마모」 154
「만종」 62
「말과 사물」 99, 217
「멈춘 사람 2」 182
「면제」 89
「무등산 봄까치풀」 65
『문학의 공간』 311
『미니마 모랄리아』 136

ㅂ

「벌레 예찬」 303
「변신」 304
「부잣집 아이」 52
「부정적 유산」 23
「분석의 관점」 209
『비극의 탄생』 233
「비망록」 166
「비물질 기록원」 277
「비장한 죽음」 40

ㅅ

『사회철학』 315
『사회학의 핵심 개념들』 83
「살리다」 48
『새로운 사회철학』 21
『새로운 인생』 193
『생동하는 물질』 111
「생명에서 물건으로」 109

「생활 현실과 시」 75
「서정시를 쓰기 힘든 시대」 29
『세계문학전집』 185
「세 사람」 142
「수국이 피었습니다」 101
「수난로(水煖爐)」 56
「수요일의 주인」 157
「숙희」 296
「숨은 새」 255
「숨은 신」 165
「슬픈 땅강아지들」 206
『시간과 타자』 155, 313
「시 쓰는 너구리」 213
『시적 인간과 생태적 인간』 112
『신부수첩』 81
『신유물론 입문 : 새로운 물질성과 횡단성』 115
『신, 죽음 그리고 시간』 150, 156, 309
「실종」 122

ㅇ

「ㅇㅇ」 253
『액체 근대』 92
「어머니의 믿음」 61
『언어와 신화』 272
「얼룩진 유전자」 206
「여섯 번째 새끼」 87
『역사의 개념에 대하여 | 폭력 비판을 위하여 | 초현실주의 외』 57, 150
「靈」 219
「오감도」 70
「오늘 사회 발코니」 185
「올바른 생활」 125

「요가원에서」 137
『우리 죽은 자들이 깨어날 때』 81
『우연성 아이러니 연대성』 49
「울창한 밤」 129
「윙크」 188
「유산」 45
「음」 249
「음악은 왜 중요할까」 27
「이사」 103
『이스탄불—도시 그리고 추억』 194
『인간과 말』 59
『인간 불평등 기원론』 268
「인간붙이」 114
「인간성」 271
『인문학의 구조 내에서 상징형식 개념 외』 269

ㅈ

「잡을 수 없는 것」 33
『조선중앙일보』 70
「주말 연습」 282
「죽은, 시인」 183
『즐거운 학문 · 메시나에서의 전원시 유고』 200
「지식의 가면」 208
「진단 0 : 1」 70, 72

ㅊ

「차이」 211
『차이와 타자』 243
『책임의 원칙 : 기술 시대의 생태학적 윤리』 119
「취급이라면」 168

ㅋ

『캣콜링』 81, 83
「쿠데타」 37

ㅌ

「타인의 시간은 빠르게 지나간다」 151
「텍스트의 즐거움」 317
『텍스트의 즐거움』 318
『트러블과 함께하기 : 자식이 아니라 친척을 만들자』 120
『틸라푸쉬』 265

ㅍ

『파리의 우울』 41, 77
「푸른덩굴사내」 178, 179
『피로사회』 291

ㅎ

「한 방울의 눈사람」 311
「함묵」 286
「해방」 20
「헌집 새집」 93
『헤이, 우리 소풍 간다』 134
「헬리콥터」 16
『현대사회와 예술』 78
『횔덜린 시의 해명』 161
「흉터 쿠키」 252
「흰 개」 118

기타

「12월 3일부터」 321
「Balkon」 196
『K-시민』 19, 29
「mail」 263